아가서에 반하다

온 세상은 사랑을 위해 존재한다

다함
도서출판 함 은

1. 다윗과 아브라함의 자손

아브라함과 다윗의 자손으로, 하나님 구원의 언약 안에 있는 택함 받은 하나님 나라 백성을 뜻합니다.

2. 마음과 뜻과 힘을 다하여 하나님을 사랑하라

구약의 언약 백성 이스라엘에게 주신 명령(신 6:5)을 인용하여 예수님이 가르쳐 주신 새 계명
(마 22:37, 막 12:30, 눅 10:27)대로 마음과 뜻과 힘을 다해 하나님을 사랑하겠노라는 결단과 고백입니다.

사명선언문

1. 성경을 영원불변하고 정확무오한 하나님의 말씀으로 믿으며, 모든 것의 기준이 되는 유일한 진리로 인정하겠습니다.
2. 수천 년 주님의 교회의 역사 가운데 찬란하게 드러난 하나님의 한결같은 다스림과 빛나는 영광을 드러내겠습니다.
3. 교회에 유익이 되고 성도에 덕을 끼치기 위해, 거룩한 진리를 사랑과 겸손에 담아 말하겠습니다.
4. 하나님 앞에서 부끄럽지 않도록 항상 정직하고 성실하겠습니다.

아가서에 반하다
온 세상은 사랑을 위해 존재한다

초판 1쇄 인쇄 2021년 8월 9일
초판 1쇄 발행 2021년 9월 1일
초판 2쇄 발행 2025년 4월 30일

지은이 | 한병수

교 정 | 김석현
펴낸이 | 이웅석
펴낸곳 | 도서출판 다함
등 록 | 제2018-000005호
주 소 | 경기도 군포시 산본로 323번길 20-33, 701-3호(산본동, 대원프라자빌딩)
전 화 | 031-391-2137
팩 스 | 050-7593-3175
블로그 | https://blog.naver.com/dahambooks
이메일 | dahambooks@gmail.com

ISBN 979-11-90584-18-0 (04230) | 979-11-90584-17-3 (세트)

Fall in love with Song of Songs

아가서에 반하다

SONG OF SONGS

한병수 지음

온 세상은 사랑을 위해 존재한다

S

다함
도서출판

목차

추천사

가장 아름다운 노래, 노래 중 노래라는 뜻의 아가(雅歌)는 성경 안에 자리잡기까지 우여곡절이 많았다. 어떻게 선정적인 애정 시를 성경 안에 포함할 수 있겠느냐는 논란 때문이었다. 돌이켜 보면 우여곡절 끝에 성경 안에 안착한 것은 하나님의 섭리였다. 다루기 힘든 이 성경을 어찌해야 할까? 어떻게 이해하고 해설하고 설교해야 할까? 분명히 그리스도의 교회 유익을 위해 기록된 성경일 텐데 말이다. 유대교와 기독교 전통은 아가서의 목적에 관한 다양한 의견들을 포함한다. 따라서 아가서에 대한 일관된 해석학적 관점을 갖는 일은 절대 쉽지 않다. 여기에 분명한 해석학적 틀로 아가서를 일관되게 해석하고 설교한 강해서가 나왔다. 저자 한병수 박사는 철저하게 전통적이며 보수적 입장에서 아가서를 그리스도 중심적으로 읽고 강해한다. 그는 아가서를 단순 애정 시가 아니라 하나님과 그의 백성, 그리스도와 그의 교회에 관한 유비적 사랑 노래로 읽는다. 그는 이렇게 말한다. "[아가서가] 솔로몬과 술람미 여인 사이의 일편단심 사랑 이야기인 것처럼, 성경 전체와 인류의 역사 전체는 하나님과 교회의 일편단심 사랑 이야기다." 전문 학술서적이 아닌 강해 설교라는 점을 염두에 두고 읽으면, 소소하지만 많은 영적 유익을 얻게 되리라 믿는다. 청중의 눈높이에 맞춘 강해 설교의 전형이다. 저자의 아가서 사역(私譯)도 돋보인다. 저자의 디테일한 구구절절 해설에 다 동의하지 않는다 하더라도, 독자들은 저자의 안내를 통해 아가서에 충분히 반하고도 남을 것 같다. 아가서 주석과 강해서가 희귀한 한국교회에 이 책은 남다른 선물이 되리라 믿는다.

류호준
백석대학교 신학대학원 은퇴 교수

저자 한병수 목사에게 아가서는 거룩한 하나님의 말씀이다. 저자는 모든 열정을 다해 아가서를 통해 하나님의 거룩한 음성 듣기를 갈망하는데, 이 책은 그 실체이다. 저자는 남녀의 농밀한 사랑을 통해서 조금이라도 더 그리스도 예수와 교회 사이의 사랑을 깨닫기를 원하고, 하나님과 인간 사이 최상급의 사랑을 망설이지 않고 열정적으로 전한다. 저자는 그 거룩한 사랑을 묘사하기에 목마르고, 조금의 망설임도 없다. 온 힘을 다해, 온 에너지를 다 동원해 사랑의 언어를 가져오며, 최상의 언어 마술을 부린다. 결정적으로 저자는 거룩한 최상의 사랑을 아가서를 통해 누린다. 저자는 남녀의 은밀하고 뜨거운 사랑을 통해 하나님의 사랑을 넉넉하게 상상하고 묘사하기를 주저하지 않고, 거룩한 사랑학을 아낌없이 맘껏 펼치면서, "아가서가 소외되면 이 세상의 모든 사랑도 소외된다."라는 자신의 말을 확증한다.

저자는 1장 1절부터 그 뜨거운 사랑을 조금도 망설이지 않고 또렷한 음성으로 아주 당당하게 묘사한다. 그 사랑이 십자가에서 목숨을 버려 이룬 그리스도의 거룩한 사랑임을 확신하기 때문이다.

서문에서 밝힌 저자의 소망이 이 책을 통해서 충분히 이뤄질 것 같아서 마음이 놓인다. 독자의 손에 이 책이 들려지면 그는 아가서와 사랑에 빠질 것이다. 독자가 만약 설교자요 목사라면 기꺼이 설교 강단에 아가서를 가져가길 주저하지 않을 것이다.

주도홍

전 백석대학교 부총장, 현 총신대학교 초빙교수

한병수 박사는 이 책에서 히브리어와 헬라어로 기록되었던 성경의 고전적 문장들을 현대어로 알기 쉽게 풀이한다. 히브리어와 헬라어에 대한 그의 해석 능력과 끊임없는 학문연구로부터 나오는 지식과 지성이 성령님의 감화 감동으로 채색되어 이 책의 품격을 더해주고 있다고 생각한다.

이 책은 아가서 내용을 중심으로 설교하기를 원하지만 수많은 비유들과 난해한 고전적 표현들로 말미암아 주저하는 많은 목회자들에게 새로운 영적 빛을 던져줄 것이다. 동시에 설교의 열망도 더욱 높여줄 것으로 믿는다. 뿐만 아니라 아가서에 나타난 쑥스러운 표현들로 말미암아 아가서를 읽는 동안 불편하게 느끼는 성도들을 자유롭게 해 줄 것이라고 생각된다. 그 이유는 저자가 솔로몬과 슬람미 여인간의 노골적인 애정행각의 표현들을 그리스도와 교회와 성도들 간의 신묘막측한 사랑의 관계로 해석함으로써 아가서를 대할 때 느끼는 주저감과 불편함의 문제들을 한방에 날려버리기 때문이다. 이러한 점들에서 이 책의 가치를 더욱 평가하고 싶다.

이 책을 읽으면서 한병수 목사님은 역시 목사 중의 목사라는 생각을 하게 된다. 이는 그 많은 배움과 닦은 수준 높은 학문에도 불구하고 언제나 겸손히 성령님의 지혜와 능력을 의지하며 글을 쓰며 또한 실천하는 삶을 살아가고 있어서다. 이러한 진가가 이 책 안에 넘쳐 흐르고 있다.

이러한 점에서 필자는 『아가서에 반하다』를 교계와 세상에 내 놓을 수 있도록 한병수 박사님께 은혜를 베푸신 주 하나님을 찬양하며 이 책을 모든 목회자와 성도님들께 삼가 기쁨으로 추천하는 바이다.

최재선

중앙대학교 명예교수

서론

성경에서 가장 예술적인 기록과 가장 감미로운 음악은 아가서다. 로마서와 같이 논리적인 책의 독서와 해석은 반듯한 일관성을 요구한다. 논지의 전개와 내용의 짜임새가 촘촘하다. 이런 책에서는 독자의 상상력과 창의적인 사고가 극도로 제한된다. 그러나 아가서는 느슨하다. 문장의 논리적인 완성도가 낮다. 읽어내야 하는 무형의 행간은 바다보다 넓다. 의도된 필법이다. 아가서의 절제된 어법은 독자의 적극적인 참여를 요청하는 글쓰기의 형식이다. 창의적인 사고와 건강한 상상을 환영한다. 물론 성경 안에서 성경을 통하여 성경과 더불어 하는 사고와 상상이다. 가락을 입은 시는 합리적인 좌뇌보다 감성적인 우뇌의 적극적인 사용을 권장한다. 하나의 차원을 다른 차원에 연결하는 위상수학 개념의 동원도 허용된다. 텍스트의 피부 속을 파고들어 모순과 역설을 통한 의미의 반전도 읽어내는 우회적인 독법의 활용도 필요하다. 그래서 아가서를 읽다 보면 평소에 사용하지 않던 의식의 근육들이 깨어난다. 소외된 신경들의 가치가 복원된다. 눈치를 보던 변두리 감각들도 움츠린 어깨를 펴고 인식의 주도권을 쥐고 자신의 존재감을 당당하게 드러낸다. 독자는 아가서를 통해 오랫동안 숨어 지내던 나와 마주하게 된다. 자기 인생의 조화로운 무게를 달아보게 된다.

이처럼 아가서는 읽는 것 자체로도 인간의 변화와 인생의 회복을 독자에게 선사한다. 나아가 내용을 이해하면 최고의 사랑으로 안내한다. 이 책의 종착지는 바로 그 사랑이다. 최고의 사랑은 수식어가 필요하지 않다. 그 사랑은 제한되지 않기 때문이다. 사랑은 안경이다. 그것을 써야 온 세상이 제대로 보이기 시작한다. 진리는 오직 사랑에게 자신의 신체를 드러낸다. 사랑은 양식이다. 사랑을 하루라도 먹지 못하면 사람은 기력을 잃고 조금씩 죽어가기 때문이다. 사랑은 묘약이다. 죽어가는 사람도, 죽은 사람도 살리기 때문이다. 사랑은 인생이다. 삶의 모든 순간이 다양한 얼굴을 가진 사랑의 한 조각이기 때문이다. 사랑은 음악이다. 가장 아름다운 가사와 가장 감미로운 멜로디와 가장 부드러운 리듬으로 구성되어 있기 때문이다. 사랑은 스승이다. 인격의 모든 부분과 인생의 모든 영역을 성숙하게 만들기 때문이다. 사랑은 기쁨이다. 죽음, 아무리 흉측하고 난폭한 슬픔의 원흉도 사랑 앞에서는 고개를 숙이며 경의를 표하기 때문이다. 하나님의 사랑은 모든 것이고 모든 것 중의 모든 것이라고 아가서는 노래한다.

20대에 연애편지 소재의 고갈로 애용하던 아가서, 이제 50대가 되어 다시 만나니 감개가 무량하다. 이 아가서 강해를 나는 2020년 5월 17일부터 시작하여 9월 13일에 끝마쳤다. 통독할 때에만 가볍게 읽고 지나가던 아가서와 나눈 최근 4개월간의 열애 끝에 나는 사랑의 비밀이 심히 크다는 결론에 도달했다. 내가 강해를 준비한 순서는 이러하다. 먼저 히브리어 성경 BHS에 근거한 개정판 ETBCE4를 읽고 헬라어 역본인 70인경(LXX)을 참조하여 한글로 번역했다. 히브리어 본문과 헬라어 본문 사이에 차이가 발견되면 주로 ETBCE4 본문을 택하였다. 그러나 아주 드물게 헬라어 본문에서 압도적인 적합성이 발견될 때에는 70인경을 택하였다. 번역이 끝나면, 영어와 독일어와 라틴어와 한글로 된 다른 역본들과 나의 번역을 비교하며 가독성과 표현의 일관성을 위해 미세한 수정을 가하였다. 그리고 묵상했다. 아가서의 묵상은 참 막막했다. 아가서 강해를 저술한 오도넬(Douglas Sean O'Donnell)이 말한 것처럼, 아가서는 "장마다 구조적인 물음을 야기하고, 단락마다 복잡한 언어학적 문제를 안고 있으며, 절마다 마치 일곱 마리의 어린 수사슴이 각기 다른 방향으로 뛰어가는 것 같은 은유들을 포함하는 책"이기 때문이다(오도넬, 12).

아무리 읽어도 마음 속으로 파고드는 의미를 발견하기 힘들었다. 그래서 엎드렸다. 가르쳐 주시고 기억나게 하시는 성령께 도움을 구하였다. 성경을 아무리 꼼꼼하게 읽어도 모든 진리 가운데로 인도해 주시는 성령의 인도가 없으면 진리의 변두리만 돌다가 포기할 것 같았기 때문이다. 그런데 신기한 일이 매주 일어났다. 기도하고 읽고 기도하며 읽는데, 본문의 한 구절도 넘어가기 전에 텍스트가 시선의 발목을 붙들었다. 그때마다 붙들린 그 대목에 한참 머물렀다. 텍스트가 나에게 말을 거는 느낌이 들었고 머리 속에서 맴돌던 뿌연 의미가 하얀 잇몸을 드러냈다. 그런 이후에 글을 쓰기 시작했다. 이런 경험의 반복이 나의 아가서 강해를 만들었다. 이는 아주 주관적인 경험이다. 그래서 성경을 해석할 때에 다양한 주석들을 참조해야 한다는 선배들의 조언을 따라 박윤선의 아가서 주석과 두안 가렛(Duane A. Garrett)의 WBC 아가서 주석과 김구원의 아가서 주석을 주로 참조했다. 이들의 글에서 나는 보석처럼 빛나는 깨달음의 조각들을 두루두루 채취했다. 또한 아가서에 막대한 종교적 의미를 부여하는 유대인의 해석을 엿보기 위해 미드라쉬(Shir ha-Shirim Rabbah), 미쉬나(Avodah Zarah), 탈무드(Shevuot), 그리고 탈굼(Aramaic Targum)의 어깨 너머로 '뜻'동냥도 했다. 유대 문헌들은 주로 여호와와 모세가 시내산 위에서 만난 사건 및 율법을 중심으로 아가서를 설명했다. 그러나 이것은 반쪽짜리 해석 같아서 나는 참조를 하되 유대인과 이방인 모두를 포괄하는 교회와 그리스도 예수의 사랑을 중심으로 아가서를 해석했다.

아가서는 교회의 강단에서 소외된 성경이다. 그 이유는 해석이 어렵고 내용도 민망하기 때문이다. 그러나 아가서가 소외되면 이 세상의 모든 사랑도 소외된다. 아가서는 분명 침묵으로 지나가지 말아야 할 하나님의 거룩한 말씀이다. 모든 성도가 읽어야 하고 모든 목회자가 설교해야 한다. 이 강해서가 아가서의 강단 복귀에 작은 디딤돌이 되기를 소원한다. 4개월간 설교하는 내내 나는 행복했고 내 마음은 많이 설레었고 지금도 잔잔한 설렘이 여전하다. 사랑의 비밀을 발굴하는 재미도 쏠쏠했다. 무엇보다 진리의 감성적인 차원을 새롭게 발견하는 계기와 희열을 주신 하나님께 진실로 감사하다. 나는 이제 주님과 나 자신의 관계를 사랑의 표본인 아가서에 위탁하려 한다. 아픈 몸인데도 정밀하게 검독하며 행간에 숨어 있는 오류까지 적발한 아내 은경이의 도움으로 원고의 완성도가 한결 높아졌다. 그리고 원고를 읽고 흔쾌히 출간을 결정해 준 다함의 이웅석 대표께 감사를 드린다. 이 대표님을 통해 교회가 더욱 진리의 터와 기둥으로 더욱 든든하게 세워지길 기도한다. 마지막으로 추천사를 써 주신, 존경하는 세 분의 선생님들, 류호준 교수님, 주도홍 교수님, 최재선 교수님께 감사를 드린다.

2021년 사랑이 꽃피는 계절, 전주대 교정에서
한병수

S

1장 영혼의 사랑이 시작되다

아 1:1

¹솔로몬의 아가라

❖ ❖ ❖

¹솔로몬의 노래들 중의 노래로다

※ 독자들의 편의를 위해 대한성서공회의 개역개정역(4판, 위)과 저자의 사역(아래)을 함께 표기했습니다.

01   가장 아름다운 노래

¹솔로몬의 노래들 중의 노래로다

아가서(雅歌書)는 무엇인가? 성(聖)경인가? 아니면 성(性)경인가? 아가서는 하나님의 거룩한 말씀이다. 유대인은 미쉬나에 규정된 거룩한 날들에 성경을 낭독한다. 낭독의 목록들 중에 세번째에 해당하는 책들은 아가서, 룻기, 애가서, 전도서, 에스더다. 특별히 아가서는 유월절 주간에 회당에서 낭독된다. 어떤 랍비는 낭독할 때 신발도 벗었다고 한다. 아가서가 지극히 거룩한 책이기 때문이다. 랍비 아키바(Akiba, 50-135)는 모든 유대인의 생각을 종합하여 마쉬나에 이렇게 기록한다. "온 세상은 아가서가 이스라엘 백성에게 주어진 날만큼 소중하다. 왜냐하면 모든 기록들이 거룩하나 아가서는 지극히 거룩하기(קֹדֶשׁ הַקֳּדָשִׁים) 때문이다"(Yadayim,III.v.). 1세기의 유대인 역사가 요세푸스 또한 아가서를 정경으로 분류했다. 기원전 3세기에 번역되고 예수님과 사도들도 인용하는 70인 헬라어 역본에도 아가서가 포함되어 있다. 역사적인 관점에서 보더라도 아가서는 유대인의 특별한 사랑을 받은 지극히 거룩한 성경이다.

아가서의 장르에 대한 입장도 분분하다. 유대인은 하나님과 이스라엘 백성의 사랑을 노래하는 것이라고 생각한다. 어떤 학자들은 한 남자와 한 여인의 사랑 이야기로 이해한다. 결혼과 사랑을 소재로 한 드라마나 뮤지컬 대본으로 해석하는 학자들도 있다. 유대인의 혼례법을 따라 7일 동안 신랑과 신부가 매일 새로운 노래를 교환하는 결혼 축가라고 보는 학자들도 있다. 나아가 성행위를 의식으로 치루면서 우상을 숭배하는 제의적인 노래들의 하나로 보는 사람들도 있다. 그러나 기독교 전통에 따르면, 아가서는 그리스도 예수와 교회의 가장 아름다운 사랑을 노래한 시로서 솔로몬의 저작이다. 이 텍스트의 문자적인 의미는 솔로몬과 술람미 여인, 왕과 시골의 한 여인 사이의 사랑 이야기다. 사랑은 기독교 진리의 절정이다. 믿음과 소망과 사랑 중에서 사랑이 제일이다. 유대인은 이 책이 진리의 가장 깊고 신비로운 차원인 사랑을 다루고 있기 때문에 성경의 지성소로 간주한다. 솔로몬은 성전을 건축한 사람이다. 그들이 보기에 솔로몬의 잠언은 솔로몬 성전의 뜰, 솔로몬의 전도서는 성소, 솔로몬의 아가서는 지성소다. 잠언은 하나님을 경외하는 자가 이 세상에서 하나님의 백성답게 살아가는 지혜를 가르치고, 전도서는 하나님을 경외하지 않으면 모든 것들이 헛되다는 진리를 가르치며, 아가서는 하나님을 경외하는 예배의 마지막 단계인 완전한 사랑을 가르친다.

그런데 적잖은 학자들이 이토록 아름다운 사랑의 노래를 솔로몬의 저작으로 돌리기를 주저한다. 솔로몬은 1,000명의 여인을 부인으로 둔 왕이었기 때문이다. 그에게 그 여인들은 단순히 육체적인 성의 파트너가 아니었다. 그는 "바로의 딸 외에 이방의 많은 여인을 사랑"했다(왕상 11:1). 결국 그들은 왕의 마음을 움직여 가증한 우상들을 숭배하게 만들었다. 솔로몬 저작설 거부는 이토록 성적으로 방탕하고 영적으로 음란한 솔로몬이 남녀의 아름다운 사랑과 하나님의 거룩한 사랑을 노래로 지었을 리가 없거니와 그에게 지을 자격도 없다는 주장이다. 그러나 이 주장을 반대하는 학자들은 도덕적인 삶과 아름다운 노래가 필히 결부되는 것은 아니라고 항변한다. 이는 죄가 더한 곳에 은혜가 더하듯이 가장 부끄러운 삶을 산 사람이 회심한 이후에 가장 은혜로운 고백으로 하나님을 높이는 경우가 많이 있기 때문이다. 역사적인 걸작품을 쓴 작가들을 보더라도 모범적인 삶보다 방탕한 삶을 산 사람들이 많다.

무수히 많은 우상들을 숭배한 죄를 깨닫고 오직 하나님만 사랑하는 깊은 신앙을 노래하는 것은 얼마든지 가능하다. 솔로몬은 아버지 다윗 즉 최고 시인의 핏줄을 이은 문인이며, 3,000개의 잠언을 지은 최고의 지혜자요, 1,005편의 노래를 지은 최고의 음악가다(왕상 4:32). 아가서는 언어의 예술인 시이면서 소리의 예술인 음악이다. 너무나도 아름다운 사랑의 교훈들로 빼곡하다. 아가서의 본문에는 다양한 식물과 동물이 언급되어 있어서 저자의 후보로는 자연에 대해서도 해박한 솔로몬이 가장 유력하다(왕상 4:33). 그래서 나는 시, 교훈, 음악, 박식을 모두 충족하는 솔로몬을 아가서의 저자라고 생각한다.

솔로몬이 아가서의 저자라는 사실의 결정적인 증거는 아가서의 첫 소절이다. 거기에서 저자는 아가서가 "솔로몬의 노래들 중의 노래"라고 적시한다. 이 구절을 해석함에 있어서도 입장은 갈라진다. "솔로몬의"에 해당하는 히브리어 구절이 "솔로몬에 관한, 혹은 솔로몬에 속한"(אֲשֶׁר לִשְׁלֹמֹה)이기 때문이다. 그러나 이 구절은 또한 "솔로몬의, 혹은 솔로몬에 의하여"로 번역하는 것도 가능하기 때문에 솔로몬 저작설의 반증으로 확정하는 것은 곤란하다. 그리고 아가서 안에 솔로몬의 이름이 여섯 번(1:1, 5, 3:7, 9, 11, 8:11-12) 등장하고 사랑하 는 자의 신분이 왕이라고 언급되어 있다(1:4, 12, 3:9, 11, 7:5). 명확한 반증을 제시해서 솔로몬 저작설을 뒤집을 수 없다면 텍스트 자체에서 발견된 내적 증거를 존중하는 것이 합리적인 선택이다. 이견을 제시하는 학자들의 논문들을 봐도 확실한 주장은 없고 가능성 하나를 추가

하는 정도의 학술적인 기여도만 확인된다.

많은 설교자가 아가서를 설교의 본문으로 선택하는 것을 주저한다. 첫째, 시와 노래와 지혜를 골고루 구비하지 않으면 이 종합적인 텍스트의 해석이 어렵기 때문이다. 아가서를 설교하는 나는 과연 구비된 사람인가? 아니다. 내가 아가서를 연구하고 설교한 것은 시와 노래라는 형식에 담긴 진리의 깊은 차원을 배우고 성도들과 함께 나누려는 나의 열망 때문이다. 둘째, 일관된 이야기의 윤곽과 구분이 선명하지 않기 때문이다. 이야기의 흐름과 단락을 정확히 나누기가 대단히 곤란하다. 셋째, 에스더의 경우처럼 하나님의 이름이 한 번도 등장하지 않기 때문에 하나님의 교훈 도출이 어렵기 때문이다. 넷째, 성경의 다른 어떠한 곳에서도 인용되지 않는 책이어서 성경에 의한 성경 해석을 시도하는 것도 힘들기 때문이다. 다섯째, 아가서를 해석하기 어려운 가장 큰 이유는 성경에서 가장 선정적인, 직설적인 성적 표현들이 가득하기 때문이다. 아가서를 설교하면 19금 설교가 될 것을 우려할 정도로 민망한 표현들이 많은 것은 사실이다. 그래서 유대인은 13세 이전에는 아가서 읽기가 금지되어 있다. 그러나 민망한 느낌의 이유는 성경의 표현들 때문인가? 아니면 그런 표현들을 어색하게 대하는 오늘날의 독자 때문인가? 나는 후자의 문제라고 생각한다. 본래 성은 하나님의 선물이다. 성은 행복과 기쁨과 연합을 가능하게 하는 사랑의 끈으로서 너무나도 소중하다.

문제는 성에 대한 교회의 잘못된 인식이다. 그 인식의 뿌리는 고대 철학으로 소급된다. 고대의 그리스 철학은 인간을 영혼과 몸으로 구분한다. 몸은 영혼의 감옥이다. 그래서 몸에서의 탈출을 고대한다. 그런데 성은 몸을 탐닉하는 것이고 몸에 집착하게 하여 영혼의 질식을 초래한다. 그래서 그 시대에는 그 몸에서 벗어나는 죽음도 기꺼이 맞이했다. 예수님도 죽음의 잔을 지나가게 해 달라고 기도할 정도로 두려운 죽음을 당시 그리스의 현인들은 놀랍게도 환영했다. 그들에게 죽음은 영원한 멸망의 관문이 아니라 영혼이 몸이라는 감옥에서 벗어나는 해방이기 때문이다. 소크라테스가 독배를 마다하지 않은 것도 이런 철학의 영향 때문인지 모르겠다. 몸과 성을 폄하하는 사상은 기독교 안으로 들어와 오랫동안 성에 대한 부정적인 관점을 주도했다. 5세기에 교회의 교리적 기틀을 세운 히포의 교부 아우구스티누스는 성적인 욕망을 질병으로 여길 정도였다. 사실 이러한 인식은 아담과 하와의 타락 이후부터 시작된 것이었다. 하나님을 떠나면 성은 수치의 대상으로 여겨진다. 그러나 하나님께 돌아오면 성은 아름답게 된다. 그리스도 안에서는 모든 것이 회복되기 때문이다. 그리스도 안에서는 우리의 몸도 하나님의 성전으로, 하나님께 드려지는 거룩한 제물로, 우리가 마땅히 드려야 할 예배의 도구로 간주된다. 성적인 하나됨도 예수와 교회의 신비로운 하나됨을 설명하고 깨우치는 소중한 은유이다. 인간이 스스로의 노력과 실력으로 알 수 없는 비밀을 이해하기 위해서는 눈으로 쉽게 확인할 수 있는 가시적인 은유들이 필요하다.

내가 생각하는 아가서는 남녀의 농밀한 사랑 이야기를 통해 그리스도 예수와 교회의 깊은 사랑을 노래하는 성경이다. 모든 성경(특별히 구약)은 성령의 감동을 받은 사람들이 하나님께 받은 예언이며(벧후 1:21) 하나님의 감동으로 기록된 말씀이다(딤후 3:16). 성령은 진리의 영이시며(요 14:17), 진리 자체이신 예수의 것을 가지고(요16:14-15) 우리를 모든 진리 가운데로 인도하는 분이시다. 그래서 예수는 성령으로 말미암아 쓰여진 구약을 가리켜 "내게 대하여 증언하는 것"이라고 했다(요 5:39). 당연히 아가서도 그리스도 예수와 무관하지 않다. 아가서의 주인공과 관련하여 유대 랍비들은 솔로몬을 대체로 모세와 연결하여 해석하나 기독교는 예수와 연결하여 해석한다. 기독교의 입장이 유력한 이유는 솔로몬은 비록 자신을 모세와 비교하지 않았지만 예수는 친히 자신을 솔로몬과 비교해서 설명했기 때문이다. 특별히 솔로몬의 지혜를 들으려고 땅 끝에서 온 시바 여왕을 언급하며 예수 자신은 최고의 지혜를 가진 솔로몬과 비교할 수 없을 정도로 큰 존재라고 소개한다(마 12:42). 바울은 마치 아가서를 의식한 것처럼 남편과 아내가 하나의 몸을 이룬다는 것이 그리스도 예수와 교회라는 "큰 비밀"(μυστήριον μέγα)에 대하여 증언하는 입이라고 한다(엡 5:31-32). 이 비밀이 큰 이유는 무엇인가? 성경이 아담과 하와라는 부부 이야기로 시작하고 예수라는 신랑과 교회라는 신부 이야기로 종결되고 있기 때문이다. 이처럼 부부의 사랑은 성경의 시작과 끝을 관통하고 있다.

아담은 하와를 보고 첫 눈에 반하였다. 동공에 지진이 일어났고 잠잠히 있는 것은 불가능한 상태였다. 사랑하는 남녀의 관계는 가만히 있는 것 자체가 고문이다. 백만 볼트의 전류가 어떠한 매개물도 없이 눈에서 눈으로, 심장에서 심장으로, 몸에서 몸으로 이동한다. 사랑이란 최고의 전류에 감전되면 일평생 행복한 감옥에 수감된다. 보석으로 풀려나는 경우가 없고 출소 자체가 가능하지 않다. 아담은 지체하지 않고 농밀한 작업에 들어갔다. "이는 내 뼈 중의 뼈요 살 중의 살이라"(창 2:23). 이것은 사람과 사람의 첫 대화에서 사랑이 입 밖으로 걸어 나온 최초의 언어였다. 이는 사람과 사람의 관계를 규정하는 최초의 내용이다. 남편과 아내는 둘의 관계를 이러한 언어로 시작했다.

그리고 아담과 하와는 결합하여 한 몸을 이루었다. 중매와 주례는 하나님이 맡으셨고, 하객들은 모든 피조물 즉 태양과 달과 별과 하늘의 새와 바다의 물고기와 땅의 짐승과 나무와 풀이었다. 그들의 신방은 신의 예술성과 풍성함과 안락함이 깃든 에덴 동산에 꾸며졌다. 그곳에서 두 사람은 벌거벗은 상태로 있었으나 어떠한 수치심도 감히 기웃거릴 수 없었다고 성경은 기록한다. 홀로 거하던 아담과 하와의 인생은 모든 게 달라졌다. 사랑하는 사람을 만나기 전과 후는 다른 세상이다. 그들은 서로의 곁에 있어서 매 순간 황홀했다. 이 땅에 존재하는 모든 소리는 노래였고, 태양과 달과 별에서 오는 빛들은 사랑의 윙크였다. 그러나 아쉽게도 신혼의 달콤한 순간은 거품처럼 급하게 사라지고 그들의 결혼은 파국으로 치달았다.

유혹에 빠진 아내가 문제였다. 그러나 그것을 계기로 하나님과 아내에게 책임을 전가하며 모든 관계의 질서를 파괴한 아담이 더 큰 문제였다. 아담의 변명이다. "하나님이 주셔서 나와 함께 있게 하신 여자 그가 그 나무 열매를 내게 주므로 내가 먹었나이다"(창 3:12). 그는 감사와 영광을 돌려야 할 하나님께 불평과 원망을 쏟았으며 자신의 뼈 중의 뼈요 살 중의 살인 하와를 모든 사태의 원흉으로 지목하며 사회적 거리만이 아니라 영적인 거리 두기까지 했다. 그리고 신체적 거리와 심리적인 거리도 생겨 성적인 수치심이 벌거벗은 몸을 지배하기 시작했다. 이러한 위기는 무화과 나뭇잎 치마라는 자구책을 통해서는 수습될 수 없어서 하나님이 그들에게 가죽 옷이라는 해결책을 만들어 입히셨다. 그 옷은 짐승의 죽음으로 마련된 것이었고, 아담과 하와는 그 죽음의 옷 속에서 영원한 생명을 고대하며 살아갔다. 즉 영원한 생명이신 둘째 아담과 둘째 하와를 고대하며 살아갔다.

바울은 첫째 아담과 하와의 관계를 둘째 아담인 예수와 교회의 관계와 연결한다. 그러나 아담의 경우와는 달리 예수께서 맞이한 신부의 모습은 결코 아름답지 않고 누더기에 가까웠다. 수효가 많거나 빼어난 미모를 가졌거나 건장한 체구를 지녔거나 자산이나 인기나 명예가 큰 신부가 아니었다. 그럼에도 불구하고 예수는 그런 백성을 교회라는 신부로 택하셨다. 그 이유는 무엇인가? 하나님의 무조건적 사랑하심 때문이다(신 7:8). 이 사랑은 하나님께 죄인이며 원수였던 초라한 인간에게 근거한 것이 아니었다. 하나님 자신에게 근거한 사랑이다. 이러한 맥락에서 요한은 하나님의 선제적인 사랑을 고백한다(요일 4:10, 19). 그런데 문제는 사람들이 사랑 때문에 오신 예수라는 "빛보다 어둠을 더 사랑한 것"이었다(요 3:19). 자신의 생명을 예물로 주었지만 그들은 거부했다. 그럼에도 불구하고 예수는 포기하지 않으시고 길이 참으셨다. 결국 그들이 돌아왔다. 예수와 그들은 합하였다. 첫사랑에 빠져 행복과 기쁨이 가득했다. 그러나 잠시였다. 다시 파국이 찾아왔다. 그들은 하나님을 사랑하지 않고 이용했다. 장수와 성공과 출세와 건강과 재물을 얻는 일에 전능하신 하나님은 너무도 유용했다. 그런데도 하나님은 그냥 이용을 당하셨다. 인간의 추악한 속셈을 다 아셨지만 기꺼이 속으셨다. 결혼 이후에도 과거를 잊지 못하고 죄악에 빠지는 교회를 하나님은 기다리고 또 기다려서 결국 깨끗하고 거룩하게 만드신다. 역사가 종결되는 때에 예수와 교회는 가장 아름다운 신랑과 신부의 성대한 결혼식을 거행한다. 인류의 역사는 이렇게 예수와 교회의 사랑 이야기다.

아가서는 꾸며낸 이야기로 교훈을 전달하는 풍유(allegoria)가 아니라 사실에 근거하여 영적 진리를 전달하는 비유(analogia)이다. 아가서는 사실이다. 동시에 그 사실로서 더 깊은 사실을 가르친다. 아가서의 실질적인 주인공은 솔로몬과 술람미 여인이다. 어떤 학자들은 이 여인이 사랑한 목동을 추가하여 3명이라고 주장한다. 그러나 3명일 경우 솔로몬은 연약한 목동의 손에서 사랑하는 연인을 빼앗은 악인으로 간주된다. 자신을 악인으로 설정하는 가장 아름다운 노래가 어디에 있겠는가! 데이빗 포슨(David Pawson)에 따르면, 그 목동은 솔로몬을 가리킨다.

아가서의 기원에 대한 포슨의 추론은 재미있다. 솔로몬은 1,005개의 노래를 만들었다. 그 중에 6개는 성경에 기록되어 있다. 나머지 999개는 사라졌다. 솔로몬이 지은 노래들의 대부분은 결혼을 위한 것들이다. 그는 왕으로서 40년간 1,000명의 여인을 맞이했다. 한 달에 평균 두 번 정도의 결혼을 치루었다. 로맨틱한 솔로몬은 매번 새로운 노래를 만들어서 각 여인에게 선사했다. 그러나 999명의 여인은 하나님이 기뻐하지 않으셨기 때문에 그들을 위해 쓰여진 999개의 노래는 성경에 들어오지 못하고 종적을 감추었다. 솔로몬을 위해 하나님이 예비하고 기뻐한 여인은 바로 술람미 여인이다. 그래서 1,000명의 여인 중에서 그녀를 위한 노래만 성령의 감동으로 쓰여졌고 성경에 수록된 것이라고 한다.

포슨이 정리한 아가서의 줄거리도 흥미롭다. 아가서는 신데렐라 이야기와 비슷하다. 귀족의 딸이지만 새 엄마로 인해 하녀처럼 일하는 신데렐라,

일하면서 먼지를 뒤집어 쓴 "재투성이"라는 의미의 이름을 가진 그녀는 어느 날 왕자를 만나게 되고 급하게 헤어져서 그리움에 잠기다가 다시 만나 결혼하게 된다. 이는 솔로몬과 술람미 여인의 관계와 유사하다. 솔로몬은 왕이었고 술람미 여인은 왕이 통치하는 땅에서 포도원을 맡아 일하는 농부의 딸이었다. 어느 날 왕은 휴가를 얻어 편한 차림으로 그 포도원에 가서 며칠 동안 머물렀다. 편하게 농사도 짓고 자연도 관찰하고 일하는 사람들도 시찰했다. 그러던 중 술람미 여인을 발견하고 두 사람은 서로 사랑에 빠져든다. 사실 여인의 삶은 고단했다. 그녀는 부당한 대우를 받으며 형제들의 땅에서도 뜨거운 태양 아래에서 흘린 땀이 강을 이룰 정도였다. 그녀는 자신의 땅을 돌볼 시간이 없다는 불평까지 했다. 그 집의 하인처럼 일하고 또 일하여 얼굴과 피부가 검게 그을릴 정도로 지친 삶이었다. 그런 상황에서 만난 그 남자는 나흘이 지나자 청혼했다. 그러나 여인은 그가 누구인지 알지 못하였다. 솔로몬은 그녀에게 자신의 신분에 대해서는 침묵했다. 아쉽게도 남자는 다음 날 떠나야만 했다. 여인은 청혼을 한 남자가 돌아오지 않을지도 모른다는 생각에 밤마다 악몽에 시달렸다. 그런데 웬일인가! 그가 나타났다. 사람들은 솔로몬이 왔다고, 포도원의 주인이 왔다고 소리쳤다. 여인도 궁금하여 그를 응시했다. 자신에게 청혼한 바로 그 남자였다. 그런데 당시에 왕은 이미 60명의 아내가 있는 상태였다. 술람미 여인은 61번째였다. 솔로몬의 제안을 따라 그녀는 시골을 떠나 왕궁으로 갔다. 결혼식을 했고 축하연이 펼쳐졌다. 그때 솔로몬은 오직 그녀에게 자신의 곁을 내주었다. 그녀 주변에는 얼굴이 희고 아름다운 여인들이 가득했다. 열등감이 그녀를 휘감았다. 다른 왕후들과 자신을 비교하는 중에 그 열등감의 키는 더욱 커져갔다. 그녀는 시골로 돌아가고 싶어했다. 그러나 솔로몬은 자기와 함께 왕궁에서 백성을 섬기자고 했다. 솔로몬은 그녀가 가시나무 가운데 백합화와 같다는 말로 완전한 사랑의 마음을 전달했다. 이상은 포슨이 재구성한 아가서의 줄거리다.

아가서는 이러한 남녀의 사랑, 예수와 교회의 사랑을 가장 아름다운 시로 노래한다. 총 117 소절로 구성되어 있다. 이 중에서 70 절은 여인의 목소리로, 40절은 남성의 목소리로, 나머지 7절은 합창으로 노래한다. 내용의 흐름을 본다면 사랑의 시작과 위기와 성숙과 완성으로 구성되어 있다. 즉 남녀가 사랑에 빠지고 사랑이 자라고(1:1-3:5), 결혼으로 들어가고(3:6-5:1), 사랑의 위기를 맞이하고(5:2-6:3), 그런 과정에서 사랑이 성숙하고(6:4-8:4), 마지막에 그 사랑이 완성되는(8:5-14) 이야기가 전개된다. 이는 마치 태초에 이루어진 아담과 하와의 사랑 이야기와, 사랑의 택하심을 받은 이스라엘 백성과 하나님의 사랑 이야기와, 택하심을 받은 교회와 예수의 사랑 이야기와, 나아가 인류의 역사 전체에 펼쳐져 있는 하나님과 인간의 사랑 이야기와 유사하다.

아가서는 "노래들 중의 노래"(שִׁיר הַשִּׁירִים)이다. 이러한 히브리어 표현은 최상급을 나타낸다. 만왕의 왕, 만주의 주, 하늘들의 하늘, 뼈 중의 뼈라는 표현들은 더 이상의 높은 등급이 없기 때문에 취하는 어법이다. 그래서 아가서는 최고의 노래이다. 노래는 무엇인가? 논리적인 언어로는 표현할 수 없는 신비나 다른 사람들은 이해할 수 없는 비밀을 소리의 예술적인 배열에 감성적인 흥분과 설렘을 적당히 섞어서 표현하는 예술이다. 어떤 사람은 음악이 뇌를 경유하지 않고 마음으로 직행하는 영혼의 언어라고 한다. 바흐는 깊은 신앙심과 진솔한 마음에 곡조를 붙이는 방식으로 음악을 만들었다. 그의 음악 한 모금을 마시면 절대자 앞에서의 경건과 자신을 돌아보는 겸손으로 무릎을 조아리게 된다. 그런데 현실에 뿌리를 둔 정반합의 점진적인 변증법적 진보를 신봉하는 헤겔은 현실과 동떨어진 신의 영역을 노래하는 바흐의 단절적인 멜로디를 듣고 악평했다. 음악을 마음으로 소비하지 않고 뇌를 경유하게 했기 때문이다. 헤겔과는 달리 소설과 예술에 조예가 깊고 예술의 사용법을 아는 괴테는 바흐의 음악을 듣고 크게 감동하여 시까지 헌정했다. 이처럼 동일한 음악을 들어도 음악 소비자의 반응은 판이하다. 노래라는 언어의 소비도 훈련이 필요하다.

노래는 정교한 언어를 통해서는 전달할 수 없는 진리의 신비로운 경지로 우리를 안내한다. 노래는 거룩한 비약이다. 유한과 무한, 시간과 영원, 땅과 하늘의 소통과 교류를 가능하게 하는 무형의 매개체다. 사실 성경은 66가지의 독특한 음을 내며 하나님의 영광을 노래하는 거대한 교향곡과 같다. 이 세상의 모든 존재가 다른 누구에 의해서도 만들 수 없는 고유한 음색을 가진 일종의 음악이다. 우리 각 사람도 존재 그 자체로 하나의 유일한 음악(one of a kind)이다. 동시에 모든 만물, 모든 사건, 모든 장소, 모든 움직임, 모든 생각, 모든 말, 모든 표정, 모든 눈빛, 모든 몸짓, 모든 순간이 우주라는 거대한 음악을 구성한다. 그 음악의 주제는 하나님의 영광이다. 그 영광에 단원으로 참여하지 않는 사건이나 피조물은 하나도 없으며 모두가 그 영광을 연주하는 웅장한 음악의 한 조각이다. 선만이 아니라 악도, 의만이 아니라 불의도, 빛만이 아니라 어둠도, 진리만이 아니라 거짓도, 낮만이 아니라 야밤도 이 음악에 역설적인 배역으로 참여한다. 모든 음악들 중에서, 아가서는 가장 아름다운 음악이다.

²내게 입맞추기를 원하니 네 사랑이 포도주보다 나음이로구나 ³네 기름이 향기로워 아름답고 네 이름이 쏟은 향기름 같으므로 처녀들이 너를 사랑하는구나 ⁴왕이 나를 그의 방으로 이끌어 들이시니 너는 나를 인도하라 우리가 너를 따라 달려가리라 우리가 너로 말미암아 기뻐하며 즐거워하니 네 사랑이 포도주보다 더 진함이라 처녀들이 너를 사랑함이 마땅하니라 ⁵예루살렘 딸들아 내가 비록 검으나 아름다우니 게달의 장막 같을지라도 솔로몬의 휘장과도 같구나 ⁶내가 햇볕에 쬐어서 거무스름할지라도 흘겨보지 말 것은 내 어머니의 아들들이 나에게 노하여 포도원지기로 삼았음이라 나의 포도원을 내가 지키지 못하였구나

❖ ❖ ❖

²(여) 그가 내게 입의 맞춤으로 키스해 주시기를! 이는 그대의 사랑함이 포도주 이상이기 때문이오 ³그대의 기름 내음이 향기롭고 그대 이름은 쏟아진 향기름 같아서 처녀들이 그대를 연모하는 것은 당연하오 ⁴왕이 나를 그의 침실로 데리고 가시니 나를 인도해 주시오 (합) 우리가 그대를 뒤따라 가리이다 우리가 그대로 인하여 기뻐하고 즐거워할 것이오 우리가 그대의 사랑함을 포도주 이상으로 기억하고 있소 정직한 자들이 그대를 사랑하오 ⁵(여) 예루살렘 딸들아 나는 검으나 우아하다 게달의 장막 같으나 솔로몬의 휘장인 것처럼 ⁶너희들은 내가 검다는 이유로 나를 흘겨보지 말라 태양이 나를 응시했기 때문이요 내 어머니의 아들들이 나에게 성화를 부리며 자기 포도원을 관리하게 만들었기 때문이라 나 자신의 포도원은 내가 지키지도 못했구나 셀라

02   사랑에 빠지다

사랑에 흠뻑 젖은 노래가 시작된다. 이 노래는 여인의 독창과 여인들의 합창이 어우러져 있다. 본문에는 인격이 향기로운 남자를 사랑하는 여인, 자신을 사랑하는 여인을 왕궁으로 데려가는 남자, 그리고 사랑의 향연에 참여하고 싶은 여인들과 시기하는 예루살렘 딸들이 등장한다.

> [2](여) 그가 내게 입의 맞춤으로 키스해 주시기를!
> 이는 그대의 사랑함이 포도주 이상이기 때문이오

여인이 노래하는 대목이다. 사랑하는 사람을 만나면 입술이 먼저 달려간다. 키스는 사랑의 시작이다. 키스는 입술이란 편지지에 혀를 펜으로 삼고 타액을 잉크로 삼아 가장 빠르게 작성하는 사랑의 편지이기 때문이다. 사랑의 농도는 키스의 체온에서 확인된다. 키스라는 편지에도 입냄새와 같은 오탈자가 개입하고 이빨의 충돌과 같은 부적절한 문장도 발견된다. 그러므로 키스의 언어 구사력과 문장력도 훈련이 필요하다. 본문에서 여인은 입술과 입술이 서로의 온도를 섞고 촉촉한 언어를 교환하는 키스를 고대한다.

한 번의 10초 키스로 박테리아 8,000만 마리가 타인의 입으로 이동하기 때문에 꺼려하는 사람들도 있다. 이와는 달리 박테리아 공유가 면역력 증진에 도움을 주는 건강한 행위라며 적극 권장하는 학자들도 있다. 게다가 일부의 학자들은 키스가 스트레스 호르몬인 코르티솔(cortisol) 농도와 콜레스테롤(cholesterol) 수치를 낮추는 효능이 있다고 주장한다. 키스를 연구한 사람들 중에 미국 네바다 대학의 윌리엄 코윅 교수는 2015년에 168개 문화권의 키스 실태를 조사했다. 그 중에서 77개에서만(46%) 연인들의 키스 행위가 이루어져 키스 자체는 보편적인 문화가 아니라 서구적인 것이라고 그는 주장했다. 키스는 세계 공용어가 아닌 것은 분명하다. 어떤 학자는 키스가 고대의 발명품이 아니라 최근 문화의 산물일 것이라고 주장한다.

그러나 고대 인도의 문헌은 키스가 서로의 영혼을 흡입하는 행위라고 기록한다. 최고의 고전인 성경은 키스의 다양한 용도를 소개한다. 즉 키스는 친밀함의 표현이고, 재회와 화해와 우호의 표시이고(창 45:15, 눅 15:20), 애틋한 마음을 담은 이별의 의식이고(창 31:28, 룻 1:9), 존경과 신뢰를 표현하는 방식이고(출 4:27), 순명과 복종의 맹세이고(삼상 10:1), 거룩한 사랑의 도구이고(벧전 5:14), 성애의 기초적인 기술이다(아 1:2, 잠 7:13). 키스는 이처럼 행위 자체로 메시지가 되는 대화의 방식이다. 관계의 밀도를 높이는 도구를 원한다면 지속적인 키스가 최고의 선택이다. 어떤 조사에서 키스가 부실해서 헤어진 연인의 비율이 평균 60%(1,041명 중 남자가 59%, 여자가 66%)가 넘었다고 한다. 결혼 이전만이 아니라 결혼 이후에도 일상적인 키스는 부부 사이에 금슬의 강도와 두께를 키우는 최고의 습관이다. 시간이 흐르면 이마에는 주름이 파이지만 키스라는 대화는 오히려 감성의 주름을 펴주고 의식의 젊음을 유지하는 비결이다. 잠든 사랑의 세포를 일깨운다. 모든 세포의 노화를 방지하는 비결은 입술의 대화이다. 나와 주님 사이에도 이런 대화가 가능할까? 영혼의 입술에 거룩한 루즈를 바르고 주님과 입맞추는 대화는 믿음에 의해서만 가능하다.

술람미 여인이 솔로몬의 키스를 애원한다. 그녀는 "키스"라는 의미의 동사(נָשַׁק)와 명사(נְשִׁיקָה)를 동시에 사용한다. 여인의 문장은 키스의 역동성과 지속성 모두를 추구하는 애원이다. 키스 상태에서 영원히 정지하고 싶은 바램이다. 그녀가 키스를 이토록 간절하게 원하는 이유는 무엇인가? 사랑함 혹은 애무(דּוֹד) 때문이다. 키스는 사랑에 근거해야 한다. 키스는 사랑의 언어이기 때문이다. 사랑을 전달하는 수레이기 때문이다. 사랑이 시키지 않은 입술의 대화는 폭력이다. 대화를 나누자고 강요하며 입술을 어두운 구석으로 데려가 감금하는 것은 범법이다. 스승의 사랑, 부모의 사랑, 친구의 사랑, 형제의 사랑, 연인의 사랑에 근거하지 않은 키스는 서로에게 상처와 아픔을 주는 흉기에 불과하다. 예수님께 입을 맞춘 유다는 고상하고 아름다운 키스를 돈벌이와 증오의 표출 수단으로 이용했다(마 26:49). 여인이 키스의 이유로 언급한 사랑은 타인에 대한 솔로몬의 사랑을 의미한다. 여인이 솔로몬을 사랑하기 때문만이 아니라 솔로몬도 그녀를 사랑하기 때문에 키스를 열망한다. 이처럼 키스는 일방적인 사랑이 아니라 쌍방적인 사랑의 소통이다. 상대방이 원하지도 않고 준비도 없는 상태에서 강행하는 키스는 이기적인 욕구의 분출이다. 부부 사이에도 관계의 상태에 따라서 키스가 달콤한 밀어일 때도 있고 파괴적인 폭언일 때도 있어서 매 순간 신중해야 한다. 서로에게 사랑에 대한 무언의 신호가 감지될 때까지는 키스도 기다려야 한다. 타이밍이 중요하다.

주님은 우리의 존재를 애무한다. 몸의 모든 곳을 사랑한다. 악한 자가 건드리지 못하는 항목 중에 머리털 한 올도 포함되어 있을 정도로 사랑한다. 삶의 모든 부위를 주님은 사랑의 손으로 감싸신다. 어떠한 곳도 배제됨이 없다. 이런 사랑이 주어지지 않는 하나님의 자녀는 없지만 이 사랑을 느끼지 못하는 자녀들은 많다. 그래서 주님을 노래하며 키스를 갈망하는 입술을 주님께 내밀지 않는 사람들이 많다. 주를 향한 키스의 열망은 신앙의 온도계다. 솔로몬의 사랑을 체험한 여인이 이토록 강렬한 키스를 원했다면, 그보다 더 큰 사랑을 체험한 자가 가지는 키스의 열망은 더욱 강렬해야 한다. 그게 정상이다. 그런데 우리는 과연 얼굴과 얼굴이 포개어질 정도로 가까워야 하는 이 키스의 소원을 가졌는가? 대부분은 이억 만리 떨어진 하늘에 기도라는 음성 메시지 발송으로 때우려고 한다. 바울은 주님과 만나 "얼굴과 얼굴을 대하여 볼 것"을 간절히 고대한다(고전 13:12). 그래서 당장 세상을 떠나 그리스도 예수께로 가는 것을 육신으로 이 땅에 머무는 것보다 더 소원한 사람이다(빌 1:23). 키스는 주님과 가장 가까운 상태를 보여주는 은유적 행위이다.

적잖은 사람들이 자신을 사랑해 주지 않는다고, 따뜻한 표정을 보내지 않는다고, 우정의 손을 뻗지 않는다고 불평한다. 내 주변에는 사랑의 입술이 없다고 투정한다. 술람미 여인의 사랑과 키스의 열망은 솔로몬의 선행적인 사랑에 근거한다. 솔로몬이 처녀들의 사랑과 키스의 입술을 독차지한 이유는 그가 먼저 사랑했기 때문이다. 심은 대로 거둔 열매의 축적이 인생이다. 타인의 사랑과 존경을 원한다면 먼저 사랑하고 먼저 존경하고 먼저 배려하고 먼저 이해하고 먼저 격려하고 먼저 칭찬하고 먼저 웃어주고 먼저 도와주고 먼저 다가가야 한다. 주님은 우리에게 성령의 열매로 표현된 모든 종류의 사랑을 먼저 행하셨다. 사랑을 기대하며 기다리기 이전에 내가 먼저 사랑을 실천하는 것이 주님 닮은 처신이다. 타인이 주는 사랑에 반응하는 수동태의 사랑보다 타인에게 먼저 주는 능동태의 사랑이 더 향기롭다. 사랑의 제맛은 우선성과 능동성에 있다.

이러한 사랑의 시간적인 우선성이 중요하듯 이 모든 행동의 품격을 높이는 것도 동일하게 중요하다. 술람미 여인이 경험한 솔로몬의 사랑함은 "포도주 이상"(מִיַּיִן)이다. 솔로몬의 사랑함은 최고급 포도주의 맛보다 감미롭고, 와인의 매혹적인 빛깔보다 아름답다. 사랑에도 등급이란 것이 엄연히 존재한다. 내가 타인에게 나누는 사랑의 등급은 어떠한가? 심은 대로 거둔다는 섭리의 철칙을 늘 기억하며 최고급 와인보다 더 달콤한 사랑을 시도하라. 사랑에도 시간이 필요하고 공부가 필요하고 훈련이 필요하고 기술이 필요하다. 이기적인 본성을 가진 인간은 체질상 진정한 사랑을 멀리한다. 미움에는 그림자도 못 따라올 순발력과 민첩성을 보이지만 사랑에 있어서는 목숨을 건 결단과 노력이 필요할 정도로 경직되어 있다. 그러나 우리는 그런 부패한 본성을 극복하고 자신에게 있는 모든 것들을 사랑의 연료로 다 태워서 사랑하는 수준, 그래서 가진 게 사랑 밖에 없는 수준까지 이르러야 한다.

이런 사랑은 어떻게 가능한가? 포도주는 기쁨과 행복과 만족의 대명사다. 여호와를 경외하는 자에게 주어지는 은총의 상징이다(잠 3:9-10). 그 은총의 실체는 원래 예수였다. 예수는 메시아의 본격적인 공무를 처음으로 시작할 때 물을 포도주로 만드는 기적을 행하셨다. 죽음이 가까운 시점에서 예수는 포도주가 상징하는 것은 새로운 언약 즉 자신의 피라는 사실을 밝히셨다. 그는 우리를 위해 새 포도주인 자신의 피를 다 쏟으셨다. 피는 생명의 근원이다. 친구를 위해 자기 목숨을 버리는 것이 가장 큰 사랑이다. 포도주와 얽힌 예수의 희생적인 사랑이 우리가 추구하고 이르러야 할 사랑의 최고 등급이다. 이 사랑은 포도주 이상으로 뛰어난 솔로몬의 사랑보다 더 뛰어나다.

사실 솔로몬은 1,000명의 아내와 관계를 맺은 사랑의 최고 전문가다. 물론 많은 아내와 사랑을 나누고 우상을 숭배한 것은 솔로몬의 죄악이다. 그러나 악도 선으로 바꾸시는 하나님은 육신의 욕망이 저지른 솔로몬의 죄악도 바꾸셔서 예수님의 영적인 사랑을 가르치는 역설적인 교재로 삼으신다. 예수는 영적인 면에서 솔로몬이 사랑한 여인들의 수보다 훨씬 많은 사람들을 사랑하고 있다. 하늘의 별들보다, 바다의 모래보다 많은 사람들을 역사의 처음부터 지금까지 사랑했고, 지금 이후로도 시간의 마지막 순간까지 사랑하실 분이기 때문이다. 질적인 면에서나 양적인 면에서나 예수보다 더 위대한 사랑의 전문가는 없다. 처녀들이 반한 솔로몬의 사랑은 소박한 연습에 불과하다.

> ³그대의 기름 내음이 향기롭고 그대 이름은 쏟아진 향기름 같아서
> 처녀들이 그대를 연모하는 것은 당연하오

키스의 이유가 사랑임을 언급한 이후에 여인은 솔로몬의 사랑함이 와인보다 뛰어난 두 가지 이유, 향기와 이름을 노래한다. 첫째, 솔로몬의 기름(שֶׁמֶן)이 감미로운 향기를 풍기기 때문이다. "기름의 향기"는 무엇인가? 솔로몬의 존재 자체에서 나오는 향기로운 냄새 혹은 솔로몬이 사용하는 향수의 향기를 의미한다. 향수는 나 자신의 나쁜 냄새를 숨기고 좋은 냄새를 가진 것처럼 위장하는 수단이다. 물론 좋은 향수를 고르는 것도 실력이고 내공이다. 그러나 최고의 향기는 존재 자체의 향기이다. 좋은 음식을 먹고 규칙적인 운동과 수면을 관리하면 불쾌한 냄새의 발산은 제어된다. 몸은 정직하다. 먹은 대로 나타낸다. 언어와 행위에 있어서도 향수를 사용하는 사람들이 많다. 예를 갖추고 덕을 세우는 조심은 필요하다. 그러나 나 자신을 다르게 보여서 속이려는 의도로 연출된 언어와 행위는 곧장 공중으로 흩어지는 향수와 같아서 오히려 속았다는 감정의 부스럼만 남긴다. 술람미 여인이 사랑에 빠진 솔로몬의 향기는 그가 사용하는 향수가 아니라 그의 존재에서 풍기는 향기였다.

세상에서 가장 향기로운 냄새는 무엇인가? 예수의 향기이다. 구약에서 "여호와께 향기로운 냄새"는 온 몸을 불태워서 드리는 번제였다(레 23:18). 예수의 존재와 삶은 사람들의 후각이 아니라 하나님의 코에 가장 향기로운 번제였다(엡 5:2). 예수는 온 세상을 위한 최고의 향기이다. 어떠한 것도

첨가되지 않은 예수의 이 순수한 향기를 맡은 자들은 술람미 여인이 솔로몬을 사랑한 것처럼 예수를 사랑하게 된다. "코"라는 기관은 이 예수의 향기를 맡으라는 하나님의 명령어다. 내 영혼의 코가 예수의 향기에 취하지 않는다면 어떻게 그를 사랑할 수 있겠는가? 우리도 그렇지만 예수를 알지 못하는 사람들을 어떻게 예수의 사랑에 취하게 만들 수 있겠는가? 예수의 몸은 교회이고, 교회는 그리스도 예수의 향기이다(고후 2:15). 교회는 세상의 코를 예수의 향기로 취하게 할 유일한 기관이다. 예수의 향기로 충만하기 위해서는 예수로 충만해야 한다. 예수의 사랑과 희락과 화평과 오래 참음과 자비와 양선과 충성과 온유와 절제로 가득해야 한다(갈 5:22-23). 그러나 교회가 이기적인 인간의 냄새를 풍기고 있는 듯하여 심히 안타깝다. 우리 각자가 자신의 냄새를 점검하고 관리해야 한다. 최고의 관리법은 성령이다. 성경에서 기름은 주로 성령을 의미한다(고후 1:21-22). 솔로몬의 기름은 예수의 기름인 성령을 상징한다. 우리가 성령을 따라 말하고 행동하고 살아가면 예수의 향기로 가득하게 된다. 세상에서 교회는 이 향기로 승부해야 한다.

술람미 여인이 솔로몬을 사랑하게 된 둘째 이유는 그의 이름(שְׁמֶךָ)이다. 사랑의 이유가 "향기"(쉐멘)에서 "이름"(쉐매카)으로 이어진다. 향기는 코와 관계하고 이름은 귀와 관계한다. 이름은 존재의 집약이고 인생의 명함이다. 누군가의 이름만 들어도 심장이 뛰고 체온이 올라가고 맥박과 발걸음이 빨라지면 그건 사랑이다. 심장이 뛰는 이유는 그 이름이 내 안에서 의미가 되었기 때문이다. 솔로몬의 이름이 그러하다. 여인은 쏟아진 향기름과 같다고 고백한다. 세상에 쏟아진 그 이름의 향기는 사방으로 흩어진다. 지나가는 모든 사람들의 코를 장악한다. 그 향기에 사로잡힌 많은 처녀들을 사랑에 빠뜨린다. 이러한 현상을 술람미 여인은 당연하고 마땅한 것(כֵּן)이라고 인정했다. 이 여인의 반응은 질투가 아니었다. 그녀는 세상의 모든 여인들이 자기 남자를 사랑하는 것은 정상적인 일이라고 생각했다. 예수의 이름에 대한 교회의 태도도 그러해야 한다. 모든 사람들이 예수의 이름에 감격하여 사랑에 빠지는 것은 당연하고 마땅하다. 예수의 사랑은 무한하기 때문에 내가 독점할 수 없고, 결코 고갈되지 않을 무한한 사랑이기 때문에 타인과의 치열한 경쟁도 필요하지 않다.

나의 이름은 과연 사람들로 하여금 사모하게 만드는 이름인가? 들으면 치가 떨리고 분노가 솟구치고 짜증과 욕설이 목까지 차오르는 이름의 소유자가 되지 않도록 우리는 이름도 관리해야 한다. 교회라는 말과 교인이나 목사라는 단어만 들려도 귀를 세척하고 싶은 불쾌함과 혐오감이 든다면 누구의 문제인가? 세상이 기독교의 이름을 개독교로 개명하여 망령되게 일컫는 이 현실의 원흉과 책임자는 누구인가? 다른 누군가가 아니라 우리이고 나 자신이다. 책임을 지기 위해서는 우리가 예수의 이름에 감격해야 한다. 달콤한 말과 이득이 되는 소리의 출입만 허락하는 우리의 부패한 귀를 거룩하게 바꾸어야 한다. 예수의 이름만 들어도 사랑에 빠지는 사람들이 교회에 가득해야 한다. 나의 언어와 행실이 풍기는 향기, 나의 이름이 일으키는 감동의 파도로 세상을 휩쓸어야 한다.

4a왕이 나를 그의 침실로 데리고 가시니 나를 인도해 주시오

솔로몬은 술람미 여인과 사랑을 나누려고 그녀를 자신의 침실로 데려간다. "침실"(חֶדֶר)은 가장 은밀하고 아름다운 사랑을 나누는 공간이다. 어떠한 방해도 없이 존재의 가장 깊은 영역의 교류를 이루는 사랑의 공장이다. 이 침실은 인간의 가장 깊은 내면을 가리키는 말이기도 하다(잠 20:27, 30). 대표적인 경우가 잠언의 한 구절이다. "남의 말하기를 좋아하는 자의 말은 별식과 같아서 뱃속 깊은 데로 내려 가느니라"(잠 18:8). 험담은 우리의 영혼에 별식이다. 아주 깊은 곳으로 들어간다. 나쁜 것이 존재의 깊은 곳을 차지한 사람은 불행하다. 그러나 사랑이 존재의 보좌를 차지하는 인생은 행복하다. 솔로몬이 상징하는 예수는 우리를 자신의 가장 깊은 곳으로 초청한다. 자신의 영원한 사랑으로 우리의 가장 깊은 곳을 채우려고 한다. 몸의 표면에서 벌어지는 사랑의 행위가 아니라 나에게서 가장 소중하고 가장 깊은 부위와 섞이는 사랑을 주님은 원하신다. 이에 대한 여인의 반응은 자신을 그 방으로 인도해 달라는 것이었다. 유괴나 납치가 아니었다. 그녀는 자발적인 의지로 솔로몬의 사랑을 택하였다. 서로의 합의 속에서 침실로 들어간다.

주님의 은밀하고 깊은 사랑을 원하는가? 우리의 의지적인 결단이 필요하다. 하나님은 절대 강요하지 않으신다. 이 세상과 역사 속의 모든 신사들을 합친 것보다 더 신사적인 분이시다. 요한은 이렇게 기록한다. "내가 문 밖에 서서 두드리노니 누구든지 내 음성을 듣고 문을 열면 내가 그에게로 들어가 그와 더불어 먹고 그는 나와 더불어 먹으리라"(계 3:20). 모든 것이 가능하신 주님은 노크하는 신이시다. 문을 여는 우리의 인격적인 반응이 있을 때까지 문 밖에서 기다리는 신이시다. 세상과 인생의 질서를 다 알려 주신 다음에 아담과 하와의 자유롭고 인격적인 반응을 기다린 분이셨다. 사실 주님은 문을 열고 닫을 필요가 없이 전적으로 자유로운 이동이 가능한 신이시다. 예수의 죽음 이후에 제자들은 유대인이 두려워서 모일 때마다 모든 문을 닫았지만 예수는 부활의 증거를 위해 노크도 없이 문을 열지도 않았으나 안으로 들어갔다(요 20:19). 이처럼 주님의 출입은 모든 곳에서 자유롭다. 그럼에도 불구하고 주님은 우리의 인격적인 반응을 기다린다. 솔로몬이 자신의 침실로 여인을 초대한 것처럼 주님도 자신의 가장 깊은 존재의 침실로 우리를 초대한다. 진정한 연인은 공원을 산책하는 데이트로 만족하지 않고 깊고 은밀한 침실로 들어간다. 예수는 아버지 하나님의 품 속에 계셨던 유일한 분이시다. 하나님께 존재의 노른자는 예수이다. 그런 그리스도 안에 거한다는 것은 하나님의 침실로 들어가는 것을 의미한다. 뜰과 성소를 지나 관계의 지성소로 들어가는 것이 하나님의 바램이다. 천국은 침노를 당한다고 한다. 우리에게 허락된 하나님의 침실로 침노하여 들어가는 자가 그 침실의 주인이다.

> 4b(합) 우리가 그대를 뒤따라 가리이다
> 우리가 그대로 인하여 기뻐하고 즐거워할 것이오
> 우리가 그대의 사랑함을 포도주 이상으로 기억하고 있소
> 정직한 자들이 그대를 사랑하오

이제 술람미 여인과 여인들의 합창이 이어진다. 여인들도 솔로몬의 뒤를 따를 것이라고 노래한다. 이 여인들은 누구인가? 어떤 사람은 술람미 여인의 하녀들로, 어떤 사람은 술람미 여인의 경쟁자로 간주한다. 그러나 이들은 술람미 여인의 경쟁자가 아니며 이들의 합창은 이 여인과 함께 솔로몬의 침실로 들어가 함께 사랑을 나눌 것이라는 의지의 표현과 무관하다. 여기에 등장하는 여인들은 술람미 여인의 고단한 삶에 공감하고, 그 삶에서 해방되어 왕과의 사랑 속으로 들어가는 여인의 행복에 공감하고 흠모하는 관찰자의 배역을 담당하는 자들이다. 여인의 노래를 돕는 그녀의 코러스다. 고대의 문헌에도 확인되는 것처럼(S. N. Kramer, *The Sacred Marriage Rite*, 92, 99), 이 여인들은 술람미 여인 자신을 가리키는 메타포일 가능성도 있다. 어떤 경우이든, 이 여인들은 아가서의 가장 중요한 사건인 솔로몬과 술람미 여인의 사랑을 축하한다. 이후에 합창은 이 여인들과 술람미 여인의 생각과 경험의 동일성을 전제한다. 사실 솔로몬은 동일한 상황에 놓인 아내들이 많아서 이런 전제가 그에게는 이상하지 않다.

술람미 여인과 여인들은 솔로몬을 기쁨과 즐거움의 대상으로 간주한다. 여인들은 솔로몬의 사랑함을 경험했다. 그의 침실에서 일어나는 사랑의 행위를 최고급 포도주의 맛 이상으로 생생하게 기억하고 있다. 이러한 사랑

을 기억하는 모든 여인들이 솔로몬을 사랑하는 것은 당연하다. 이 노래에서 솔로몬 대신에 예수를 넣고 불러도 전혀 이상하지 않다. 우리의 주님은 기쁨과 즐거움의 원천이다. 주님의 침실은 성전이다. 그 침실에 출입하며 그분과 사랑을 나눈 사람은 세상에서 경험한 사랑의 어떠한 맛도 주님께서 베푸신 사랑으로 인해 망각하게 된다. 오직 그분의 사랑을 기억하게 되고 그분을 사랑하게 된다. 이 땅에서의 사랑이 주는 최고의 기쁨과 즐거움도 주님께서 우리에게 주신 것에 비하면 신속한 망각의 대상에 불과하다. 그가 계신 곳에는 "충만한 기쁨"과 "영원한 즐거움"이 가득하기 때문이다(시 16:11). "주께서 내 마음에 두신 기쁨은 그들의 곡식과 새 포도주가 풍성할 때보다 더하니이다"(시 4:7). 이처럼 주님께서 주시는 기쁨은 이 세상의 어떠한 기쁨보다 뛰어나다. 이런 시인의 태도와 동일하게, 바울은 그리스도 예수를 아는 진리의 달콤한 사랑에 흠뻑 빠져서 지금까지 자신에게 유익하던 세상의 모든 것들을 배설물로 간주할 정도였다(빌 3:7-8).

나아가 주님의 사랑은 이 세상에서 기뻐할 이유가 모조리 사라진 절망과 슬픔의 상황 속에서도 기쁨의 반전을 일으킨다. 주의 침실에 들어가는 모든 자는 주님으로 말미암아 기쁨과 즐거움의 수혜자가 될 것이기 때문이다. 하박국 선지자는 비록 무화과와 포도나무 열매가 없고 수확의 바구니가 텅텅 비어도 구원의 하나님 때문에 기뻐하고 즐거워할 것이라고 고백한다(합 3:17-18). 정직하고 올바른 사고를 가졌다면 누구든지 그분을 범사에 기억하고 사랑하게 된다. 그를 망각하고 사랑하지 않는다면 부정직한 사람임에 분명하다. 이처럼 예수의 사랑은 과거의 화려한 사랑에 대한 모든 기억, 과거의 어두운 절망과 고통에 대한 모든 기억을 삭제하는 지우개다. 그 사랑은 인생의 판을 뒤집는다. 아무리 고단하고 억울하고 슬프고 아픈 인생이라 할지라도!

5(여) 예루살렘 딸들아 나는 검으나 우아하다
게달의 장막 같으나 솔로몬의 휘장인 것처럼

술람미 여인의 독창이다. 여인은 예루살렘 딸들에게 할 이야기가 있다. 자신은 비록 검지만 우아한 여자라며 자신을 당당하게 소개한다. 겉으로는 게달의 초라한 장막 같으나 속으로는 솔로몬의 우아한 휘장과 같음을 확신한다. "게달"은 검은 염소 가죽으로 장막을 치고 살아가는 아랍의 유목 민족이다. 술람미 여인은 자신의 검은 피부라는 장막 속에서 살아간다. 게달의 초라한 숙소는 마치 술람미 여인의 검은 피부와 유사하다. 솔로몬의 휘장은 청색 자색 홍색 실과 고운 베로 짜여졌고 그 위에 천사의 형상을 수놓은 가장 아름다운 작품이다. 솔로몬 성전의 아름다운 휘장은 왕의 선택을 받아 왕후가 된 술람미 여인의 화려한 신분과 유사하다. 이 여인은 게달의 장막과 솔로몬의 휘장 같은 자신의 이중적인 모습을 정확히 인지하고 있다.

이러한 술람미 여인의 양면성은 이 땅에서 살아가는 성도의 인생을 그대로 보여준다. 그리스도 예수를 믿고 그의 신부가 된 사람들은 예수가 왕 중의 왕이시기 때문에 그들도 지극히 우아한 왕후의 높은 신분을 취득한다. 비록 이 땅에서는 추레한 몰골을 가지고 있어서 게달의 장막처럼 초라해 보이지만 그리스도 안에서는 지극히 거룩한 솔로몬 성전의 휘장처럼 화려하다. 이 역설적인 사실을 바울은 이렇게 표현한다. "우리는 속이는 자 같으나 참되고 무명한 자 같으나 유명한 자요 죽은 자 같으나 보라 우리가 살아 있고 징계를 받는 자 같으나 죽임을 당하지 아니하고 근심하는 자 같으나 항상 기뻐하고 가난한 자 같으나 많은 사람을 부요하게 하고 아무 것도 없는 자 같으나 모든 것을 가진 자로다"(고후 6:8-10). 술람미 여인처럼 우리도 자신의 이중적인 모습을 모두 인지해야 한다. 그리고 우리는 우리의 연약한 육신에 근거하여 겸손해야 하고, 우리의 영적인 상태에 근거하여 언제나 당당해야 한다.

신체적인 약점은 숨겨야 할 수치가 아니라 인격적인 약점의 주름을 펴는 다리미와 같다. 키가 작거나 크다고, 머리숱이 많거나 적다고, 피부가 검거나 희다고, 얼굴에 반점이 있다고, 치아의 배열에 무질서가 있다고, 눈이 작거나 크다고, 다리가 짧거나 휘었다고, 크거나 왜소한 덩치를 가졌다고 위축되지 말라. 신체적인 약점이 없는 사람은 대체로 가볍고 그런 약점이 많은 사람은 가볍지가 않다. 더 잘 이해하고 더 많이 배려하고 더 낮게 겸손하고 더 차분하게 신중하고 더 깊이 생각한다. 신체적인 약점을 내면의 가치 발굴과 증진의 발판으로 승화시킨 분들의 인격이 대체로 이러하다. 승화의 비결은 바로 예수와의 관계이고 그와 더불어 나누는 사랑이다. 그러나 우리 스스로는 극복할 수 없기 때문에 나에게 있는 외모의 약점에 인생이 매몰된다. "구스인이 그의 피부를, 표범이 그의 반점을 변하게 할 수 있느냐"(렘 13:23). 아무도 없기 때문에 예레미야 선지자는 하나님을 찾으라고 한다. 어느 누구도 바꾸지 못하는 나의 운명을 완전히 새롭게 바꾸시는 분은 우리의 주님이다. "누구든지 그리스도 안에 있으면 새로운 피조물이라 이전 것은 지나갔으니 보라 새 것이 되었도다"(고후 5:17).

> 6너희들은 내가 검다는 이유로 나를 흘겨보지 말라
> 태양이 나를 응시했기 때문이요
> 내 어머니의 아들들이 나에게 성화를 부리며
> 자기 포도원을 관리하게 만들었기 때문이라
> 나 자신의 포도원은 내가 지키지도 못했구나 셀라

예루살렘 딸들은 검은 피부를 가진 술람미 여인을 흘겨본다(תִּרְאוּנִי). 주변의 따가운 시선을 이 여인은 의식한다. 사람들은 타인의 약점을 천시와 모멸의 시선으로 주목한다. 이는 사람을 외모로 평가하지 않으시는 하나님의 시선과 대조된다(골 3:25). 외모에 근거한 타인의 평가를 거부할지 말지는 우리의 권한이다. 술람미 여인은 객관적인 기준에 근거하지 않은 세상의 평가를 가볍게 거부한다. 그리고 자신의 검은 피부에 얽힌 사연을 설명한다. 어머니의 아들들이 자기에게 성화를 부리며 그들의 포도원 관리를 요구했기 때문이다. 그녀는 오빠들의 요구에 순응했다. 그녀의 일상은 태양에 노출되어 검게 태워졌다. 정작 자신의 포도원은 돌볼 겨를이 없을 정도로 하루가 분주였다. 자신의 앞가림도 못할 정도로 바쁘고 고단한 삶이 그녀의 피부를 검게 물들였다.

검은 피부는 희생적인 섬김의 물증이며, 과도한 노동을 요구한 오빠들도 용납한 사랑의 훈장이다. 불가피한 상황이 남긴 억울함은 분주한 관심사에 이끌려 타인의 일에 관여하는 오지랖과 구분된다. 때때로 나는 어른들의 이마에 파인 주름과 손발에 핀 검버섯을 주목하며 그들이 살아온 생애의 눈물과 인내와 역경을 더듬는다. 우리의 밝은 오늘은 그들의 어두운 어제가 있었기 때문에 주어진 선물이다. 몸의 곳곳에 새겨진 세월의 풍상은 당당하게 자랑해야 할 상장이다.

오늘 본문에서 솔로몬의 사랑에 빠진 술람미 여인은 우리에게 주님의 사랑에 빠지라고 가르친다. 그곳에 푹 빠지면 모든 게 달라진다. 세상이 변하고 우주가 개벽한다. 인생의 가장 깊은 행복과 기쁨과 만족을 주는 왕의 침실로 들어가게 된다. 청혼을 하신 예수님이 마음의 문 밖에서 우리의 자유롭고 인격적인 결정을 기다리고 있다.

아 1:7-17

7내 마음으로 사랑하는 자야 네가 양 치는 곳과 정오에 쉬게 하는 곳을 내게 말하라 내가 네 친구의 양 떼 곁에서 어찌 얼굴을 가린 자 같이 되랴 8여인 중에 어여쁜 자야 네가 알지 못하겠거든 양 떼의 발자취를 따라 목자들의 장막 곁에서 너의 염소 새끼를 먹일지니라 9내 사랑아 내가 너를 바로의 병거의 준마에 비하였구나 10네 두 뺨은 땋은 머리털로, 네 목은 구슬 꿰미로 아름답구나 11우리가 너를 위하여 금 사슬에 은을 박아 만들리라 12왕이 침상에 앉았을 때에 나의 나도 기름이 향기를 뿜어냈구나 13나의 사랑하는 자는 내 품 가운데 몰약 향주머니요 14나의 사랑하는 자는 내게 엔게디 포도원의 고벨화 송이로구나 15내 사랑아 너는 어여쁘고 어여쁘다 네 눈이 비둘기 같구나 16나의 사랑하는 자야 너는 어여쁘고 화창하다 우리의 침상은 푸르고 17우리 집은 백향목 들보, 잣나무 서까래로구나

❖ ❖ ❖

7(여) 내 영혼이 사랑하는 그대여, 그대가 [양떼를] 먹이는 곳은 어디이며 정오에 쉬게 하는 곳은 어디인지 나에게 말하시오 그대 친구들의 양 무리로 인하여 어찌 내가 베일에 가려진 자처럼 있으리오? 8(남) 여인들 중에서도 아름다운 여인이여, 그대가 스스로 알지 못한다면 내 양무리의 동선을 따라 가시오 목자들의 거처들 주변에서 그대의 어린 암염소를 먹이시오 9내 사랑하는 반려자여 그대는 바로의 병거를 끄는 나의 암말과 비등하오 10그대의 두 볼은 귀걸이로, 그대의 뒷목은 구슬 목걸이로 아름답소 11우리가 그대를 위해 은을 박은 두 금 귀걸이를 만들려고 하오 12(여) 왕이 침상에 있는 동안 나의 그윽한 나드가 향기를 뿜을 것이로다 13내 사랑하는 자는 나에게 나의 두 가슴 사이에서 밤을 지새운 몰약 향낭이요 14내 사랑하는 자는 내게 엔게디 포도원의 고벨화 송이로다 15(남) 오 그대는 아름답소 나의 사랑하는 반려자여 오 그대는 아름답소 그대의 눈은 비둘기들 같소 16(여) 내 사랑하는 님이여 그대는 준수하고 유쾌하오 우리의 침대는 신록으로 물들었고 17우리 집의 들보는 삼나무, 서까래는 잣나무요

03 　　　　　　　　　　　　　서로에게 반하다

아가서의 1장 앞부분은 아가서 전체의 분위기와 줄거리를 요약했다. 이제부터 아가서는 솔로몬과 술람미 여인이 사랑에 빠지고 달콤한 데이트를 007 작전처럼 치밀하게 계획하고 서로를 향한 사랑의 타오르는 마음을 다양한 표현으로 교환하는 장면을 기술한다. 사랑은 점점 고조되어 견고하고 아늑한 집에 신록이 가득한 침대로 올라간다.

7(여) 내 영혼이 사랑하는 그대여, 그대가 [양떼를] 먹이는 곳은 어디이며
정오에 쉬게 하는 곳은 어디인지 나에게 말하시오
그대 친구들의 양 무리로 인하여 어찌 내가 베일에 가려진 자처럼 있으리오?

여인이 노래한다. "내 영혼이 사랑하는 그대여." 여인은 솔로몬을 자신의 "영혼 혹은 생명"(נֶפֶשׁ)으로 사랑한다. 육체의 관능적인 관계는 영혼에 의한 사랑의 한 표현이다. 육체의 사랑은 영혼의 사랑을 뒤따른다. 순서가 바

꿰면 곤란하다. 육신을 탐하는 사랑의 수명은 짧고 영혼의 사랑은 영원하기 때문이다. 사랑의 주도권을 육체에 맡기면 시간이 갈수록 사랑의 온도는 떨어지고 관계의 끈은 삭아서 예기치 못한 순간에 끊어진다. 서로의 육신에 세월이 축적되면 육신의 사랑은 보다 아름답고 젊은 육체에 시선이 빼앗긴다. 우리는 육체와 영혼이 서로 시간의 역방향을 질주하고 있다는 바울의 주장을 주목해야 한다. "우리의 겉사람은 낡아지나 우리의 속사람은 날로 새로워지도다"(고후 4:16). 사랑의 닻을 육신에 내리면 낡아지나 우리의 영혼에 내리면 날마다 사랑의 새살이 돋아난다.

영혼으로 사랑하는 사람은 지혜롭다. 지혜로운 이유는 하나님에 대한 우리의 사랑이 육체가 아닌 영혼의 사랑이기 때문이다. 사람들 사이에서 영혼의 사랑을 연습하고 근육이 길러진 사람은 하나님 사랑을 다른 누구보다 더 확장하게 되고 능숙한 사랑의 수혜자와 전달자가 되기 때문이다. 영혼은 인격과 인격이 서로를 영혼으로 사랑할 때에 성숙한다. 성숙한 영혼의 궁극적인 쓸모는 바로 하나님을 올바르게 사랑하고 경배함에 있다. 예수는 우리에게 하나님을 영과 진리로 예배해야 한다고 가르친다. 그것이 하나님 사랑이고 그 방법이기 때문이다. 이에 바울은 하나님을 사랑하되 육신적인 사랑이 아니라 "영으로 기도하고 또 마음으로 기도하며" "영으로 찬송하고 또 마음으로 찬송"하는 방식으로 사랑할 것이라고 한다(고전 14:15). 이 세상에서 누군가를 사랑하는 것은 하나님 사랑의 훈련이요 연습이요 준비이며 과정이다. 하나님 사랑을 고려하고 목적으로 삼을 때에 진정한 사랑의 분별도 용이하게 된다.

여인은 솔로몬이 양떼를 먹이고 정오에 쉬게 하는 장소의 위치가 궁금하다. 몸으로 동행하지 못하는 경우에는 영혼으로 그 장소에 찾아가 그이의 곁에 있기 위해서다. 이를 위해서는 솔로몬의 동선을 정확히 파악해야 한다. 님이 어느 때에 어디에 있는지를 알면 매 순간 몸이 떨어져 있어도 생각은 그와 동행할 수 있기 때문이다. 그러나 여인은 생각만이 아니라 몸으로도 솔로몬이 수고의 땀을 흘리는 촉촉한 대지를 함께 밟으려고 한다. 지금 여인은 솔로몬을 왕이 아니라 목동으로 이해하고 있다. 양떼를 먹이고 쉬게 하는 장소는 목동에게 주어진 재능이 가장 왕성하게 발휘되는 현장이다. 솔로몬의 가치가 가장 맑고 진실한 표정을 짓는 곳이 일터이기 때문에 여인은 그곳에서 님의 모습을 보고 싶어한다. 목동의 숨결을 느끼고 싶어한다. 솔로몬은 비록 왕이지만 목동의 눈높이로 내려와 여인이 가장 편하고 풍성하게 자기의 사랑을 누릴 수 있도록 배려했다. 이는 마치 주님께서 목수의 모습으로 오셔서 자기 백성을 사랑하고 그들로 하여금 하나님의 사랑을 가장 생생하게 느끼도록 한 하늘의 배려와 비슷하다. 궁전이든 초원이든 하나님의 사랑은 동일하다. 그러나 주님은 그 사랑의 수혜자를 중심으로 무릎을 접고 낮추시며 우리 각자에게 최고의 사랑을 베푸신다.

주님의 동선에 대한 우리의 관심사는 어떠한가? 주님께서 어디에 계시는지, 무엇을 하시는지, 먹이시고 눕히시는 곳은 어디인지, 이런 식으로 주님을 늘 의식하는 것은 사랑이다. 주님의 동선은 율법이다. 율법은 주님께서 움직이고 계신 도로이기 때문이다. 그래서 다윗은 주의 말씀이 그의 거처로 인도하는 길의 빛이고 발걸음을 비추는 등이라고 고백한다(시 119:105). 시간 속에 찍힌 율법의 발자국은 곧 역사이고 그 역사는 주께로 안내하는 율법의 가시적인 동선이다. 식언하지 않으시는 주님은 우리와 맺은 언약을 결코 폐하지 않으시고 역사 속에 다 이루시기 때문이다. 그래서 하나님을 너무도 사랑한 다윗은 그의 동선인 율법을 즐거움의 대상으로 여기며 밤낮으로 묵상했다. 그는 주님의 동선을 영혼으로 더듬으며 주님과 종일 동행하며 데이트한 사람이다. 나아가 바울은 율법보다 더 크신 하나님, 율법의 동선에 대한 인간의 이해보다 크신 하나님의 지혜와 지식을 의식하고 더듬는다. 그러나 그분의 동선은 너무도 위대하고 너무도 심오하고 너무도 풍성해서 파악할 수 없다고 고백한다. "그의 길은 찾지 못할 것이로다"(롬 11:33). 하나님의 경지를 파악할 수 없다는 사실을 파악한 바울은 참으로 대단하다. 다윗과 바울은 진실로 주님의 영적인 술람미 여인이다.

사실 하나님의 동선은 어느 누구라도 쉽게 파악할 수 있도록 이미 명확하게 노출해 놓으셨다. 예레미야 선지자의 기록이다. "여호와가 말하노라 나는 천지에 충만하지 아니하냐"(렘 23:24). 우리가 길을 헤매고 있더라도 헤매는 그곳조차 주님께서 거하시고 눕는 곳이기에 어디에 있더라도 근심과 두려움이 없다. 심지어 관계가 틀어져서 관심의 국경선을 넘어 벗어나려 할지라도 벗어난 곳이 하늘이든 스올이든 주님은 그곳에 거하신다(시 139:8). 하나님은 자신의 위치에 전혀 관심이 없는 사람들을 위해서도 혹 더듬어 찾아 발견하게 하시려고 "인류의 모든 족속을 한 혈통으로 만드사 온 땅에 살게 하시고 그들의 연대를 정하시며 거주의 경계를" 정하셨다(행 17:26). 이처럼 성경은 우리에게 모든 동선을 따라 우리와 동행하고 싶어하는 하나님의 애절한 마음을 곳곳에서 드러낸다.

솔로몬이 여인에게 자신의 위치를 알려주지 않는다면 여인은 베일로 얼굴을 가린 채 다른 목동들의 거처를 헤맬 수밖에 없음을 그에게 통보한다. 이는 솔로몬의 질투를 자극하는 일종의 깜찍한 협박이다. "베일로 얼굴을 가린다"(עֹטְיָה)는 것은 여인들이 자신의 정체를 숨기려는 고대의 풍습이다. 솔로몬의 위치를 모르면 여인은 다른 목동에게 물어야 하고 다른 남자들과 접촉하게 되고 그러면 자신의 정체도 노출되고 결국 솔로몬과 여인의 은밀한 데이트도 타인에게 알려지게 된다. 여인이 얼굴을 가리면서 이리저리 수소문을 하는 것은 솔로몬 자신이 용납할 수 없는 사안이다. 솔로몬은 왕이어서 목동의 근육이 약하기에 혹시라도 여인이 자기보다 더 멋진 구릿빛 근육을 가진 목동과 눈이라도 맞는 날에는 사랑이 깨어질 가능성도 있다. 그래서 여인은 솔로몬의 위치를 알려 달라고 직접 요청한다. 사실 서로 사랑하는 사이에서 자신의 연인이 다른 남자들과 혹은 다른 여자들과 만나면 질투가 유발되고 불필요한 감정의 소비도 촉발된다. 그래서 서로가 서로에게 자신의 정보를 직접 전달하는 것이 가장 유익하고 안전하다. 타인에게 들키지 않고 타인과의 불필요한 접촉과 감정적인 에너지의 낭비도 방지하는 최고의 비결은 둘만의 직접적인 소통이다.

하나님과 우리 사이에도 직접적인 소통이 필요하다. 목회자와 상담하며 자신의 고민을 쏟아내고 믿음의 선배에게 하나님의 뜻을 묻는 것은 차선의 선택이다. 최선의 선택은 주님과의 직접적인 만남이다. 목회자는 그런 만남의 성사를 위해 돕는 안내자에 불과하다. 다윗처럼 말씀을 묵상하고 주님께 지속적인 대화를 나누면 내 속에서 곪은 상처와 짙은 어둠이 서서히 사라지고 주님과의 관계는 더욱 깊어진다. 하나님은 진실로 우리와의 직접적인 동행과 동거를 원하신다. 그래서 예수를 보내셨고 세상 끝날까지 우리와 항상 함께 있기로 정하셨다. 하나님이 천지에 충만하고 항상 우리에게 그 거룩한 곁을 주시지만 우리의 관심은 너무도 싸늘하다. 이런 하나님의 일방적인 짝사랑에 대한 엘리후의 고백이다. "나를 지으신 하나님은 어디 계시냐고 하며 밤에 노래를 주시는 자가 어디 계시냐고 말하는 자가 없구나"(욥 35:10). 이는 우리에게 영혼의 사랑이 익숙하지 않았기 때문일까?

이 구절에서 "양떼"라는 말이 생략되어 있어서 "먹이다"(תִּרְעֶה)와 "눕히다"(תַּרְבִּיץ)는 말의 목적어를 여인으로 생각하여 여인을 먹고 눕히는 성적인 행위의 장소에 대한 질문으로 해석하는 학자들이 있다. 나아가 여인이 베일을 썼다는 것에 대해서는 유다가 너울로 얼굴을 가린 며느리를 창녀로 여긴 경우처럼(창 38:15) 창녀를 나타내는 표현으로 쓰인 적이 있다는 증거를 제시한다. 은유적인 차원에서 그런 해석이 완전히 불가능한 것은 아니지만 위의 동사들은 주로 양떼와 관계되어 쓰였다는 성경의 일반적인 사례들(창 4:2, 30:31, 삼상 17:15; 창 29:2, 사 11:6 등)에 근거해서 보면 과도한 해석이다. 그래서 양을 먹이고 돌보는 일상의 현장에서 동행하며 사랑을 나누고 싶은 연인의 모습으로 이해하는 것이 가장 무난하다.

8(남) 여인들 중에서도 아름다운 여인이여,

그대가 스스로 알지 못한다면 내 양무리의 동선을 따라 가시오

목자들의 거처들 주변에서 그대의 어린 암염소를 먹이시오

이에 솔로몬이 반응한다. 그는 술람미 여인을 최상급 미모의 소유자로 묘사한다. 이것은 검은 얼굴과 고단하고 상한 몸을 가진 여인의 외모에는 어울리지 않는 평가임에 분명하다. 사실 이것은 영혼의 미모에 대한 진술이다. 솔로몬도 술람미 여인을 영혼으로 사랑한다. 하나님은 우리가 얼굴보다 영혼이 아름다운 사람이 되기를 원하신다. 피부와 몸매를 관리하는 것보다 더 큰 관심을 기울여야 하는 관리의 대상은 영혼의 미모이다. 바울은 영혼의 미모를 관리하는 방법을 이렇게 설명한다. "우리 안에 거하시는 성령으로 말미암아 네게 부탁한 아름다운 것을 지키라"(딤후 1:14). 성령께서 우리 안에 거하시며 지키라고 부탁하신 아름다운 것은 성령의 열매임에 분명하다. 우리의 영혼을 아름답게 만드는 것은 바로 사랑과 희락과 화평과 자비와 인내와 양성과 충성과 온유와 절제이다. 그러므로 체크 리스트에 성령의 열매들을 적어 놓고 계속해서 상태를 점검해야 한다.

솔로몬은 자신의 위치를 여인이 스스로 파악하지 못한다면 다른 사람에게 문의하지 말고 자기 양무리의 발자취를 따르라고 한다. 목자는 양과 늘 동거하기 때문이다. 이러한 지침은 다른 목동과의 불필요한 접촉을 막는 솔로몬의 처방이다. 목자를 찾는 방법은 이처럼 간단하다. 양떼의 동선을 파악하면 된다. 하나님의 위치를 파악하는 방법도 동일하다. 하나님의 말씀이 올바르게 선포되는 곳이 하나님의 거주지다. 양들은 그 말씀의 초원으로 가서 먹기도 하고 눕기도 하기 때문이다. 이는 율법이 하나님의 동선인 것과 일반이다. 그리고 솔로몬은 여인에게 목자들의 거처 근방에서 그녀의 어린 암염소를 먹이라고 한다. 구경꾼이 아니라 각자 자신에게 맡겨진 일을 열심히 하는 방식의 동행과 동거를 제안한다. 사랑은 서로의 얼굴

만 쳐다 보면서 가만히 있는 정적인 상태가 아니라 같은 일을 하며 같은 방향으로 달려가는 역동성을 추구한다. 서로의 땀과 눈물이 섞이는 동역의 사랑이 아름답기 때문이다. 예수님은 베드로를 향해 사랑의 여부를 질문한다. 이에 베드로는 자신이 주님을 사랑하는 것을 주님께서 잘 아신다고 대답한다. 이에 대한 예수님의 반응은 특이하다. "내 양을 먹이라"(요 21:17). 양떼를 돌보는 것은 하나님을 사랑하는 방법과 표현이며 누림이다. 가정에서 자녀들을 돌보고, 학교에서 학생들을 가르치고, 직장에서 동료들을 돌아보고, 국가의 기관에서 국민을 섬기는 것은 모두 하나님을 사랑하는 행위이고 그 사랑의 누림이다. 사랑은 이렇게 하나님의 뜻을 이루는 하나님의 동역자가 될 때에 더욱 아름답게 된다. 주님이 용서하기 때문에 나도 용서하고, 인내하기 때문에 인내하고, 배려하기 때문에 배려하고, 희생하기 때문에 희생하고, 구원하기 때문에 구원하고, 누군가를 생각하기 때문에 생각하는 그런 주님과의 동역이 하나님 사랑이다.

9내 사랑하는 반려자여 그대는 바로의 병거를 끄는 나의 암말과 비등하오

솔로몬은 술람미 여인을 "내 사랑하는 여인"(רַעְיָתִי)으로 묘사한다. 이후의 모든 내용들은 솔로몬이 그녀를 사랑하기 때문에 나온 진실이고 표현이다. 사람은 누군가를 사랑하면 보는 안목과 기준이 달라진다. 사랑하기 이전과는 완전히 다른 세상이다. 사랑이 기준이고 사랑이 안목이다. 그것에 근거하여 연인의 모든 것을 바라보고 해석한다. 눈빛부터 시작하여 시선의 거리가 가장 먼 뒷목까지, 사소하게 보이는 머리결의 모양까지 관찰한다. 사랑하면 모든 것이 소중하고 모든 것이 아름답기 때문에 눈길이 전 존재를 더듬는다. 주님도 우리를 사랑하기 때문에 머리털 하나까지 셈하신다.

솔로몬은 술람미 여인을 바로의 병거를 끄는 자신의 암말로 묘사한다.

"암말"(סוּסָה)은 성경에서 딱 한 번 이곳에서 쓰인 낱말이다. 바로의 병거를 끄는 일반적인 말은 수컷이다. 그러나 솔로몬은 암말을 언급한다. 첫째, 암말은 비록 수컷과는 구별되는 이질적인 말이지만 바로의 병거를 끈다는 것은 엄선된 수컷과 비교해도 굴하지 않을 정도로 좋은 말임을 의미한다. 둘째, 어떤 학자들은 전쟁에서 암말의 기능이 적의 병거들을 끄는 수컷 준마들의 성적인 욕구를 자극하여 적의 전투력을 제거하고 적의 공격을 무력하게 만드는 것이라고 한다. 어떤 학자는 실제로 투트모세 3세가 암말을 앞세워서 이집트 병거를 무찌르고 가데스 전투에서 승리한 사례를 제시한다. 셋째, 어떤 학자는 제국의 황제가 타는 병거를 끄는 말들 중에 가장 화려하고 아름답게 장식된 말을 뜻한다고 주장한다. 이러한 견해들을 종합하면, 솔로몬이 보기에 술람미 여인은 세상에서 가장 아름다운 미모를 가진 최고의 여인이며 모든 준수한 남성들로 하여금 그녀의 아름다움 앞에서 무릎을 꿇게 만드는 사람이다. 이는 그녀에게 푹 빠진 솔로몬의 눈에 사랑의 콩깍지가 씌어서 나온 관찰의 내용이다.

우리를 사랑하는 하나님의 눈에도 솔로몬의 것과 비슷한 콩깍지가 있다. 인간을 처음에 만드시고 입에서 즉각 튀어나온 평가가 이것이다. "심히 좋았더라"(창 1:31). 발톱은 독수리의 것보다 못하고, 이빨은 사자의 것보다 못하고, 눈은 매의 것보다 못하고, 다리는 코끼리의 것보다 못하고, 귀는 박쥐의 것보다 못하고, 몸집은 고래의 것보다 못한 게 인간이다. 외모를 따라서는 이 세상에서 최고로 평가될 만한 존재가 아니지만, 우리는 하나님의 형상을 따라 지음을 받았기에 하나님이 보시기에 세상에서 가장 아름답다. 그 형상의 본체이신 그리스도 예수로 말미암아 새롭게 된 피조물인 우리는 그분에게 독생자의 가치에 버금가는 기쁨의 대상이다.

¹⁰그대의 두 볼은 귀걸이로, 그대의 뒷목은 구슬 목걸이로 아름답소

¹¹우리가 그대를 위해 은을 박은 두 금 귀걸이를 만들려고 하오

솔로몬은 여인의 두 볼과 뒷목을 관찰한다. 그녀의 두 볼은 귀걸이로 아름답고 그녀의 뒷목은 구슬 목걸이로 아름답다. 그녀는 비록 내세울 것이 하나도 없지만 솔로몬에 보기에는 눈이 부시도록 충분히 아름답다. 그러나 솔로몬은 지금의 미모와는 비교할 수 없을 정도로 그녀를 아름답게 하려고 "은을 박은 두 금 귀걸이"를 만들어 줄 것이라고 한다. 솔로몬은 아름다운 여인을 더욱 아름답게 만드는 사람이다. 한 사람의 가치가 절정에 이르게 만드는 솔로몬은 그리스도 예수를 잘 보여준다. 예수는 우리가 아직 연약하고 악한 원수였고 만물보다 거짓되고 심히 부패한 자였으나 우리를 어여쁘게 보셔서 자신의 생명도 아끼지 않으시고 우리의 구원을 이루셨다. 우리의 영혼이 누더기와 같아도 주님의 눈에는 아름다운 것이었다. 그래서 주님은 그런 우리를 더욱 아름답게 만드신다. 구슬 귀걸이와 수준이 다른 금 귀걸이를 만들어서 존재의 가치가 절정에 이르도록 우리를 높이신다.

여인을 더 아름다운 장신구로 더 아름답게 만들어 주겠다고 한 솔로몬은 하나님의 동일한 은혜를 경험한 사람이다. 솔로몬이 즉위할 때에 신하들이 다윗 왕에게 축복을 빈 내용이다. "왕의 하나님이 솔로몬의 이름을 왕의 이름보다 더 아름답게 하시고 그의 왕위를 왕의 위보다 크게 하시기를 원하나이다"(왕상 1:47). 이런 축사는 자칫 다윗의 심기를 불편하게 하고 시기심을 촉발하여 솔로몬과 정치적인 대립각을 세우게 만드는 빌미로 작용할 위험성이 있다. 그러나 다윗은 자기의 후임자가 더 아름답게 되고 더 위대하게 되는 것을 기뻐하는 대인이다. 이는 마치 예수님이 제자들에 대하여 한 발언과 유사하다. "나를 믿는 자는 내가 하는 일을 그도 할 것이요 또한 그보다 큰 일도 하리니"(요 14:12). 예수님은 제자들이 자기보다 더 놀라운 사역 이루기를 원하신다. 그러므로 입을 최대한 크게 벌리고 보다 위대한 일을 기대하고 보다 위대한 일을 기대하라. 땅끝까지 이르러 주님의 증인되기를 기대하고, 하늘과 땅이 예수 그리스도 안에서 하나 되는 우주적인 연합을 기대하라.

나는 어떠한가? 나를 만나는 모든 사람들이 나보다 더 똑똑하고 더 아름답고 더 위대하고 더 거룩하고 더 자비롭고 더 정의롭고 더 너그럽고 더 선하고 더 부드럽고 더 강하고 더 지혜로운 사람이 되기를 진심으로 원하는가? 타인을 나보다 더 위대하게 만들 금 귀걸이 준비는 되었는가? 동양의 금언 중에 "청출어람 청어람"(靑出於藍 靑於藍)은 "푸른색은 쪽에서 나오지만 쪽빛보다 더 푸르다"를 의미한다. "제자가 스승보다 더 낫다"는 결과가 나오도록 스승은 제자에게 모든 것을 전수하고 제자는 스승의 수준에 머물지 않고 뛰어넘을 정도로 분발해야 함을 이 금언은 가르친다. 성도가 목사보다 낫고, 백성이 왕보다 낫고, 학생이 교수보다 낫고, 다음 세대가 이번 세대보다 뛰어나야 한다. 내가 주인공이 되고 내가 최고가 되려는 태도는 기독교 진리와 정면으로 충돌한다. 국민과 성도와 학생과 직원을 이용하여 자기의 이득을 챙기려는 자들은 진리의 대적자다. "너희 중에 누구든지 으뜸이 되고자 하는 자는 모든 사람의 종이 되어야 하리라"(막 10:44). 이것이 기독교다.

12(여) 왕이 침상에 있는 동안 나의 그윽한 나드가 향기를 뿜을 것이로다

여인의 독창이다. 이 구절에서 의미가 난해한 단어는 "침상"으로 번역된 "메싸브"(מֵסַב)다. 이는 이 단어가 "주변, 지리적인 외곽, 둥근 식탁, 침상, 범주" 등 다양한 의미를 가졌기 때문이다. 첫째, "침상"으로 볼 경우, 왕이 침상에 머무는 동안 여인은 그에게 자신의 나드에서 지속적인 향기를 제공할 것이라고 한다. 왕의 침실에서 여인과 함께 침상에 머무는 기간은 영원하다. 여인은 왕에게 일평생 영원토록 그에게 향기가 되는 존재이고 싶어한다. 둘째, "둥근 식탁"으로 볼 경우, 왕이 파티를 열어 식탁에서 음식을 먹는 상태를 가리킨

다. 왕의 파티에는 각국에서 온 기라성 같은 여인들과 최고의 인물들이 몰려와 최고의 미모와 기량을 발휘하며 희락의 향연을 펼치는 현장이다. 비록 왕의 눈과 코와 귀를 사로잡을 일급 선수들이 즐비하나 왕의 마음을 차지한 것은 태양에 그을린 술람미 여인의 향기였다. 예루살렘 딸들의 비웃음과 무시를 당하는 처지에 있었지만 모든 유력한 자들 앞에서 왕에게 가장 향기로운 존재로 드러남을 의미한다. 셋째, "범주 혹은 주변"으로 볼 경우, 솔로몬과 여인의 스킨십이 가능한 범위 속으로 두 사람이 가까워진 상황을 의미한다. 왕이 여인의 품에 머물고 있는 상황이다. 여인은 왕에게 향기를 계속해서 뿜어내어 서로의 간격이 좁아지고 서로의 체온이 섞이고 서로의 사랑이 깊어지는 상황이다. 어떤 학자는 "나의 그윽한 나드"를 여인의 몸에 바른 나드 향유가 아니라 솔로몬을 뜻한다고 주장한다. 이런 주장도 가능하다. 여기에서 여인의 품에 안긴 솔로몬은 여인에게 인생의 영원한 향기로 간주된다.

어떠한 의미로 번역하든 여인이 왕에게 향기가 되어 최고의 행복과 기쁨과 만족을 준다는 의미는 동일하다. 아가서의 문맥에서 보면 "메싸브"는 남녀가 잠자리를 함께 하며 사랑을 나누는 침상을 의미하고 동시에 연회장의 식탁도 암시한다. 우리는 과연 하나님의 가장 깊은 곳인 그의 침상에서 그분에게 기쁨과 행복과 만족을 드리는가? 하나님과 독대하는 가장 은밀한 곳, 모든 가식과 꾸밈이 제거된 곳에서는 서로의 향기가 가장 정확하고 생생하게 진동한다. 밀폐된 엘리베이터에 둘만 있을 때에 서로의 냄새가 그대로 드러나듯! 또한 하나님의 파티에서 세상의 모든 사람들 중에서도 우리는 그에게 남다른 향기를 계속해서 풍기는 신부인가? 주저하게 만드는 질문이다. 그러나 지식이 부족하고 피부가 검고 스펙이 허술하고 가문이 부실해도 걱정하지 말라. 우리는 그러한 것들과 무관하게 이미 주님께 향기이기 때문이다. 솔로몬이 여인의 향기라는 해석의 경우처럼, 주님은 우리에게 영원한 인생의 향기가 되시기에 우리도 그로 말미암아 하나님 앞에서 향기롭게 되기 때문이다. 나아가 세상에 대해서도 마땅히 그의 향기의 증인이 되기 때문이다.

13내 사랑하는 자는 나에게 나의 두 가슴 사이에서 밤을 지새운 몰약 향낭이요
14내 사랑하는 자는 내게 엔게디 포도원의 고벨화 송이로다

여인의 독창이 이어진다. 여기에서 여인은 솔로몬을 연거푸 "내 사랑하는
자"(דּוֹדִי)라고 고백한다. 사랑하기 때문에 그녀는 솔로몬을 자신의 몰약 향낭
과 고벨화 송이로 묘사한다. 사랑이 존재를 해석하고 존재의 의미를 규정한
다. 여인의 사랑으로 본 솔로몬은 그녀의 두 가슴 사이에서 밤을 지새운 몰
약 주머니다. 성경에서 몰약의 용도는 다양하다. 제사장과 성전의 기물들에
기름을 바를 때처럼 거룩한 용도로 쓰이기도 하고(출 30:23), 왕의 의복에 바
르기도 하고(시 45:8), 부부가 첫날밤을 보내는 침대에 발라 관능적인 분위기
를 조성하는 육감적인 용도로 쓰이기도 하고(잠 7:16-17), 왕을 맞이하는 후궁
의 몸에 발라 왕의 환심을 사는 용도로 쓰이기도 하고(에 2:12), 예수님의 시체
에 발라 악취를 제거하는 용도로 쓰이기도 한다(요 19:39-40). 고대 사회에서
몰약 주머니를 두 가슴 사이에 두는 첫째 이유는 여인의 온 몸이 향기로 가
득 물들기를 바라는 실질적인 유익 때문이다. 둘째 이유는 악한 세력들이 여
인을 공격하지 못하도록 보호하고 쫓아내는 종교적인 유익 때문이다. 솔로
몬은 술람미 여인에게 몰약의 향기가 계속해서 풍기는 향기 주머니다. 여인
은 자신의 인생에 최고의 향기인 솔로몬과 가장 은밀하고 구별된 장소인 침
상에서 밤이 새도록 함께 지내고 싶어한다. 의식의 끈을 풀고 밤새 자신을
솔로몬의 향기에 맡기고 그 향기로 물든 인생이 되기를 소원한다.

　　우리도 주님을 존재의 가장 깊숙한 우리의 가슴 한 가운데에 모시고 밤
이나 낮이나 그분과 영원토록 항상 함께 지내는 인생을 열망해야 한다. 우
리의 향기이신 그리스도 예수와 동행하고 동거하여 그가 인생의 향기가 되

고 삶의 무늬가 되기를 소원하는 것은 지극히 마땅하다. 어디를 가든 누구를 만나든 예수의 거룩한 냄새를 풍기는 것보다 더 향기로운 인생은 없기 때문이다. 이런 의미에서 바울은 '바울'로 발견되지 않고 그리스도 안에서 발견되고 싶어했다(빌 3:9).

솔로몬은 여인에게 엔게디 포도원의 고벨 꽃송이다. "산양 새끼의 샘"이라는 의미를 가진 엔게디는 사해의 서쪽에 위치하는 오아시스 지역이다. 잘 가꾸어진 포도원이 그곳에 있었다는 주장과 그곳에는 포도원이 없었다는 주장이 팽팽하게 대립하고 있어 고증의 어려움이 있다. 이럴 때에는 성경 텍스트의 표현을 그대로 존중하는 것이 안전하다. 엔게디 포도원의 고벨화는 3미터 크기로 자라는 관목이며 작은 꽃들이 다닥다닥 붙어서 송이를 이루는 꽃으로서 향수의 재료로도 사용된다. 엔게디 포도원의 고벨화 송이는 앞 절에서 언급한 여인의 두 가슴 사이에 있는 몰약 주머니와 비슷하다. 엔게디 포도원은 지리적인 의미도 있지만 여인 자신의 은유로 이해하는 것도 가능하다. 솔로몬은 여인에게 포도원의 정체성을 좌우하는 고벨화와 같다. "고벨 혹은 코페르"(כֹּפֶר)는 "덮개, 생명의 비용, 희생물" 등을 의미한다. 이는 "속죄하다, 용서하다, 깨끗하게 하다, 덮다, 달래다, 화해하다" 등의 의미를 가진 동사 "카파르"(כָּפַר)의 명사형에 해당한다.

황막한 사막 한 가운데에 있는 엔게디 포도원와 같은 여인에게 솔로몬은 그녀의 비참하고 고단한 처지에 시원한 그늘과 그윽한 향기와 아름다운 정원의 낭만을 제공하는 존재로 이해된다. 솔로몬이 아름답고 향기로운 꽃송이로 그녀의 곁에 있기에 과거의 모든 초라한 것들은 그로 말미암아 덮이고 향기로운 인생으로 바뀌었다. 사막에 있더라도 솔로몬과 함께라면 천국이다. 엔게디는 다윗이 사울의 위협을 피하여 숨은 은닉처로 유명하다. 궁전은 다윗을 지켜주지 못했지만 사막에 위치한 엔게디는 다윗을 덮고 가려준 고마운 장소였다. 사막과 같은 황량한 죄인의 인생도 예수라는 엔게디의 고벨화 송이가 있다면 모든 죄가 덮어지고 새로운 피조물이 되어 천국의 황홀한 인생을 살아가게 된다. 우리도 이웃에게 그들의 척박한 인생을 예수의 향기로 덮어 새롭게 바꾸는 고벨 꽃송이가 되자.

15(남) 오 그대는 아름답소 나의 사랑하는 반려자여
오 그대는 아름답소 그대의 눈은 비둘기들 같소

솔로몬의 독창이다. 솔로몬은 여인의 미모에 감탄사를 연발한다. 솔로몬의 눈에 여인은 아름답고 아름답다. 사랑에 빠지지 않을 수 없도록 아름답다. 그의 입술이 이 말을 내뱉지 않으면 다음 문장으로 넘어갈 수 없을 정도로 그녀는 황홀하다. 감탄사는 약간의 틈만 보여도 등장하는 노래의 부지런한 추임새와 같다. 솔로몬은 그녀라는 감옥에 들어가 일평생 수감되고 싶다. 이 구절에서 보면, 솔로몬이 여인에게 푹 빠진 이유는 그녀의 눈이 아름답기 때문이다. 과학자의 연구에 의하면, 사람이 타인을 만날 때 눈이 처음으로 찾아가는 곳은 상대방의 눈이라고 한다. 눈은 영혼의 창문이기 때문이다. 눈이 아름다운 사람은 모든 게 아름답다.

솔로몬은 술람미 여인의 눈이 비둘기와 같다고 노래한다. 그녀의 눈은 투명하고 깨끗하다. 비둘기는 평화를 상징하는 새다. 비둘기는 다른 생물을 죽이거나 그 생물의 사체를 먹지 않고 과일이나 채소나 곡식이 그의 양식이다. 그래서 비둘기의 눈은 무섭거나 날카롭지 않고 늘 부드럽고 온유하다. 그리고 비둘기는 안구를 움직이는 근육이 발달되어 있지 않아서 눈이 돌아가지 않고 방향이 고정되어 있다. 그리고 비둘기의 눈은 이중적인 초점을 가진다고 한다. 멀리 보는 초점과 가까이 보는 초점이 공존한다.

비둘기의 눈은 하나님을 사랑하는 사람의 눈과 유사하다. 성경에서 비둘기는 물의 심판이 끝났음을 알리는 전령으로 처음 등장한다. 성경은 성령을 하늘에서 내려오실 때에 비둘기의 형상과 비교하고(요 1:32) 우리에게 뱀의 지혜와 더불어 비둘기의 순결을 강조한다(마 10:16). 비둘기는 기쁜 소식과 성령으로 충만한 하늘의 눈동자를 의미하고 순결한 사람을 가리킨다. 순결은 어떠한 불순물이 없는 상태를 의미한다. 진정한 성도의 눈은 비둘기의 눈처럼 깨끗해야 한다. 악하고 정욕적인 생각을 하면 눈빛부터 흐려진다. 음란한 것을 많이 봐도 눈은 더러운 흙탕물이 된다. 누군가를 미워하고 정죄하고 비난하고 욕설을 퍼부으면 속은 후련하고 감정의 해소는 되겠지만 맑은 눈빛을 비용으로 지불해야 한다. 눈빛은 감정의 대변인, 삶의 내용물이 고스란히 담긴 인생의 이력서다. 교회는 성령으로 충만하여 이 세상의 어떠한 정욕도 섞이지 않은 영혼의 상태를 가진 비둘기의 눈이여야 한다. 그런 눈을 가진 성도는 세상에서 눈길을 잃어 이리저리 방황하지 않고 하늘만 바라본다. 그래서 우리의 눈을 본 세상이 기쁨의 소식을 듣고 하늘로 눈을 돌리게 만들어야 한다. 그렇지만 동시에 이 세상도 무시하지 않고 관찰하는 이중적인 초점을 가지고 살아간다. 술람미 여인은 솔로몬만 바라본다. 동시에 세상에서 해야 할 일로서 염소들도 충실히 관리한다. 비록 예루살렘 여인들이 그녀의 심기를 불편하게 만들지만 공격적인 눈으로 무섭게 대응하지 않고 그냥 슬픈 눈동자를 가지고 솔로몬만 바라본다. 전형적인 교회의 모습이다.

16(여) 내 사랑하는 님이여 그대는 준수하고 유쾌하오
우리의 침대는 신록으로 물들었고
17우리 집의 들보는 삼나무, 서까래는 잣나무요

여인이 화답한다. 입을 "내 사랑하는 님"이라는 표현으로 연다. 솔로몬은 준수하고 유쾌하다. 솔로몬의 아름다운 언어와 향기로운 행동이 드러낸 그의 영혼은 준수하고 쾌활하다. 인격의 구김살이 없다. 더럽고 추하고 지저분한 성향과 버릇이 없고 유리처럼 깨끗하다. 이렇게 솔로몬과 술람미 여

인은 영혼의 사랑으로 서로에게 푹 빠져서 서로가 서로의 마음을 차지하고 있다. 영혼의 호수에 빠져 서로에게 잔뜩 취하였다. 이제 두 사람은 침대를 언급한다. 그 침대는 신록으로 물들었고 사랑의 계절이 왔음을 색상으로 귀뜸한다. 집의 들보는 견고한 삼나무로, 서까래는 부드러운 잣나무로 만들었다. 사랑을 나누기에 가장 안락한 공간이다. 그들에게 푸른 세상은 최고의 사랑을 나눌 침대이며 천지의 모든 생물들과 식물들이 에덴처럼 사랑의 집을 구성하고 있다.

아가서는 솔로몬과 술람미 여인의 사랑을 노래하기 위해 다양한 생물들과 식물들을 동원한다. 솔로몬은 동물학과 식물학 전문가다. 그는 깊은 통찰력을 가지고 그것들의 이름을 언급한다. 사실 온 세상의 만물은 인간을 위해 만드신 절대자의 선물이다. 신부 된 우리를 사랑하는 신랑 되신 하나님의 마음이 담긴 다양한 그릇이다. 하늘과 땅이 모두 그분이 만든 사랑의 편지지다. 그곳을 빼곡히 채운 하늘의 새들과 땅의 짐승들과 바다의 생물들은 저마다 고유한 메시지를 전달하는 문장이다. 자연을 볼 때마다 나는 창조자의 뛰어난 언어 구사력과 문장력에 감탄한다. 연구실 밖에는 꽃으로 단장한 나무들이 하루 종일 서서 나의 눈길을 기다린다. 주님께서 흔적도 남기지 않고 몰래 가져다 놓은 꽃다발이 캠퍼스의 정원에 가득하다.

본문은 솔로몬과 술람미 여인의 사랑을 통하여 예수님과 교회가 펼치는 영혼의 사랑을 노래한다. 그 사랑에 빠지면 모든 게 아름답다. 눈빛만이 아니라 뒷목에 흐르는 머릿결도 아름답다. 몸과 몸이 동일한 공간에 거하면서 서로의 존재 속으로 들어가고 싶어진다. 우리도 하나님과 나누는 영혼의 사랑에 빠지면 그분만이 아니라 그의 몸인 교회도 사랑하게 된다. 비록 교회가 초라해 보이지만 하나님을 사랑하기 때문에 교회의 모든 것들이 아름답게 보여서 섞이고 싶어진다. 온 세상은 주님과 교회의 농밀한 사랑을 나누는 침대로 보이기 시작한다. 온 세상에 존재하는 모든 아름다운 것들은 주님과 교회의 아름다운 미모를 설명하는 수식어가 된다.

2장 사랑에는 관계의 사계절이 있다

아 2:1-7

¹나는 사론의 수선화요 골짜기의 백합화로다 ²여자들 중에 내 사랑은 가시나무 가운데 백합화 같도다 ³남자들 중에 나의 사랑하는 자는 수풀 가운데 사과나무 같구나 내가 그 그늘에 앉아서 심히 기뻐하였고 그 열매는 내 입에 달았도다 ⁴그가 나를 인도하여 잔칫집에 들어갔으니 그 사랑은 내 위에 깃발이로구나 ⁵너희는 건포도로 내 힘을 돕고 사과로 나를 시원하게 하라 내가 사랑하므로 병이 생겼음이라 ⁶그가 왼팔로 내 머리를 고이고 오른팔로 나를 안는구나 ⁷예루살렘 딸들아 내가 노루와 들사슴을 두고 너희에게 부탁한다 내 사랑이 원하기 전에는 흔들지 말고 깨우지 말지니라

❖ ❖ ❖

¹(남) 나는 샤론의 장미, 골짜기들의 백합화요 ²딸들 가운데에 내 사랑하는 여인은 가시나무 가운데에 백합화 같습니다 ³(여) 아들들 가운데에 내 사랑하는 님은 숲의 나무들 가운데에 사과나무 같습니다 나는 그의 그늘 아래에 있기를 기뻐하여 앉았으며 그의 열매는 내 입에 달콤하오 ⁴(여) 그가 나를 포도주 집으로 이끕니다 내 위에 있는 그의 깃발은 사랑이오 ⁵내가 사랑으로 허약하니 여러분은 건포도로 나를 북돋우고 사과로 나를 회복시켜 주십시오 ⁶그의 왼손은 내 머리 아래에 있고 그의 오른손은 나를 감습니다 ⁷(남) 예루살렘 딸들아 내가 들판의 영양과 암사슴을 두고 너희에게 당부한다 그녀가 원할 때까지는 내 사랑을 깨우거나 일으키지 말지니라

04   거룩한 상사병

1(남) 나는 샤론의 장미, 골짜기들의 백합화요

이 구절에서 "나"는 누구인가? 여성인가? 아니면 남성인가? 초대교회 교부들, 버나드, 루터, 메튜 헨리, 스펄전, 웨슬리와 같이 나도 "나"를 남성으로 해석한다. 즉 솔로몬은 샤론의 장미이며 골짜기의 백합화다. "샤론"(שָׁרוֹן)은 "평원"을 의미하며 팔레스틴 서쪽의 갈멜산 남쪽으로 욥바까지 뻗은 지중해 해안 평야를 가리킨다. 이곳은 아름답고 비옥한 목초지로 양들이나 소들을 관리하기 좋은 지역이다(대상 5:16, 27:29, 사 65:10). 이와는 달리 골짜기는 산과 산 사이에 움푹 패인 지역으로 사람들의 시선이 잘 미치지 못하는 지역을 가리킨다. 고유한 장소의 명칭인 "샤론의 장미"와 일반적인 장소의 명칭인 "골짜기의 백합화"는 다소 대비되는 개념의 조합이다. 게다가 아가서는 유일한 골짜기가 아니라 복수형(עֲמָקִים)을 사용하여 백합화가 어디서나 흔하게 발견되는 평범한 골짜기의 평범한 꽃임을 암시한다. 여기에 사용된 "장미"(חֲבַצֶּלֶת)라는 단어는 다른 곳에서 사막과 반대되는 개념으로 딱 한번 사용된다(사 35:1). 솔로몬은 비옥하고 풍요로운 샤론의 아름다운 장미인 동시에 평범한 골짜기의 흔한 백합화다. 솔로몬은 가장 아름답고 풍요롭고 고매한 왕이면서 동시에 술람미 여인과 동일한 자리로 내려온 평범한 목동이다.

예수님도 이런 솔로몬과 비슷하다. 예수님은 지극히 높으신 하나님의 유일한 독생자인 동시에 우리와 동일한 종의 형체를 입으시고 우리와 동일하게 되신 평범한 사람이다. 이러한 예수를 바울은 "육신을 따라서 다윗의 혈통에서 나셨고 거룩함의 영으로는 죽은 자들 가운데서 부활하사 능력으로 하나님의 아들이라 선포되신 분"이라고 소개한다(롬 1:3-4). 이러한 존재의 이중성은 솔로몬과 예수의 고유한 특성이 아니라 그와 사랑의 끈으로 묶인 술람미 여인과 교회에도 동일하다. 술람미 여인은 시골에서 가축을 돌보는 평범한 여인이다. 그러나 동시에 지극히 높은 왕 솔로몬의 특별한 여인이다. 교회에도 "육체를 따라 지혜로운 자가 많지 아니하며 능한 자가 많지 아니하며 문벌 좋은 자가 많지 아니"하다(고전 1:26). 오히려 교회의 대부분은 세상의 미련한 자들, 약한 자들, 천한 자들, 멸시 받는 자들, 없는 자들이다(고전 1:27). 그럼에도 불구하고 교회는 "모든 통치와 권세와 능력과 주권"을 비롯한 모든 사람들의 이름과 만물 위에 계신 그리스도 예수로 말미암아 그의 몸이 되었기 때문에 지극히 특별하다(엡 1:21). 하나님은 온전한 교회의 손에 "만국을 다스리는 권세"까지 주실 것이라고 요한은 기록한다(계 2:26). 교회는 평범한 모습을 가지고 세상의 강한 자들과 지혜 있는 자들과 가진 자들을 부끄럽게 하며 그들을 주께로 인도해야 하고, 특별한 모습을 가지고 하나님께 경배와 찬양을 돌리며 감사해야 한다.

2(남) 딸들 가운데에 내 사랑하는 여인은 가시나무 가운데에 백합화와 같습니다

솔로몬은 자신이 사랑하는 여인을 백합화와 같다고 설명한다. 예수님은 백합화(70인경, κρίνον)가 "오늘 있다가 내일 아궁이에 던져지는 들풀"처럼 사소하고 덧없는 존재라고 설명한다(마 6:30). 동시에 그 백합화와 솔로몬을 비교한다. 예수님의 설명에 따르면, 백합화는 솔로몬의 모든 영광보다 더 영화로운 옷을 입은 들풀이다(마 6:28-29). 아가서의 문맥에서 보면 자신의 여인에 대한 솔로몬의 백합화 비유가 의미하는 바가 희미하나 예수님의 설명으로 인해 명료하게 된다. 술람미 여인은 비록 사람들이 보기에는 너무도 하찮은 들풀에 불과한 자이지만 솔로몬의 눈에는 솔로몬 자신보다 더 고귀하고 소중한 여인이다. 이와 동일하게, 사람들이 보기에는 지극히 평범하고 무의미해 보이는 사람도 주님의 눈에는 예수의 생명과 맞바꿀 정도로 소중하고 고귀한 존재이다.

술람미 여인은 평범하지 않고 특별한 백합화다. 그녀는 비록 많은 여인들 중에 한 여인으로 있지만 "가시나무 가운데에"(בֵּין הַחוֹחִים) 있는 백합화 같기 때문이다. 술람미 여인에 비하면 다른 여인들은 꽃이 아니라 가시나무 정도에 불과하다. 그러나 솔로몬의 눈에 술람미 여인은 들판에 무수히 많은 백합화들 중에 유일하게 유의미한 백합화다. 교회에 대한 주님의 마음도 동일하다. 주님의 그 애절한 마음에 대한 아모스의 기록이다. "내가 땅의 모든 족속 가운데 너희만 알았나니"(암 3:2). 여기에서 안다는 것은 사랑을 의미한다. 그래서 모세는 주님의 마음을 이렇게 기록한다. "여호와께서 오직 네 조상들을 기뻐하고 그들을 사랑하사 그들의 후손인 너희를 만민 중에서 택하심이 오늘과 같으니라"(신 10:15). 만민 중에서 오직 이스라엘 백성을 선택한 이유는 사랑 때문이다. 주님은 교회를 너무도 사랑한다. 그 사랑의 크기는 그 사랑을 위해 독생자의 고귀한 생명을 희생하실 만큼이다. 교회가 주님의 의식에는 온 세상이며, 온 우주이며, 모든 만물이다. 우

리 개개인이 그러하다.

"가시나무 가운데에" 백합화가 있다는 것은 여인의 독보적인 존재감을 뜻하기도 하나 그 여인이 고난 가운데에 있음도 의미한다. 여인의 삶은 순탄하지 않다. 곳곳에 검게 그을린 인생의 피부를 찌르고 괴롭히는 가시들이 있다. 교회도 그러하다. 예수님은 교회가 이 땅에서는 환난을 당한다고 설명한다(요 16:33). 예수님이 말하는 이 환난은 교회가 세상의 법을 지키지 않아서 저지른 불법과 불의 때문에 당하는 것이 아니라 누구든지 그리스도 안에서 경건하게 살고자 하면 받는 환난을 의미한다. 이런 환난을 당할 때에 우리는 먼저 환난의 원인을 규명해야 한다. 다음은 예수님의 설명이다. "세상이 너희를 미워하면 너희보다 먼저 나를 미워한 줄을 알라"(요 15:18). 죄의 가시, 세상의 가시가 교회를 찌르는 환난의 이유는 바로 그리스도 때문이다. 그를 미워하기 때문에 그를 따르는 교회도 미워한다. 그러나 예수님은 교회를 향해 담대할 것을 주문한다. 왜냐하면 세상이 미워하는 대상인 그리스도 자신이 세상을 이기셨기 때문이다(요 16:33). 교회는 가시의 미움을 받을 때에 세상을 이미 이기신 예수의 향기를 나타내야 한다. 그것이 교회의 본질이고 승리의 비결이다.

가시나무 가운데에 있는 백합화는 바람이 불 때마다 가시에 찔리고 꽃잎은 찢어진다. 백합화는 그 자체로도 향기롭다. 그러나 꽃잎이 찢어지면 더 짙은 향기를 뿜어낸다. 술람미 여인은 자신을 시기하는 여인들의 뾰족한 비난과 멸시에 찔리고 찢기는 아픔에 노출되어 있다. 그러나 그때마다 백합화는 이전보다 더 아름다운 향기를 발산한다. 술람미 여인은 형통할 때보다 곤고할 때에 더 아름답다. 자신을 미워하고 자신의 몸에 상처를 주는 가시에게 자신을 찌르고 찢은 가지를 확 꺾는 보복의 악취를 풍기지 않고 정반대의 감미로운 향기로 대응하는 백합화는 골짜기의 백합화 되시는 예수님과 너무나도 흡사하다. 예수님은 이 세상의 죄 때문에 머리에 가시 면류관을 썼다. 가시로 인해 이마가 찢기고 피가 흘러도 예수님은 그 가시를 뽑아

내어 불태우지 않고, 가시관을 만든 사람을 색출해서 길바닥에 내던지지 않고, 고난의 가시밭을 그냥 묵묵히 걸으며 피 묻은 걸음을 옮기셨다. 오히려 세상의 심장에 박힌 죄의 가시를 뽑아내며 동시에 그 가시는 자신의 두피에 더욱 깊이 박히고 있음에도 불구하고 아버지 하나님께 진행형 원수인 가시의 죄 사함을 호소했다. 예수의 가시밭을 걸어가는 교회는 당연히 세상의 가시가 심장을 찔러도 보복하지 않고 사랑의 향기를 더욱 짙게 발산해야 한다. "너희를 박해하는 자를 축복하라 축복하고 저주하지 말라"(롬 12:14).

우리는 혹시 백합화가 아니라 그 백합화를 구박하고 괴롭히는 가시나무 중의 하나가 아닌지를 늘 점검해야 한다. 누군가를 만날 때마다 나는 인격이 뾰족하고, 말이 뾰족하고, 행동이 뾰족하고, 생각이 뾰족하고, 표정이 뾰족하고, 눈빛이 뾰족하여 주님께서 목숨을 바쳐 사랑한 백합화의 이마를 찢고 옆구리를 찌르고 온 몸이 헐거워질 정도로 채찍질을 가하는 가시나무 배역을 담당하고 있지는 않은지를 점검해야 한다. 하찮은 들풀 같은 사람을 대할 때에도 자기의 생명보다 소중하게 여기는 태도가 필요하다.

3(여) 아들들 가운데에 내 사랑하는 님은
숲의 나무들 가운데에 사과나무 같습니다
나는 그의 그늘 아래에 있기를 기뻐하여 앉았으며
그의 열매는 내 입에 달콤하오

여인이 화답한다. 그녀에게 솔로몬은 누구인가? "숲의 나무들 가운데에 사과나무" 같다. 이 "사과나무"(תַּפּוּחַ, μῆλον) 이미지는 주로 아가서가 사용하는 메타포다(2:3, 5, 7:8, 8:5). 사과나무 이미지를 사용하는 문맥적인 이유는 그 나무의 그늘과 열매 때문이다. 여인은 자신에게 그늘과 열매를 제공하는 솔로몬을 다른 모든 남자들과 구별되는 최고의 사람으로 묘사한다.

"그늘"(צֵל, σκιά)은 태양의 빛과 열기를 차단하는 어떤 사물의 그림자를 의미한다. 그늘은 육체의 쉼과 마음의 안식을 제공한다. 많은 사람들 중에 그늘 같은 사람은 같이 있는 것만으로 우리에게 시원함과 편안함을 제공한다. 솔로몬은 여인에게 시원하고 포근하고 편안한 쉼과 안식을 제공하는 그늘이다. 그러나 어떤 사람과 함께 있으면 태양의 열기가 정수리를 태우는 것처럼 열불이 치솟는다. 있던 한 조각의 그늘마저 제거하는 사람이다. 그러나 예수님은 최고의 그늘이다. 그에게서 우리는 마음의 진정한 쉼과 안식을 얻기 때문이다. "나는 마음이 온유하고 겸손하니 나의 멍에를 메고 내게 배우라 그리하면 너희 마음이 쉼을 얻으리니"(마 11:29). 예수라는 그늘 안에 거하는 방법은 예수의 온유와 겸손을 배움이다. 예수의 마음을 품지 않으면 늘 불편하고 불안하다.

"그늘"은 또한 "보호"라는 의미로도 사용된다. 솔로몬은 여인에게 보호의 그늘이다. 그녀를 종으로 부리던 가족들과 그녀를 멸시하던 사람들이 이제는 그녀를 함부로 대하지 못하는 이유는 그녀가 왕의 여인이 되었기 때문이다. 솔로몬이 사랑하면 그녀는 그냥 누군가의 동생이나 딸이 아니고 시골의 한 처녀가 아니고 모든 백성이 존경을 표해야 하는 국모로 간주된다. 그리고 그녀를 향한 솔로몬의 사랑은 이 세상의 모든 미움을 다 막아내는 감정의 방벽이다. 온 세상이 그녀를 미워해도 솔로몬이 그녀에게 우주이기 때문에 그가 사랑하면 그녀는 온 우주가 사랑하는 대상이다. 주님은 우리를 지키시는 보호의 그늘이다. 시인의 고백이다. "여호와는 너를 지키시는 이시라 여호와께서 네 우편에서 네 그늘이 되시나니"(시 121:5). 하나님을 요새와 방패와 피난처로 삼은 사람은 어떠한 원수의 공격에 의해서도 위협을 받지 않는 사람이다. 하나님을 울타리로 삼은 사람의 영역을 침범할 정도로 정신 나간 원수가 어디에 있겠는가! 하나님의 사람을 건드리는 원수는 무지하고 어리석다. 혹 온 세상이 미워한다 할지라도 하나님이 사랑하는 사람의 마음은 위축이나 상처나 흔들림이 없다. 그에게는 하나님이 우주이기 때문이다.

온 세상보다 더 큰 우주의 사랑이 감정의 바다이기 때문이다. 표면에서 일렁이는 파도와 물살이 바다를 흔드는 경우는 없기 때문이다.

여인은 솔로몬의 그늘 아래에 있기를 기뻐한다. 그래서 다른 그늘이 아니라 솔로몬의 그늘 아래에 앉아 있는 상황이다. 그늘에서 벗어나지 않고 그 아래에 머물기를 선택한다. 솔로몬의 그늘 바깥은 불행이고 고통이고 위험이고 불안이기 때문이다. 주님의 그늘 아래에 머물기를 좋아하는 것은 경건이다. 주님을 벗어나면 모든 게 위태롭고 불안하다. 여인이 솔로몬의 그늘 아래에 있기를 좋아한 이유는 위협이나 불안의 해소 때문만이 아니라 솔로몬의 달콤한 열매 때문이다. 여인은 솔로몬의 열매가 입에 달다고 고백한다. 지금 솔로몬과 여인은 앉아서 키스하고 있는 상황이다. 두 입술이 서로에게 말을 걸고 서로가 존재의 달콤함을 입술로 확인하고 있다.

그러므로 여인은 그늘 바깥이 무섭기 때문에 그늘 아래에 억지로 머무는 불가피한 상황이 아니라 그늘 아래에 열매가 있어서 너무나도 좋기 때문에 그 아래에 기꺼이 머물기를 택하였다. 사랑하는 사람 사이에는 상대방의 존재가 즐거운 누림의 대상이다. 서로가 서로에게 달콤한 열매이기 때문이다. 주님의 그늘 아래에도 달콤한 열매가 풍성하다. 그 아래에 머물면 주님의 열매를 누리는 삶을 넘어 우리 자신도 주님으로 말미암아 열매가 주렁주렁 맺어지는 인생을 살아가게 된다. "그가 내 안에, 내가 그 안에 거하면 사람이 열매를 많이 맺나니 나를 떠나서는 너희가 아무것도 할 수 없음이라"(요 15:5). 주님은 우리의 입술에 과연 달콤한가? 기쁘고 설레는 마음으로 주님 안에 거하고자 한다면 그는 주님이 송이꿀의 당도보다 더 달콤한 분이라는 사실을 필히 경험하게 된다. 주님의 그늘 아래에 거하면 입술이 달콤한 인생을 일평생 살아가게 된다.

여인의 노래가 이어진다. 이제 두 사람의 무대는 포도주 집으로 이동한다. 공간적인 배경이 양들의 초원에서 왕의 침실로, 왕의 침실에서 사과나무 아래로, 그곳에서 이제는 포도주 집으로 바뀌었다. 아가서 문맥에서 "포도주 집"(בֵּית הַיַּיִן)의 의미는 초상집과 대비되는 것으로서 포도주의 향과 유흥이 가득한 "잔칫집"(בֵּית־מִשְׁתֶּה, 렘16:8)이 아니라 솔로몬과 술람미 여인이 농밀한 사랑을 나눌 수 있는 둘 만의 공간을 제공하는 고대의 선술집일 가능성이 높다. 고대 선술집의 존재는 솔로몬 시대 이전, 즉 기원전 2,000년 경으로 추정되는 점토판에 적힌 길가메시 서사시 안에서 확인된다. 포도주는 상대방의 마음을 빼앗는 도구라는 의미로 쓰이기도 한다(호 4:11). 포도주 집은 서로가 서로의 마음을 빼앗고, 그렇게 빼앗겨도 좋을 공간이다. 포도주 집에서 여인은 솔로몬의 깃발이 자기 위에 있다고 노래한다. 깃발은 소속과 정체성과 승리의 상징이다. 그 "깃발이 그녀 위에 있다"(דִּגְלוֹ עָלַי)는 것은 그녀가 솔로몬에 의해 정복된 상태에 있고 왕에게 속한 존재임을 의미한다. 그런데 지배를 상징하는 그 깃발은 바로 솔로몬의 사랑이다. 솔로몬은 사랑으로 여인을 정복했다. 사실 솔로몬은 왕이었다. 부자였다. 지혜가 온 세상에서 가장 뛰어났다. 여성보다 근력이 더 강한 남자였다. 이처럼 술람미 여인을 정복할 수 있는 유력한 도구들이 다양했다. 그러나 솔로몬은 여인을 정복하는 도구로서 사랑을 택하였다. 사랑의 지배만이 상대방을 기쁘고 행복하게 한다.

우리 주님도 교회를 세우시고 정복하기 위해 사랑을 택하셨다. 교회의 깃발은 주님의 사랑이다. 주님처럼 교회도 사랑으로 서로에게 정복되는 관계성을 가진 사랑의 공동체다. 주님이 우리를 사랑하신 것처럼 우리도 각자 자신보다 서로를 더 사랑하여 정복해야 한다. 그러나 사랑이 아닌 다른 수단으로 서로를 정복하면 진정한 정복이 아니기 때문에 갈등과 대립이 발생한다. 필히 갑과 을의 주종 관계가 형성된다. 이러한 관계성은 사회의 질병이다. 태초의 질서는 사랑이다. 서로가 서로를 자신보다 낫게, 즉 서로를 뼈 중의 뼈요 살 중의 살로 여기며 불행과 슬픔과 아픔은 내가 짊어지고 행복과 기쁨과 안식은 너에게 제공되는 사랑으로 서로에게 종속되는 관계가 태초의 질서였다. 그런데 사랑의 질서가 파괴되고 다른 질서가 서로를 지배하는 세상으로 변하였다. 이러한 무질서의 회복을 위해 주님은 사랑의 재창조를 통해 교회라는 '세상'을 다시 만드셨다.

5(여) 내가 사랑으로 허약하니
여러분은 건포도로 나를 북돋우고 사과로 나를 회복시켜 주십시오

여인은 사랑으로 인해 허약해져 있다(חלה). 이것은 사랑하는 이를 너무나도 사모해서 생긴 상사병을 의미한다(삼하 13:1-2, 다말에 대한 암논의 상사병). 상사병은 주로 사랑하는 사람이 함께하지 못할 때에 서로에 대한 사모함과 그리움이 범람해서 발병한다. 그런데 지금 솔로몬과 술람미 여인은 서로의 곁을 공유하고 있다. 동행하고 동거하고 있는데도 상사병에 걸렸다는 점이 이상하다. 왜 그러한가? 둘의 지독한 사랑 때문이다. 둘의 사랑은 같이 있어도 더 깊이 함께하고 싶고, 서로를 대면하여 보고 있어도 더 제대로 보고 싶은 사랑이다. 정상적인 교회는 세상 끝날까지 주님께서 항상 함께 계시지만 그럼에도 불구하고 거룩한 상사병에 걸려야 하는 공동체다. 어떻게 하면 교회가 하나님과 더 제대로 함께하고 어떻게 하면 더 온전히 바라보며 사랑할 것인지를 고민해야 한다. 주님을 더 사랑하지 못한 안타까움, 그리움, 사모함에 사무쳐 상사병을 앓는 신부여야 한다.

여인은 허약하고 아파서 주변에 있는 사람들을 향해 자기가 기운을 차릴 수 있도록 건포도와 사과를 달라고 부탁한다. 건포도와 사과는 무기력한 사람에게 원기를 회복시켜 주는 음식을 의미한다. 여인의 이런 부탁은 사랑으로 인해 체력이 방전된 여인의 심각한 상태를 강조한다. 사랑은 서로를 지배하고 서로의 모든 에너지를 요구하기 때문에 사랑은 존재 전체를 잠식한다. "네 마음을 다하고 목숨을 다하고 뜻을 다하고 힘을 다하여 주 너의 하나님을 사랑하라"(막 12:30). 하나님 사랑 때문에 존재의 배터리가 완전히 소진되는 것은 정상이다. 사랑하는 님을 만났는데 만남의 이전과 이후에 에너지 상태가 변하지 않는다면 사랑하지 않는 사이일 가능성이 높다. 교회는 존재가 아프도록 하나님을 사랑해야 한다. 하나님의 얼굴과 은혜에 대한 사모함 때문에 자신을 하나님 앞에서 완전히 엎질러야 한다(시 119:58, 말 1:9). 하나님의 말씀에 대한 우리의 갈증은 어떠한가? 다윗은 이렇게 고백한다. "주의 규례들을 항상 사모함 때문에 내 마음이 상합니다"(시 119:20). 사슴이 시냇물을 찾기에 갈급한 것처럼 우리도 영혼이 닳도록 주를 찾기에 갈급해야 한다(시 42:1).

6(여) 그의 왼손은 내 머리 아래에 있고 그의 오른손은 나를 감습니다

여인의 상사병을 치유하는 비결은 무엇인가? 그녀에 대한 솔로몬의 구체적인 사랑이다. 여인은 솔로몬의 자비로운 치유를 노래한다. 앉아서 키스를 나누던 두 사람은 이제 누워서 사랑한다. 사랑할 때에 솔로몬의 왼손이 그녀의 머리 아래로 들어온다. 섬세한 배려의 손길이다. 여인의 머리와 땅이 접지하는 것을 방지하는 동작이기 때문이다. 이는 여인의 머리가 세상에 부딪혀서 상처가 나고 고통을 느끼는 일이 발생하지 않도록, 세상의 먼지가 그녀의 머리결을 더럽히지 못하도록 자신의 손등으로 상처와 오염을 대신 받아내는 희생이다. 그래서 여인은 솔로몬의 손에 자신의 머리를 의탁한다. 이런 맥락에서 성경은 남성을 여성의 머리로 표현한다(고전 11:3).

솔로몬의 여인 사랑은 교회에 대한 예수님의 사랑, 머리털 한 가닥도 돌보시는 정밀한 사랑을 잘 나타낸다. 예수님은 교회의 머리털 하나라도 악한 자가 건드리지 못하도록 눈동자를 보호하듯 지키신다. 우리의 상처와 오염을 방지하기 위해 모든 것을 대신 당하셨다. "그가 찔림은 우리의 허물 때문이요 그가 상함은 우리의 죄악 때문이라 그가 징계를 받으므로 우리는 평화를 누리고 그가 채찍에 맞으므로 우리는 나음을 받았도다"(사 53:5). 예수님은 교회가 당해야 마땅한 찔림과 상함과 징계와 채찍을 우리 대신에 다 당하셨다. 그래서 우리는 주님께 우리의 머리를 의탁한다. 그래서 주님은 교회의 머리이다. 머리는 다스림과 지도만이 아니라 희생과 책임의 상징이다.

솔로몬의 오른손은 여인의 몸을 휘감는다. 이는 존재와 존재의 밀착을 위함이다. 솔로몬은 여인의 몸을 사랑한다. 몸의 모든 부위가 사랑의 대상이다. 몸의 어떠한 지체도 배제됨이 없다. 이렇게 솔로몬은 여인의 머리와 몸을 양손으로 사랑한다. 주님도 교회를 그렇게 사랑한다. 주님은 교회를 자신에게 바짝 당겨서 둘 사이에 빈 공간이 없도록 최고의 밀착을 시도한다. 사랑은 둘 사이의 간격을 허락하지 않기 때문이다. 교회가 경험하는 모든 사건들은 유쾌한 것이든 불쾌한 것이든 교회의 몸을 자신에게 당기시는 주님의 손길이다. 몸 전체를 휘감기 때문에 몸의 어떠한 지체도 소외됨과 배제됨이 없다. 아무리 연약하게 보이고 불필요해 보이고 무익하게 보이는 지체라도 신적인 사랑의 대상이다. 솔로몬을 향한 술람미 여인의 상사병, 주님을 향한 교회의 상사병을 치유하는 것은 교회가 아니라 하나님의 손길이다. 서로의 머리와 몸이 밀착되어 완전한 하나됨을 이루시는 주의 양손이 상사병 치유의 주역이다.

7(남) 예루살렘 딸들아 내가 들판의 영양과 암사슴을 두고 너희에게 당부한다
그녀가 원할 때까지는 내 사랑을 깨우거나 일으키지 말지니라

솔로몬이 예루살렘 딸들에게 당부한다. 즉 내 사랑이 원할 때까지는 그 사랑을 자극하지 말라는 부탁이다. 여기에는 최소한 두 가지의 이미지가 혼재되어 있다. 첫째, 여인은 자신의 머리와 몸을 감싼 솔로몬의 품 안에서 잠들었다. 상사병의 중증이 해소되어 심신이 편안한 수면으로 들어간 상황이다. 문제가 해결되면 긴장이 풀려 잠이 몸에 올라타는 것은 생리적인 현상이다. 이에 솔로몬은 예루살렘 딸들에게 여인의 평온한 수면을 흔들거나 깨우지 말라고 당부한다. 이것은 몸의 수면이다. 둘째, 비록 솔로몬이 여인의 존재 전부를 감싸며 사랑을 하지만 솔로몬에 대한 그녀의 사랑은 아직 충분히 준비되지 않은 상황이다. 이것은 사랑의 수면이다. 예루살렘 딸들의 입장에서 보면, 그렇게도 위대한 솔로몬의 사랑을 받았는데 어찌하여 잠이나 자고 가만히 있느냐며 여인을 다그칠 수 있는 상황이다. 그러나 외압으로 여인을 독촉하여 사랑을 강요하는 것은 올바르지 않다고 생각한 솔로몬은 그녀의 사랑이 원할 때까지는 건드리지 말라고 당부한다. 몸의 수면이든 사랑의 수면이든, 여인에 대한 솔로몬의 섬세한 배려가 느껴지는 대목이다. 솔로몬과 술람미 여인은 비록 함께 사랑에 빠졌지만 아직은 결혼식 이전이다. 그래서 넘지 말아야 할 선이 있음을 인지하고 있다. 그 선을 넘지 않으려는 노력과 절제의 향기가 그윽하다. 모든 관계에는 각각의 관계에 허용되는 혹은 허용되지 않는 선이 존재한다. 그 선을 존중할 때에 모든 관계는 향기를 쏟아낸다.

사랑은 대단히 섬세하다. 그래서 조금만 놀라도 달아난다. 조금만 외부의 압력이 가해지면 상처가 생기고 순식간에 사라진다. 그래서 솔로몬은 들판의 영양과 암사슴을 두고 맹세하게 한다. 영양과 암사슴은 난폭하지 않고 살기가 없으며 너무도 온순하고 아름답다. 동시에 겁이 많고 연약해서 들판의 영양과 암사슴은 주변에 지극히 미미한 위협의 기운만 느껴져도 빛의 속도로 달아난다. 그래서 훅 다가가지 않고 그들이 놀라지 않도록 서서히 다가가 사랑을 전달하는 것은 일종의 예술이다. 신뢰의 두께가 충분히 두껍게 쌓이고 그 두께만큼 간격을 좁히며 조심조심 다가갈 때에라도 사슴들 편에서 충분히 안심하고 사람의 접근을 허용할 때까지 기다리고 또 기다려야 한다.

여인의 사랑도 그러하다. 그녀는 솔로몬의 눈에 세상에서 가장 아름다운 여인이다. 그러나 최고의 지혜를 가진 왕 솔로몬에 비하면 너무나도 미약하고 초라하다. 그래서 그녀에게 다가가는 기술은 예술의 경지에 가까워야 한다. 그래서 솔로몬은 예루살렘 딸들에게 지극히 미세한 외압도 그녀에게 가하지 말라고 당부한다. 그리고 사랑은 본래 전인격의 지극히 자발적인 몰입이다. 당사자가 사랑을 실제로 체험하고 느끼고 충분히 차오르고, 그래서 외부의 어떠한 자극도 없이 스스로가 사랑의 충분한 준비를 확인하고, 스스로 자발적인 사랑을 시작할 때까지 기다리고 또 기다리는 것이 사랑의 기술이다. 솔로몬은 자신을 기준으로 사랑의 속도를 조절하지 않고 여인의 상태에 맞추어서 진행한다. 왕이기 때문에 어명을 내려 자신의 사랑에 그녀의 무릎을 꿇게 하는 것도 얼마든지 가능하다. 왕의 요구를 거절하면 반역이다. 만약 그렇게 여인의 사랑을 강요해서 그녀가 무릎을 꿇는다면 그것은 이미 사랑이 아니라 폭력이요 고문이다. 사랑은 이 세상에서 가장 아름답고 신비롭고 정밀하고 맑은 기적이다. 그것에 걸맞은 인격과 태도와 행위가 요구된다.

주님의 사랑은 모든 역사에서, 온 세상에서 가장 고결하다. 그래서 주님은 우리에게 그 사랑을 전달하실 때에 극도의 세심한 배려 속에서 우리의 수용성을 중심으로 놀라지 않도록, 달아나지 않도록 관계의 간격을 좁히신다. 주님의 세심함이 역사의 모든 순간에, 온 천하의 모든 만물에 은은하게 스며들어 있다. 사실 주님은 온 세상의 창조자다. 온 세상의 주인이다. 역사의 주관자다. 만물의 통치자다. 얼마든지 천상의 어명을 내려 우리 모두에게 하늘의 뜻을 받들라고 명령하실 자격을 갖춘 분이시다. 그것을 어기면 육체만이 아니라 영혼까지 능히 지옥에 멸하실 수 있는 권한을 가진 분이시다. 그럼에도 불구하고 이 세상에 존재하는 어떠한 사랑과도 비교할 수 없이 섬세하게 배려하고 끝까지 기다리는 사랑의 예술을 우리에게 보이신다. 그게 보이는가?

아 2:8-17

⁸내 사랑하는 자의 목소리로구나 보라 그가 산에서 달리고 작은 산을 빨리 넘어오는구나 ⁹내 사랑하는 자는 노루와도 같고 어린 사슴과도 같아서 우리 벽 뒤에 서서 창으로 들여다보며 창살 틈으로 엿보는구나 ¹⁰나의 사랑하는 자가 내게 말하여 이르기를 나의 사랑, 내 어여쁜 자야 일어나서 함께 가자 ¹¹겨울도 지나고 비도 그쳤고 ¹²지면에는 꽃이 피고 새가 노래할 때가 이르 렀는데 비둘기의 소리가 우리 땅에 들리는구나 ¹³무화과나무에는 푸른 열매 가 익었고 포도나무는 꽃을 피워 향기를 토하는구나 나의 사랑, 나의 어여쁜 자야 일어나서 함께 가자 ¹⁴바위 틈 낭떠러지 은밀한 곳에 있는 나의 비둘기 야 내가 네 얼굴을 보게 하라 네 소리를 듣게 하라 네 소리는 부드럽고 네 얼 굴은 아름답구나 ¹⁵우리를 위하여 여우 곧 포도원을 허는 작은 여우를 잡으 라 우리의 포도원에 꽃이 피었음이라 ¹⁶내 사랑하는 자는 내게 속하였고 나 는 그에게 속하였도다 그가 백합화 가운데에서 양 떼를 먹이는구나 ¹⁷내 사 랑하는 자야 날이 저물고 그림자가 사라지기 전에 돌아와서 베데르 산의 노 루와 어린 사슴 같을지라

❖ ❖ ❖

⁸(여) 내 사랑하는 님의 소리구나 보아라! 그가 산들을 뛰어넘고 언덕들을 가 로질러 이곳으로 온다 ⁹내 사랑하는 님은 노루들 혹은 어린 사슴들과 같다 보 아라! 그가 이곳 우리의 벽 뒤에 서서 창들을 통해 엿보며 창살 틈으로 훔쳐 본다 ¹⁰나의 사랑하는 님이 반응하며 나에게 말합니다 (남) "일어나오 나의 사랑하는 자, 나의 어여쁜 그대여 나오시오 ¹¹보시오 겨울도 지나가고 비도 떠나가고 없소 ¹²지면에는 꽃들이 피어나고 노래의 때가 이르렀소 비둘기의 소리가 우리 땅에서 들립니다 ¹³ 무화과 나무들은 풋열매를 맺었으며 포도 나무들의 꽃봉은 향기를 건넵니다 일어나오 나오시오 나의 사랑하는 자, 나 의 어여쁜 그대여 나오시오 ¹⁴바위 틈새의 낭떠러지 은밀한 곳에 있는 나의 비둘기여 그대의 얼굴을 나에게 보이시오 그대의 소리를 들려 주시오 그대 의 소리는 감미롭고 그대의 얼굴은 아름답소 ¹⁵너희는 우리를 위하여 여우들 곧 포도원을 허는 작은 여우들을 붙잡아라 우리의 포도원에 꽃이 피었도다" ¹⁶(여) 내 사랑하는 님은 나의 것이고 나는 백합화들 가운데서 목양하는 님의 것입니다 ¹⁷내 사랑하는 님이여 날이 흩어지고 그림자가 달아나기 전에 돌아 오시오 베데르의 산들에 있는 노루와 어린 사슴처럼 되어 주시오

05   봄: 사랑의 계절

사랑에는 사계절이 있다. 솔로몬과 술람미 여인은 사랑의 봄을 맞이했다. 사랑의 포도원에 꽃이 피어나고 향기가 진동한다. 그런데 둘의 사랑을 방해하는 작은 여우들이 난립한다. 여우들의 등장은 사랑의 겨울처럼 느껴진다. 그러나 둘은 상반된 계절이 공존하는 이 문제를 거뜬히 극복한다. 흔들리지 않고 보다 단단한 사랑의 결속을 다지는 것이 문제 해결의 열쇠였다.

8(여) 내 사랑하는 님의 소리구나 보아라!
그가 산들을 뛰어넘고 언덕들을 가로질러 이곳으로 온다

솔로몬의 "소리"(קוֹל)가 여인의 청력을 독점한다. 다른 모든 소리는 그녀의 귀 문전에서 존재감을 상실한다. 여인의 귀는 오로지 님의 주파수만 감지한다. 한 줄기의 파장도 놓치지 않으려고 최고의 안테나를 동원한다. 다른 여인이 자기보다 먼저 보다 정확하게 님의 소리를 감지하는 것은 견딜 수 없는 일이기 때문이다. 그녀는 님의 소리에 내 귀가 먼저 달려 나가 맞이하는 기쁨을 아는 여인이다. 그녀의 귀는 님의 소리를 위해 존재한다. 그의 열정적인 걸음과 긴박한 호흡이 만드는 소리가 여인의 귀에는 가장 감미로운 음악이다. 지금 님은 산들을 뛰어넘고(דּוֹלֵג עַל) 언덕들을 가로질러 여인의 장소로 질주하고 있다. 여인의 설레는 기다림은 짝사랑이 아니었다. 그녀를 향한 솔로몬의 뛰는 심장은 산에서도 걸음이 아니라 "달림"을 주문했다. 산을 넘을 때에는 걷기만 해도 숨이 금방 차오른다. 그런데도 솔로몬은 걸음이 아니라 뜀박질로 산을 넘어온다. 이는 사랑의 마법에 걸린 남자의 모습이다. 숨이 넘어가도 사랑이 우선이다.

사랑에는 장애물이 늘 존재한다. 그러나 내 사랑이 머무는 곳이라면 산들이나 언덕들과 같은 장애물 넘기를 단행한다. 사랑은 생명을 잃을 수도 있는, 자신의 정체성을 상실할 수도 있는 길이어서 험난하다. 고대의 산들과 언덕들은 지금의 잘 닦인 둘레길과 다르게 짐승의 위협과 산적의 위협이 가득한 곳이었다. 물리적인 장애물도 넘기 어렵지만 솔로몬 왕이 시골의 한 처녀에게 다가가기 위해서는 무수히 많은 사회적 차별과 오해의 산들을 넘어가야 했다. 그런데도 솔로몬은 주저하고 망설이고 갈등하고 고민하는 기색을 전혀 보이지 않고 사랑을 향해 성큼성큼 뛰어간다. 이렇게 님의 소리를 들으려고 모든 신경의 안테나를 그에게만 고정시켜 결국 그의 소리를 감지한 여인이나, 여인을 만나려고 미지의 위험이 도사리고 있는 산들과 언덕들도 평지처럼 달리기의 환경으로 인지하고 그녀를 향해 고속으로 질주하는 남자나 모두 순수한 사랑에 제대로 취한 모습이다.

주님과 교회의 사랑은 어떠한가? 산을 뛰어넘은 솔로몬의 사랑처럼 창조자가 피조물이 되는 가파른 산, 광활한 하늘과 땅을 만드시고 까마귀도 먹이시고 들풀도 입히시는 우주의 통치자가 초라하고 협소한 말구유에 누더기와 같은 강보에 싸여 한 여인의 젖으로 연명하는 초라한 산, 우주의 존엄을 조롱하고 멸시하는 무례한 자들의 주먹이 신의 용안을 가격하는 그

무례한 산, 원수들과 죄인들의 죄 때문에 아버지의 버림을 받아야만 했던 비통한 산, 죄가 전혀 없으신 가장 순결한 인간이 최악의 죄수를 처형하는 십자가에 매달리는 억울한 산 등 무수히 많은 산들을 억지로 끌려서 가거나 느긋하게 걸어가지 않고 전력으로 뛰어넘은 주님의 사랑을 교회는 늘 의식해야 한다. 주님의 사랑에 대한 교회의 반응은 어떠한가? 여인은 님의 소리에 전 존재의 귀를 기울였다. 우리도 주님의 소리를 들으려고 존재의 전부가 귀가 되는 청력의 극대화를 도모해야 한다. 세상의 모든 소리에서 그분의 존재를 감지해야 한다. 교회의 귀가 다른 누구보다 빨리 달려가고 다른 누구보다 정확하게 감지해야 한다. 나에게 다가오는 주님의 발걸음 소리, 그 소리와 소리 사이의 간격, 주님의 들숨과 날숨이 만드는 정교한 리듬, 몸의 움직임이 만드는 미세한 소리까지 음악으로 해석하는 사랑이 교회의 심장에서 박동해야 한다.

⁹내 사랑하는 님은 노루들 혹은 어린 사슴들과 같다 보아라!
그가 이곳 우리의 벽 뒤에 서서 창들을 통해 엿보며 창살 틈으로 훔쳐본다

여인은 사랑하는 님을 노루와 어린 사슴으로 묘사한다. 노루와 사슴은 평지만이 아니라 산과 언덕도 가리지 않고 뛰는 대표적인 동물이다. 사랑의 심장이 경쾌하게 박동하는 이미지를 잘 표현한다. 특별히 "노루"(צְבִי)의 히브리어 의미는 화려함, 아름다움, 영예, 광채, 영광이다. 사슴은 다소 유약하고 고운 모습을 보이지만 노루는 고대 근동의 연애 문헌들 안에서 늠름한 남성미의 상징으로 언급된다. 노루가 보여주는 남성미는 과격하지 않고 폭력성이 없는 역동성을 의미한다. 화려하고 아름답고 영예로운 영광의 광채가 노루로 비유된 솔로몬의 모습이다.

그런데 이런 노루의 모습과는 달리 사슴의 이미지는 벽 뒤에 존재를 숨

기면서 창문으로 엿보고 창살 틈으로 훔쳐보는 솔로몬의 귀여운 소심함과 어울린다. 비록 사자와 같은 왕이지만 사랑하는 여인 앞에서는 한 없이 여린 사슴이다. 순한 사슴이 된 솔로몬은 여인에게 자신의 모습조차 드러내지 못하고 당당하게 문도 두드리지 못하고 창으로 겨우 보이는 그녀의 상태를 관찰한다. 자신의 존재가 드러나면 여인의 있는 그대로의 편안한 모습이 놀랄까봐, 자신 때문에 희생하고 배려하여 서둘러 자신을 맞으려고 뛰어오는 판단을 내릴까봐 솔로몬은 냄새와 소리가 없는 시선만 그녀의 방으로 파견한다. 그에게는 왕의 위엄과 영예와 체면이 중요하지 않다. 사랑하는 그녀가 가장 소중하기 때문이다. 만약에 솔로몬이 통치자의 요란한 목소리로 "여봐라, 이리 오너라" 식으로 여인에게 다가가면 연인의 의식은 달아난다. 여인에게 백성의 예를 갖추라는 명령으로 들리기 때문이다. 그렇게 되지 않도록 솔로몬은 여인을 중심으로 눈높이 사랑을 시도하고 있다. 여인은 솔로몬의 자상한 배려를 인지하고 있다. 사랑하는 님의 이러한 모습을 "보라"고 여인은 주변에 있는 이들의 시선을 소집한다.

늠름한 노루와 소심한 사슴의 모습을 동시에 가진 솔로몬은 예수님의 기막힌 모형이다. 광풍을 꾸짖으며 요동치는 바다를 창조자의 권위로 잠잠하게 만드시는 예수님, 한 사람의 영혼과 인생을 괴롭히는 귀신을 신의 위엄으로 책망하고 내쫓으신 예수님, 하나님의 거룩한 성전을 도둑의 소굴로 만든 자들의 탁자를 화끈하게 엎으시는 예수님, 하나님의 일이 아니라 사람의 일을 도모하는 제자들에 대하여 하늘의 준엄한 회초리를 들고 때리시는 예수님은 노루처럼 늠름하다. 동시에 간음의 현장에서 발각된 여인을 돌로 치라는 군중을 뚫고 들어가 "죄 없는 자가 먼저 돌로 치라"는 강단을 보이면서 그녀에게 다가가 고발하는 자들이 다 떠났음을 알리시고 "다시는 죄를 범하지 말라"는 자상함을 보이셨다. 또한 광풍으로 심신이 두려움에 사로잡힌 제자들을 향해 따뜻하고 친밀한 어조로 "나다"('Εγώ εἰμι)라는 말을 건네셨다. 자신을 배신하고 거짓말과 저주까지 퍼부은 베드로를 향해 예수님은 그의 돌이킬 수 없는 범죄도 덮고 다시 사랑을 일으키며 자신의 양들을 맡기셨다. 이처럼 강한 위엄과 부드러운 자상함이 예수의 인격에 공존한다. 그리고 솔로몬이 벽 뒤에서 여인을 엿본 것처럼 우리를 가린 벽 뒤에서도 예수님의 눈동자는 우리를 응시하고 있다. 졸음도 주무심도 깜박임도 없이 우리를 매 순간 지키신다. 창살이 가리면 창살 틈으로도 시선을 접어 넣으신다.

10나의 사랑하는 님이 반응하며 나에게 말합니다
(남) "일어나오 나의 사랑하는 자, 나의 어여쁜 그대여 나오시오

여인의 상태를 충분히 파악한 솔로몬은 그녀에게 말을 걸며 드디어 반응한다. 솔로몬은 여인을 깨우며 함께 걷고 싶어서 나오라고 한다. 기다리던 여인의 귀에 들어온 솔로몬의 소리는 너무도 감미롭다. "나오라"는 명령형 동사도 불쾌하지 않다. 거기에는 "사랑하는 자 어여쁜 그대"에게 푹 빠진 솔로몬의 사랑이 자음과 모음 속에 터지도록 채워져 있기 때문이다. 어떠한 동사와 문형이 귀에 들어와도 그 의미는 모두 사랑으로 해석된다. 모든 종류의 언어를 사랑으로 바꾸는 특이한 해석학이 여인의 머리를 지배하고 있다. "나오라"는 호출을 여인은 기다렸다. 그녀의 마음은 창 틈으로 훔쳐보는 솔로몬이 이미 꺼내 간 상태였다. 드디어 귀를 방문한 그의 호출은 기다림의 포승줄을 풀고 몸을 자유롭게 했다. 그러나 여인은 좀 더 기다린다. 나오라고 한 이유를 충분히 듣기 위함이다. 나오라는 그의 말에 반응하지 않고 그의 의도에 반응하고 싶어서다.

솔로몬은 이유를 설명한다. 겨울도 지나가고 우기도 끝났기 때문이다. 팔레스틴 지역에서 주로 여름은 건기이고 겨울은 우기이기 때문에 겨울과 우기는 늘 동행한다. 자연의 사계절은 사랑의 사계절과 연결되어 있다. 추운 겨울에는 생각의 사랑이 활발하고 따뜻한 봄에는 활동의 사랑이 왕성하다. 인생도 그러하다. 인생의 겨울이 찾아오면 우리는 왕성한 활동보다 차분한 사색에 들어간다. 힘들고 고단한 겨울은 사유의 근육을 단련하고, 설레고 활기찬 봄은 활동의 생기를 제공한다. 모든 계절이 유익하다. 솔로몬은 계절의 변화에 따라 각각의 시기에 걸맞은 사랑의 유형을 제안한다. 사랑의 봄에는 새롭게 출시된 신상품이 뒤덮은 자연에서 서로의 곁을 내어주는 산책이 제격이다. 혹독한 겨울도 끝났고 마음을 축축하게 적시던 슬픔의 비도 멈추고 사라졌다. 이제는 기쁨의 발걸음을 내디딜 순간이다. 봄의 밝고 화려한 정원에서 솔로몬은 추위도 털어내고 슬픔도 말리려고 여인을 밖으로 호출했다. 그는 여인의 필요를 정확하게 파악하고 있다.

하나님은 태초에 계절을 만드셨다(창 1:14). 인간이 타락하여 심판을 받은 이후에도 계절의 변화는 멈추지 않고 지속되어 왔다(창 8:22). 계절의 변화가 멈추지 않는다는 것은 사람으로 말미암아 땅을 저주하지 않겠다는 언약의 신실한 이행이다(창 8:21). 계절의 경계가 무너지는 것은 언약의 적신호다. 오늘날 계절의 경계선이 지워지는 듯한 이상한 기후가 감지된다. 물론 "땅이 있을 동안에는" 계절이 반드시 유지될 것이지만 최근에 일어나는 기후의 심각한 변화를 보며 하나님의 언약에 대한 나 자신의 태도를 돌아보게 된다. 자연의 계절은 신앙의 계절과 연결되어 있다. 주님은 교회에게 신앙의 다양한 계절을 허락한다. 사람들의 핍박과 조롱과 멸시가 주어지는 겨울도 허락하고 그 모든 시기가 지나고 온 세상이 교회에 평화의 미소를 보내는 봄도 허락한다. 모든 계절이 우리에게 유익이다. 차가운 겨울과 축축한 우기도 주님의 사랑에서 배제되지 않는 절기임을 늘 기억해야 한다. 그래서 시인은 자신이 절망의 음부에 자리를 깔지라도 하나님은 그곳에 계시다(시 139:8)고 고백한다. 사망의 음침한 골짜기를 다닐 때에라도 주님은 그곳에서 보호와 인도의 사랑을 베푸신다.

> 12지면에는 꽃들이 피어나고 노래의 때가 이르렀소
> 비둘기의 소리가 우리 땅에서 들립니다

이제 솔로몬은 겨울과 우기가 지나고 봄이 왔음을 알리는 전령들, 즉 지면에 핀 꽃들과 새들의 아름다운 노래와 비둘기의 소리를 먼저 언급한다. 지면에 만개한 꽃들은 사랑의 봄이 왔음을 알리는 전령이다. "꽃"(נִצָּן)은 "빛나다 혹은 불꽃이 튀다"(נָצַץ)는 동사에서 온 낱말이다. 꽃은 자연이 빛을 발하고 존재의 불꽃이 곳곳에서 튀는 역동적인 시기가 왔음을 알리는 봄의 대변인과 같다. 지면을 덮은 꽃들을 본 솔로몬의 마음에는 사랑의 싹이 돋아난다. 여인과 함께 사랑의 꽃을 피우고 싶은 열정이 몸에서 타오른다. 솔로몬의 눈이 만난 모든 꽃들은 '일종의 그녀'였다. 모든 꽃에 그녀가 투영된다. 그래서 그는 꽃을 만날 때마다 사랑의 봄 속으로 여인을 불러내기 위해 시선만 출입하던 창문으로 "나오라"는 소리도 송출했다.

그리고 봄에는 지면에 다양한 노래가 봇물처럼 쏟아진다. 새들은 인고의 겨울동안 비로 촉촉하게 적신 자신의 목소리를 마치 예정된 콘서트의 절기인 것처럼 봄에 맞추어 내보낸다. 솔로몬은 특별히 새들의 노래 중에서도 "비둘기의 소리"를 경청한다. 비둘기가 소리를 내는 주된 이유는 구애 때문이다. 사랑에 대한 갈망이 소리를 밀어낸다. 아가서 안에서 비둘기는 술람미 여인의 비유로 사용된다(1:15, 2:14, 4:1, 5:2, 12, 6:9). 세상에 존재하는 모든 소리가 그에게는 여인의 봄을 배달하는 아름다운 음악이다. 이처럼 솔로몬은 시각적인 꽃과 청각적인 소리를 들으면서 백합화와 비둘기로 비유된 여인을 떠올린다. 그의 눈에 관찰되고 귀에 들린 이 땅의 봄은 그 여인의 존재로 가득하다. 솔로몬의 눈과 귀는 그렇게 술람미 여인이 독점한다.

13무화과 나무들은 풋열매를 맺었으며 포도 나무들의 꽃봉은 향기를 건넵니다
일어나오 나오시오 나의 사랑하는 자, 나의 어여쁜 그대여 나오시오

솔로몬은 봄의 다른 국면을 언급한다. 무화과나무들에 풋열매가 관찰된다. 이 나무가 성장하는 초봄에는 초록빛 풋열매(גַּפ)가 열리는데 6월이 되면 당도가 높은 붉은빛 열매로 익어간다. 그래서 아주 작은 풋열매만 보아도 풍성한 열매에 대한 기대감은 자극된다. 솔로몬은 이 세상의 모든 열매를 그녀와 함께 나누려고 한다. 다 익은 때만이 아니라 열매가 맺히는 초기부터 공유하고 싶어한다. 무화과 열매에 대한 입맛이 함께 자라가는 과정도 중요하기 때문이다. 그리고 봄에는 포도나무들의 꽃봉이 향기를 뿜어낸다. 포도나무 꽃은 화려하지 않다. 그래서 사람들의 눈길을 끌지 못하지만 아주 향기롭다. 그 향기는 강력하지 않고 은은하다. 1장에서 술람미 여인은 솔로몬 왕에게 감미로운 향기였다. 솔로몬은 포도나무 향을 맡으며 여인을 생각한다. 그에게 이 세상에 존재하는 모든 향기는 향기로운 그녀의 존재를 느끼게 하는 도구였다. 솔로몬의 입과 코도 이렇게 술람미 여인이 독점한다.

　솔로몬은 봄이 왔음을 알리는 네 가지의 전령들을 소개한다. 사랑의 오감을 자극하는 것들이다. 시각적인 꽃들의 화려함, 청각적인 새들의 노래, 미각적인 무화과나무 열매의 달콤한 맛, 후각적인 포도나무 꽃의 은은한 향기는 모두 사랑하는 그녀를 표현한다. 봄의 중심에 서 있는 솔로몬은 여인에게 일어나 나오라고 요청한다. 사랑이 시킨 요청이다. 앞에서 솔로몬은 사랑하는 여인이 원하기 전에는 그 누구도 깨우거나 일으키지 말라고

당부했다. 그러나 이제는 자신의 기준을 따라 적시(適時)라고 판단하여 여인을 깨우며 나오라고 한다. 타인이 원하는 때도 아니고, 여인이 원하는 때도 아닌 솔로몬이 원하는 때에 여인을 깨우며 일어나 나오라고 한다.

주님과 우리의 사랑도 비슷하다. 우리에게 인생의 봄은 내가 원하는 때도 아니고 타인이 원하는 때도 아닌 오직 주님께서 원하시는 때에 찾아온다. 때와 기한의 결정은 주님의 권한이다. 주님은 자연의 모든 것들을 살피신다. 주님은 "심음과 거둠과 추위와 더위와 여름과 겨울과 낮과 밤"의 순환을 만들고 관리하는 창조자와 통치자의 권능으로 어느 때가 우리에게 최적의 때인지를 정하시고 알리신다. 최고의 타이밍에 우리를 깨우시고 일어나 나오라고 명하신다. 주님의 눈과 귀와 입과 코는 모두 우리를 주목하고 우리와 만나기 위해 존재한다. 이 세상의 모든 빛과 소리와 맛과 향기는 우리를 위해 만드셨다. 그 모든 것들을 통해 주님은 우리에게 사랑의 봄이 왔음을 알리신다. 그 모든 것들을 사랑의 촉매로 삼아 우리를 부르신다. 우리의 오감이 이 세상에서 무엇을 감지하든 우리는 깨어나야 하고 주님께로 나아가 그와 연합하고 동행해야 한다. 주님은 우리의 눈과 귀와 코와 입과 손과 발과 몸을 전부 소유하고 싶어한다. 이 세상의 모든 맛과 향과 빛과 소리를 통하여 당신의 존재를 듣고 보고 맛보고 맡을 수 있기를 원하신다.

14바위 틈새의 낭떠러지 은밀한 곳에 있는 나의 비둘기여
그대의 얼굴을 나에게 보이시오 그대의 소리를 들려 주시오
그대의 소리는 감미롭고 그대의 얼굴은 아름답소

솔로몬은 "바위 틈새의 낭떠러지 은밀한 곳"에 거주하는 비둘기와 같은 여인에게 그녀의 감미로운 목소리와 아름다운 얼굴을 요청한다. "비둘기"(יוֹנָה)는 고대 문헌에서 주로 로맨틱한 사랑의 상징이며 연회에서 "포도

주"(יֹּרֶן)과 같은 존재를 의미한다. "바위 틈새의 낭떠러지 은밀한 곳"은 여인의 실질적인 집주소가 아니라 은유적인 표현이다. 여기에서 "바위 틈새"(הַסֶּלַע בְּחַגְוֵי)라는 말은 안락한 삶이 불가능한 위태로운 장소를 의미하지 않고 지극히 안전하고 외부의 두려움을 전혀 느끼지 못하는 안식처를 의미한다(렘 49:16). 누구도 침투해서 능히 땅으로 끌어내릴 수 없는 철옹성과 같은 은신처다(옵 1:3). "낭떠러지 은밀한 곳"(סֵתֶר הַמַּדְרֵגָה)은 가팔라서 접근이 불가능한 곳이며 그래서 타인에게 전혀 알려지지 않고 출입이 봉쇄된 장소를 의미한다. 성경에서 이 단어는 오직 하나님에 의해서만 발견되고 하나님에 의해서만 정복되는 장소를 의미한다(겔 38:20). 이 단어는 또한 "주의 날개 아래"(시 61:4)도 의미한다. 우리는 가장 안전하고 은밀한 그런 장소에서 살아간다.

솔로몬은 여인을 자신의 인생에서 최고의 기쁨과 활력을 주는 비둘기로 이해한다. 그녀는 솔로몬이 유일하게 알고 유일하게 출입할 수 있는 장소에 거주하고 있다. 그곳은 솔로몬이 펼친 사랑의 날개 아래이다. 즉 그녀의 거주지는 왕의 사랑이다. 둘은 아무리 매력적인 타인이 나타나도 흔들리지 않고 끊어지지 않는 사랑의 띠로 온전히 결합되어 있다. 왕이 펼친 사랑의 날개 아래에 있어서 다른 어떠한 남성도 감히 그녀에게 다가가지 못하는 것은 당연하다.

가장 은밀하고 가장 안전한 장소인 사랑 가운데에 거하는 여인에게 솔로몬은 자신에게 얼굴을 보여주고 목소리를 들려 달라고 부탁한다. 이는 연회에서 최고의 기쁨과 희락을 누리고 싶어서 포도주를 찾는 것처럼 인생의 파티에서 가장 로맨틱한 비둘기 같은 여인을 애타게 찾는 솔로몬의 모습이다. 솔로몬의 귀에 그녀의 목소리는 그 자체로 감미로운 음악이다. 이 세상의 모든 소리들은 그녀의 목소리에 비하면 시끄러운 소음에 불과하다. 솔로몬의 눈에 그녀의 아름다운 얼굴은 그 자체로 가장 화려한 봄꽃이다. 다른 모든 꽃들은 그녀의 얼굴에 비하면 흔한 잡초에 불과하다. 주님도 교회를 그렇게 여기신다. 주님께 교회는 이 세상에서 가장 로맨틱한 비둘기와 같다. 교회의 찬송을 하나님은 이 세상의 어떠한 음악보다 감미롭게 들으신다. 교회의 모습을 가장 아름다운 꽃으로 여기신다. 주님은 교회의 목소리와 얼굴을 보고 싶어 자신에게 나아올 것을 명하신다. 주님은 교회가 그에게로 나아오는 것을 견디지 못할 정도의 기쁨으로 여기신다(습 3:17).

15너희는 우리를 위하여 여우들 곧 포도원을 허는 작은 여우들을 붙잡아라
우리의 포도원에 꽃이 피었도다"

솔로몬은 꽃이 핀 "우리의 포도원"을 허물고 있는 작은 여우들을 잡으라고 명령한다. "우리의 포도원"(כְּרָמֵינוּ)은 솔로몬과 술람미 여인의 사랑이 펼쳐지는 곳, 사랑 자체, 혹은 여인을 의미한다. 그 포도원에 솔로몬 왕이라는 봄이 찾아와서 꽃이 피어났기 때문에 그곳은 너무도 아름답고 향기롭다. 어떤 여인이든 누군가를 사랑하게 되면 더욱 향기롭고 아름답게 된다. "여우들"(שׁוּעָלִים)은 둘의 사랑을 방해하는 모든 세력들을 일컫는다. 그들 중에서도 위협의 수위가 크지 않은 "작은"(קְטַנִּים) 여우들을 가리킨다. 그 아름답고 향기로운 포도원에 여우들의 심술이 들어온다. 고대 근동 시대에 여우는 색을 밝히는 정욕적인 남성들의 이미지로 사용되는 동물이다. 그런 여우들이 봄처럼 향기롭고 아름다운 여인에게 접근하는 것은 당연하다. 그런데 솔로몬은 여인을 너무도 사랑한다. 그래서 그녀에게 접근하는 다른 모든 남성을 그의 여인을 노리는 여우로 간주한다. 그녀의 관심을 빼앗고 그녀의 시선을 차지하고 그녀의 몸을 가지려는 남성들의 등장에 솔로몬은 긴장하고 있다. 그래서 당장 여우들을 잡으라고 명령한다. 사랑하면 긴급한 조치를 취함에 있어서 갈등과 망설임이 없다. 단호하고 신속하게 움직인다. "작은" 여우라도 용서하지 않고 제거할 것을 명령하는 솔로몬은 왕의

체면을 스스로 구기는 것 아니냐는 의구심이 든다. 작은 여우 때문에 준동하면 왕의 가호는 구겨진다. 그러나 여인에 대한 사랑이 너무나도 크면 아무리 작은 여우라고 할지라도 참을 수 없는 질투의 대상으로 간주된다. 하나님의 질투도 그러하다.

성경에서 여우는 교회를 허무는 자들을 의미한다. 이 "여우"는 성경에서 두 번 나오는데 첫째, "주 여호와의 말씀에 본 것이 없이 자기 심령을 따라 예언하는 어리석은 선지자"를 의미한다(겔 13:3-4). 둘째, 예수님은 자신을 죽이려고 하는 헤롯을 여우라고 칭하셨다(눅 13:32). 헤롯은 예수님을 죽이려고 했고, 거짓 선지자는 이스라엘 백성을 죽이려고 했다. 둘 다 교회라는 포도원을 허물려는 여우들과 같다. 지금도 교회에는 하나님과 교회의 사랑을 파괴하는 여우들이 있다. 거짓 교사들이 있고 인격이 아니라 권력을 행사하여 교회에 갈등과 분열을 일으키는 정치꾼이 있다. 하나님이 아닌 이상한 대상을 숭배하게 만들고 기독교의 본질이 아니라 비본질적 사안에 교회의 관심과 시선과 에너지를 다 허비하게 하는 여우들이 있다. 하나님은 교회를 그렇게 차지하는 여우들을 가만 두지 않으신다. 아무리 작은 여우라고 할지라도 교회를 건드리면 단호히 제거한다. 하나님은 솔로몬과 비교할 수 없도록 강력한 질투의 화신이다. "너는 다른 신에게 절하지 말라 여호와는 질투라 이름하는 질투의 신이니라"(출 34:14). 이처럼 "질투"(קַנָּא)는 하나님의 이름이고 속성이다. 성경에서 하나님은 자신을 질투라고 다섯 번이나 밝히셨다(출 20:5, 34:14, 신4:24, 5:9, 6:15).

구약에는 다른 신을 섬기는 문제에 대해 대단히 파격적인 하나님의 명령들이 많다. 우상을 숭배하는 자는 누구든지 돌로 쳐서 죽임을 당하였다. "내가 그 사람과 그의 권속에게 진노하여 그와 그를 본받아 몰렉을 음란하게 섬기는 모든 사람을 그들의 백성 중에서 끊으리라"(레 20:5). 이것은 우상 숭배 행한 사람들에 대한 하나님의 엄중한 징계로서 일시적인 몸의 죽음이 아니라 영원한 죽음을 의미한다. 이것은 가혹하고 이기적인 하나님을 보여주는 것이 아니라 그의 백성을 너무나도 사랑하는 질투의 하나님을 보여준다. 구약은 복수의 하나님, 성질을 다스리지 못하시는 절대자, 차가운 정의를 과도하게 집행하는 신 이야기가 아니라 자기 백성을 너무나도 사랑하는 질투의 화신 이야기다. 질투라는 역설적인 하나님의 사랑을 고려해야 비로소 구약이 읽어진다. 이처럼 사랑의 봄이 피어난 포도원, 너무나도 아름답고 향기로운 여인의 사랑을 탈취하고 유린하는 여우들을 당장 잡으라고 명한 솔로몬의 질투는 교회를 향한 주님의 질투를 잘 보여준다.

혹시 우리에게 구약의 하나님, 차가운 정의의 하나님, 가혹한 복수의 하나님을 경험하는 신앙의 겨울이 온다면 그 상황을 어떻게 이해해야 할까? 지극히 큰 사랑, 땅에서는 측량할 수 없는 하늘의 무한한 사랑을 가진 하나님의 질투로 해석하는 것이 마땅하다. 하나님은 우리의 전부를 가지고 싶으시다. 당신의 전부를 우리에게 지극히 큰 상급으로 주고 싶으시다. 사랑의 하나님이 우리의 신앙생활 속에서 겨울처럼 찾아오신 이유는 달리 설명하고 표현할 방법이 없는 그분의 역설적인 사랑 즉 강력한 질투 때문이다.

16(여) 내 사랑하는 님은 나의 것이고
나는 백합화들 가운데서 목양하는 님의 것입니다

여우 문제를 해결하는 여인의 지혜로운 고백이다. 여우를 잡는 방법은 간단하다. 여우의 목적은 두 사람의 이별이기 때문에, 해결책은 여우에게 수갑을 채우거나 그 여우를 내쫓거나 그 여우를 죽이는 것이 아니라 서로가 보다 견고한 사랑의 띠로 결속되는 하나됨에 있다. 이 세상에는 무수히 많은 여우들이 있다. 문제의 공통된 해결책은 여우들과 관계하지 않고 서로를 사랑하는 솔로몬과 술람미 여인의 관계성에 있다. 두 사람이 진실되게 사랑하면 외적인 여우들의 모든 문제는 거품처럼 사라진다. 여인은 님이 자신에게 속하였고 자신은 님에게 속했다는 사실을 고백한다. 이 고백은 이별을 방지하는 최고의 해법이다. 여인이 속해 있는 님은 "백합화들 가운데서 목양하는 님"이라고 한다. 백합화들 가운데서 솔로몬은 술람미 여인을 자신의 것으로 여기며 목양한다. 자신의 전부를 주면서 여인에게 사랑을 먹이는 솔로몬의 모습이 잘 나타난다.

솔로몬과 술람미 여인이 여우를 제거하는 방법은 교회의 여우들을 해결하는 방법과 동일하다. 교회의 원수들이 도모하는 목적은 하나님과 교회의 결별과 단절이다. 이 문제를 해결하기 위해 적잖은 교회가 여우들의 존재를 제거하는 일에 골몰한다. 그러나 칼로 일어선 자는 칼로 망하듯이 여우의 피를 흘린 교회에는 피흘림이 멈추지 않고 반복될 가능성이 높다. 배고픔과 복수심에 불타는 다수의 사자들이 교회의 사방을 우겨 싸고 있기 때문이다. 미세한 빈틈만 보여도 사자는 달려들어 사나운 이빨로 교회를 물어뜯고 파괴한다. 여기에서 빈틈은 하나님과 교회 사이에 관계의 간격을 의미한다. 하나님은 만물의 통치자다. 그 하나님과 밀착되어 있는 동안에는 그 어떠한 여우도 감히 교회를 건드리지 못한다는 것은 당연하다. 그러나 하나님과 멀어지는 순간 교회는 기다리던 여우의 푸짐한 밥상으로 전락한다. 여우의 횡포가 눈에 보인다면, 눈에 보이는 다툼에 매몰되지 말고 문제의 핵심인 주님과의 관계 회복에 집중해야 한다.

솔로몬과 술람미 여인처럼 교회도 서로가 서로에게 속했다는 하나님의 언약을 붙들어야 한다. 서로에게 소유격을 붙인 사랑의 언약은 이것이다. "너희는 내 백성이 되겠고 나는 너희들의 하나님이 되리라"(렘 30:22). 그러나 주님은 분명 교회의 남편이 되셨지만 교회는 모세를 통해 맺은 남편의 시내산 언약을 깨뜨렸다. 그런데 주님은 "내가 그들의 남편이 되었어도 그들이 내 언약을 깨뜨렸"기 때문에 교회와 결별하신 것이 아니라 놀랍게도 새로운 언약을 맺으셨다(렘 31:32). "내가 이스라엘 집과 맺을 언약은 이러하니 곧 내가 나의 법을 그들의 속에 두며 그들의 마음에 기록하여 나는 그들의 하나님이 되고 그들은 내 백성이 될 것이라"(렘 31:33). 돌판에 새겨진 율법의 언약을 깨뜨린 신부에게 하나님은 자신의 언약을 마음의 비석에 새기셨다. "이는 먹으로 쓴 것이 아니요 오직 살아 계신 하나님의 영으로 쓴 것이며 또 돌판에 쓴 것이 아니요 오직 육의 마음판에 쓴 것이라"(고후 3:3). 그러므로 우리는 어떠한 문제가 생겨도 주님의 이름을 부르고 그 얼굴의 도우심을 구하면 모두 해결된다. 불의가 질서로 둔갑한 시대에 활동한 선지자 아모스도 호소한다. "너희는 여호와를 찾으라 그리하면 살리라"(암 5:6). 세상에 이런 신문고 제도가 어디에 있겠는가! 어느 누구도 배제됨이 없고 어느 때나 장소나 상황에도 제한되지 않고 교회의 모든 민원을 처리해 주시는 하나님의 자비와 긍휼은 과연 선지자의 말처럼 무한하고 무궁하다(애 3:22).

17(여) 내 사랑하는 님이여 날이 흩어지고 그림자가 달아나기 전에 돌아 오시오
베데르의 산들에 있는 노루와 어린 사슴처럼 되어 주시오

여인은 님이 돌아오길 고대한다. "날이 흩어지고 그림자가 달아나기 전"은 언제인가? 이것은 예레미야 6장 4절의 표현과 유사하다. "날이 기울어 저녁 그늘이 길었구나." 이것은 자연적인 시간의 의미로 이해될 때 저녁이 깊어진 시점을 가리킨다. 그러나 영적인 의미로 본다면 하나님의 심판이 이루어질 종말의 때를 암시한다. "베데르"(בֶתֶר)는 갈라진 협곡의 구체적인 지명을 뜻하기도 하고 하나님께 바쳐진 제물을 둘로 쪼갠다는 분리의 의미도 내포하고 있다(창 15:10, 렘 34:18-19). 분리의 은유적인 의미에 초점을 둔 학자들은 이것은 산이 아니라 여인의 몸을 가리키며 그 중에서도 가슴 사이 혹은 여성의 성기를 가리키는 말이라고 한다. 그러나 어떤 사람들은 "베데르"를 관계의 단절 혹은 이별로 간주하고 "베데르의 산들"(הָרֵי בָתֶר)

을 이별의 산들로 이해한다. 후자의 의미를 취한다면, 여인은 지금 하루가 저물기 전에, 인생의 날이 끝나기 전에 이별의 지점으로 사랑하는 님이 돌아와 주기를 고대하고 있다. 하루가 소비되고 없어지기 전에, 태양이 만드는 그림자가 동쪽으로 달아나기 전에 노루와 사슴처럼 뛰어서 빠르게 돌아와 주기를 소원한다.

교회도 갈라진 이별의 다양한 산들을 헤매며 주님과 단절의 아픈 시간을 보내는 경우들이 많다. 그때마다 주님과 다시 결합하는 재회의 때를 고대해야 한다. 이별의 장소는 바로 죄를 의미한다. 죄는 하나님과 우리의 분리를 초래했기 때문이다. 그렇다면 "쪼개어진 협곡" 혹은 "베데르"의 영적인 의미는 무엇인가? 그것은 바로 하나님께 쪼개어서 드려지는 제물을 의미하고 장차 오실 화목제물 즉 그리스도 예수를 의미한다. 십자가가 바로 하나님 아버지의 버림을 받는 이별의 장소인 동시에 언약이 회복되고 율법이 성취되는 재회의 현장이다. 아가서는 이 예수의 십자가를 예언하고 있다. 교회는 이별의 장소가 재회의 장소로 변하기를 매 순간 갈망해야 한다. 역사의 태양이 서쪽으로 기울어 사라지기 전에, 세상의 종말이 오기 전에, 주님께서 노루와 사슴처럼 달려서 속히 와 주시기를 고대해야 한다. 사실 주님은 늘 준비되어 있으시다. 그러나 오래 참으신다. 그는 모든 사람들이 구원에 이르도록 인내하며 기다리고 계시기에 교회가 속히 주님께로 돌이켜야 한다. 동시에 사랑하는 님 그리스도 예수가 다시 오시는 종말의 때를 열망해야 한다.

3장 광야를 지나 결혼식을 하다

아 3:1-5

¹내가 밤에 침상에서 마음으로 사랑하는 자를 찾았노라 찾아도 찾아내지 못하였노라 ²이에 내가 일어나서 성 안을 돌아다니며 마음에 사랑하는 자를 거리에서나 큰 길에서나 찾으리라 하고 찾으나 만나지 못하였노라 ³성 안을 순찰하는 자들을 만나서 묻기를 내 마음으로 사랑하는 자를 너희가 보았느냐 하고 ⁴그들을 지나치자마자 마음에 사랑하는 자를 만나서 그를 붙잡고 내 어머니 집으로, 나를 잉태한 이의 방으로 가기까지 놓지 아니하였노라 ⁵예루살렘 딸들아 내가 노루와 들사슴을 두고 너희에게 부탁한다 사랑하는 자가 원하기 전에는 흔들지 말고 깨우지 말지니라

❖ ❖ ❖

¹(여) 밤마다 내가 나의 침상에서 나의 영혼이 사랑하는 님을 찾았도다 내가 찾았으나 만나지 못했구나 ²이제 나는 일어나 성읍을 두루 다니며 길에서나 광장에서 내 영혼이 사랑하는 님을 찾으리라 내가 찾았으나 만나지 못했구나 ³성읍을 순찰하며 경비하는 자들이 나를 발견했을 때 "내 영혼이 사랑하는 자를 그대들이 보시었소?" 하였도다 ⁴그들이 지나가자 곧장 내가 나의 영혼이 사랑하는 님을 만났으며 그를 붙잡고 내 어머니의 집으로, 그리고 나를 잉태한 이의 침실로 데리고 가기까지 그를 놓아주지 않았도다 ⁵(남) 예루살렘 딸들아 내가 들판의 노루와 암사슴을 두고 너희에게 당부한다 그녀가 원할 때까지는 깨우지 말고 일으키지 말지니라

06 사랑을 찾으라

1(여) 밤마다 내가 나의 침상에서 나의 영혼이 사랑하는 님을 찾았도다
내가 찾았으나 만나지 못했구나

알 수 없는 이유로 여인의 곁에는 솔로몬이 없다. 그가 곁에 있다는 느낌이 없는 것인지 아니면 실제로 그가 없는 것인지는 확실하지 않다. 사람마다 곁의 범위에 대한 이해가 다양하다. 피부와 피부가 닿아 있어야 곁에 있다고 생각하는 사람들이 있고, 그저 같은 시대의 공기를 마시기만 해도 곁에 있다고 느끼는 사람들이 있다. 님이 곁에 없음을 인지한 여인은 솔로몬을 밤마다 찾았으나 번번이 실패한다. 솔로몬을 찾는 이유는 그녀가 자신의 영혼으로 그를 사랑하기 때문이다. 영혼으로 누군가를 사랑하면 만나고 싶어진다. 얼굴만 봐도 설레고 행복하다. 같은 공간에 있기만 해도 심장의 박동이 급해진다. 여인은 원격의 상태로 멀리 떨어져서 사랑하는 금욕적인 사랑, 정신적인 사랑, 관념적인 사랑에 만족하지 않고 사랑하는 님과 한 침대에서 잠자리에 들고 싶어한다. 사랑은 마음의 생각이나 느낌만의 활동이

아니라 몸까지도 포함한 전인을 요구하기 때문이다. 하나님에 대한 교회의 사랑도 그러해야 한다. 형식적인 예배를 드리고 찬양의 목소리를 높이지만 정작 사랑의 활동에는 인색한 교회들이 있다. 숭고한 마음과 뜻은 있지만 활동적인 목숨과 힘이 배제된 교회의 사랑은 온전하지 않다. 영으로 하나님을 사랑하고 힘써 이웃을 사랑해야 온전하다. 하나님 사랑과 이웃 사랑의 조화와 균형이 깨어지면 교회는 위태롭게 된다.

여인은 님을 수동적인 태도로 그냥 기다리지 않고 능동적인 태도로 찾았다(בָּקַשׁ)고 한다. 수동태의 사랑에서 능동태의 사랑으로 넘어갔다. 주님에 대한 교회의 사랑도 수동적인 기다림을 넘어 능동적인 찾기의 사랑에 이르러야 한다. 적잖은 믿음의 사람들이 찾지 않아도 주님이 어련히 알아서 잘해 주실 것이라는 기대감 때문에 긴장의 허리띠를 풀고 살아간다. 이는 우리가 가만히 있어도 주님은 생명과 호흡과 만물을 친히 주시는 분이기 때문이다. 무엇을 먹을까, 무엇을 마실까, 무엇을 입을까, 어디에서 살까 등에 대해서는 주님께서 그것들이 우리에게 필수적인 것임을 다 아신다고 한다. 이러한 것들은 적극적인 찾음의 대상이 아니기에 태연해도 된다. 그러나 부지런히 찾아야 하는 사안들도 있다. 가장 중요한 대상은 하나님 자신이다. 성경은 하나님을 적극적인 찾음의 대상으로 규정하고 있다. "너희는 나를 찾으라 그리하면 살리라"(암 5:4). 이처럼 하나님은 우리가 사활을 걸고 찾아야 할 절명적인 추구의 대상이다. 하나님의 나라와 의도 적극적인 찾음의 대상이다. 최고의 우선성을 부여해야 하는 사안이다. 그러나 교회는 하나님 자신보다 선호하는 것들이 너무나도 많아 그분 자신과 그분의 나라와 뜻은 교회의 버킷 리스트에 오르지도 못하는 실정이다. 교회는 다른 무엇보다 하나님 자신을 절박하게 추구해야 하고, 그의 나라와 뜻을 구하는 곳이어야 한다.

여인이 솔로몬을 찾은 시점은 어느 하룻밤이 아니라 "밤들"(לֵילוֹת)이다. 이 복수형 명사는 "밤마다"로 번역해도 된다. 밤은 어둠이 차지하는 시간이다. 여인은 환한 낮에도 님을 찾았으나 어두운 밤에도 님 찾기를 갈망한다. 인생에 어둠이 찾아온 밤에 님과 나누는 사랑은 낮의 사랑보다 더 짜릿하다. 그래서 밤에서의 님 찾기는 더욱 간절하다. 우리도 주님을 인생의 환한 낮에도 찾고 어두운 인생의 밤에도 찾되 밤에는 더욱 간절해야 한다. 밤은 인생에 단골처럼 찾아온다. 그때마다 우리는 하나님 찾기에 더욱 절실해야 한다. 어두운 절망의 기운으로 검게 채색된 인생의 밤에 주님과 나누는 사랑은 다른 어느 때와 비교할 수 없도록 달콤하기 때문이다. "환난 날에 나를 부르라 내가 너를 건지리니 네가 나를 영화롭게 하리로다"(시 50:15). 나에게는 구원의 맛이, 그에게는 영광의 맛이 주어지기 때문에 인생의 밤에 나누는 사랑은 가장 달콤하다. 힘들고 아프고 외롭고 슬프고 억울하고 답답한 밤이 올 때마다 술람미 여인처럼 우리도 우리의 향기로운 님 되시는 하나님을 찾자.

여인이 솔로몬을 찾은 장소는 어디인가? 자신의 침상이다(מִשְׁכָּבִי). 이제 솔로몬의 침상에서 술람미 여인의 침상으로 이동했다. 물론 여기에서 "침상"은 일반적인 평상(עֶרֶשׂ)과는 달리 성적인 사랑의 갈망을 나타내는 낱말이다. 즉 침상은 다른 누구와도 공유할 수 없는 장소, 세상의 모든 것과 단절된 나만의 은밀한 공간이다. 그곳에서 여인은 자신 이외에 다른 무엇을 찾는데 그것이 바로 님이었다. 누구도 출입이 허락되지 않는 존재의 가장 은밀한 곳에서 사랑하는 솔로몬만 찾는다는 것은 진정한 사랑을 의미한다. 내 존재와 인생의 침상으로 하나님을 모시는 것이 진정한 신앙이다.

그런데 술람미 여인이 애타게 찾은 것은 솔로몬의 왕위나 왕관이나 왕권이나 왕좌나 왕복이나 지혜가 아니었다. 적극적인 찾기의 유일한 대상은 솔로몬 자체였다. 여인은 솔로몬을 영혼으로 사랑한다. 영혼으로 사랑하는 대상은 솔로몬의 부수적인 것들이 아니라 솔로몬 자신이다. 이는 사랑 자체가 인격체 이외에는 어떠한 것도 추구의 대상으로 삼기를 거부하기 때문이다. 사랑은 이런 배타성을 띤다. 하나님도 그런 배타성을 결혼 서약서와 같은 십계명 중 첫번째 항목에서 강조했다. "너는 나 외에는 다른 신들을 너에게 두지 말지니라"(출 20:3). 이는 존재의 은밀한 침상에 주님만을 모셔야 한다는 사랑을 강조한다. 다른 신들은 물론이고 하나님에 의해 주어지는 은혜조차 신처럼 추앙하는 대상이 되어서는 안됨을 의미한다. 내 존재의 침상은 어떠한가? 그곳에서 오직 주님과 단둘이 머무는 것이 나 자신의 가장 절박한 소원인가? 우리에게 하나님은 존재의 문 밖에 세워두고 필요할 때 호출되는 하인은 아니신가?

²이제 나는 일어나 성읍을 두루 다니며 길에서나 광장에서
내 영혼이 사랑하는 님을 찾으리라 내가 찾았으나 만나지 못했구나

여인은 영혼으로 사랑하는 님을 침상에서 간절히 찾았으나 실패했다. 실패는 그녀에게 절망의 이유나 인생의 걸림돌이 아니었다. 그 실패가 그녀를 일으켰고 밖으로 떠밀었다. 여인은 침상에서 경험한 실패를 영원한 실패로 이해하지 않고 범위를 성읍으로 확장하여 다시 도전한다. 운신의 폭이 넓어졌다. 실패는 더 넓은 세계로 나아가는 문이었다. 침상에서 성읍으로 나온 여인은 님을 찾으려고 곳곳을 드나든다. 성읍은 사랑하는 님이 통치하는 영역이다. 이제 성읍에는 그녀가 찍은 탐색의 발자국이 가득하다. 모든 길과 모든 광장은 그녀의 애타는 그리움이 흘린 땀의 물기로 축축하다. 님을 애타게 찾는 사랑의 무늬가 사람이 출입할 수 있는 모든 곳에 새겨졌다. 솔로몬이 그녀의 사랑을 발견하고 찾아올 수 있도록 그녀의 흔적들로 성읍을 물들였다.

인생에도 실패가 찾아온다. 아무리 성실하게 준비하고 애타게 갈망해도 성공은 매정한 등을 보이며 더 멀어지고 심히 허탈해진 마음에 달갑지 않은 실패가 불쾌한 얼굴로 달려온다. 그때 우리는 실패한 지점에 매몰되지

말고 자아를 확대해야 한다. 침상에서 성읍으로 의식의 테두리를 넓히고 침상의 실패가 성읍의 성공에 밑거름이 될 지도 모른다는 기대감 속에서 일어나야 한다. 더 넓은 세상으로 자신을 떠밀어야 한다. 인생의 근육은 성공보다 실패가 더 탄탄하게 다져준다. 어떤 사람은 가정에서, 혹은 교회에서, 혹은 직장에서, 혹은 동료들 사이에서 실패를 경험한다. 마음의 가장 깊은 곳까지 통하는 사람과의 만남에 실패한다. 그럴 때에도 그 실패가 인생의 끝이 아니라는 사실을 기억하자. 실패는 더 강한 정신, 더 확고한 의지, 더 꼼꼼한 사고의 밑거름이 되기 때문이다. 보다 아름다운 만남은 때때로 실패의 역설적인 방식으로 준비된다.

³성읍을 순찰하며 경비하는 자들이 나를 발견했을 때
"내 영혼이 사랑하는 자를 그대들이 보시었소?" 하였도다

여인은 성읍의 모든 장소에서 님을 찾아 그렇게도 열심히 다녔으나 아쉽게도 또 다시 실패한다. 실패의 경험이 반복되면 비관적인 마음이 득세한다. 그녀의 표정은 어둡고 발걸음은 무겁고 마음은 무너져야 정상이다. 그런데 여인은 두 번의 실패에도 불구하고 절망으로 접힌 무릎을 펴서 희망을 일으킨다. 자신은 비록 성읍의 모든 길과 광야를 한번 돌았지만 계속해서 성읍을 순찰하며 경비하는 사람들도 있다. 그들은 이리저리 헤매는 여인을 발견했다. 그녀는 그들을 또 다른 희망으로 여기고 망설임 없이 질문하고 부탁했다. 그들은 지도에도 표기되지 않은 성읍의 구석진 골목까지 다 파악하고 있기 때문이다. 그런데 질문의 내용이 특이하다. 실종된 사람을 찾으려면 상대방이 알아들을 수 있도록 그의 특징적인 요소들을 설명해야 한다. 솔로몬의 인상착의, 걸음걸이 스타일, 습관 및 자주 방문하는 장소를 알려 주는 게 일반적인 설명이다. 그런데 술람미 여인은 "내 영혼이

사랑하는 님"(שֶׁאָהֲבָה נַפְשִׁי)이라고 설명한다. 경비원의 입장에서 보면 황당한 설명이다. 그러나 여인의 입장에서 보면 가장 솔직한 설명이고, 솔로몬의 입장에서 보면 가장 아름다운 설명이다. '나는 그렇게 설명되는 자로구나.' 자신이 영혼으로 사랑하고 있다는 사실은 그녀가 보기에 솔로몬의 가장 중요한 특성이다. 이외에 달리 설명할 길이 없는 상태가 바로 진정한 사랑이다.

우리에게 하나님은 누구신가? 우리의 대부분은 전능하신 분, 자비로운 분, 정의로운 분, 정직한 분, 선한 분, 거룩한 분, 영원한 분, 무한한 분, 위대한 분 등으로 설명하기 쉽다. 이는 주로 창조자 하나님에 대한 표현이다. 나아가 나를 구원하신 분, 나를 건지시는 분, 나를 이끄시는 분, 나를 지키시는 분, 나를 도우시는 분 등으로 설명한다. 이는 구원자 하나님과 관계된 표현이다. 만약 우리가 하나님을 "내 영혼이 사랑하는 님"이라고 표현하면 어떤 느낌일까? 만약 이 고백이 나의 진실한 말이라면 하나님은 가장 기뻐하실 것이라고 나는 생각한다. 하나님은 과연 우리 각자에게 "내 영혼이 사랑하는 님"이신가? 이것이 하나님에 대한 우리의 일상적인 호칭이 되기를 소원한다. 경비원을 만난 여인의 입술에서 어떠한 갈등이나 망설임도 없이 달려 나온, 솔로몬에 대한 그녀의 설명은 "내 영혼이 사랑하는 님"이었다. 이는 솔로몬에 대한 영적인 사랑이 그녀의 존재 안에 가득 채워져 있음의 증명이다. 그녀는 솔로몬에 대한 사랑으로 사로잡혀 있어서 다른 설명이 차지할 빈 공간이 그녀의 마음과 머리에는 없다.

그런데 아쉽게도 솔로몬을 찾던 여인은 경비원의 어떠한 도움도 받지 못하였다. 성읍의 지리에 가장 밝은 경비원도 찾기를 포기했다. 그는 그냥 지나갔다. 마지막 희망이 사라졌다. 그녀의 마음에 절망만 깊어졌다. 침상에서 애타게 찾았으나 실패했고, 성읍의 모든 길과 광장을 다녔지만 실패했고, 경비원의 답변에 마지막 희망의 줄을 걸었으나 그것마저 끊어졌다. 실패가 반복되면 사람들은 실패를 운명으로 해석한다. 인생의 미래에 대해서도 성공에 대한 기대가 아니라 어두운 실패만 예측하게 된다. 그러나 그리스도 안에서의 실패는 자기를 부인하는 역설적인 수단으로 작용한다. 성공의 근거나 가능성이 나에게는 없고 오직 하나님께 있음을 확인하는 계기로 작용한다. 나는 계속 실패해도 다른 무언가가 나의 인생을 붙들고 있다는 묘한 감지력이 깨어난다.

시인의 고백처럼 나는 자주 "넘어지나 아주 엎드러지지 아니함은" 여호와의 손이 나를 붙들기 때문임을 깨닫는다(시 37:24). 인생의 빈번한 넘어짐, 인정한다. 그러나 우리에게 완전한 넘어짐은 없다. 우리를 붙드시는 여호와의 손 때문이다. 바울도 "힘에 겹도록 심한 고난"을 반복해서 당하였다. 생명의 위협을 수차례 겪으면서 그는 사역의 지속은 고사하고 살 소망까지 끊어진 상황에 이르렀다. 그런데 바울은 전혀 다른 섭리의 차원에 눈을 뜨기 시작했다. 자신에게 찾아온 절망은 인간 바울에겐 절망적인 것이지만 하나님께 절망적인 것은 아니었다. 우리에게 절망이 허락되는 이유는 무엇인가? 바울은 이렇게 대답한다. "이는 우리로 자기를 의지하지 말고 오직 죽은 자를 다시 살리시는 하나님만 의지하게 하심이라"(고후 1:9). 절망은 우리로 하여금 여호와만 의지하게 한다. 불굴의 하나님을 의지하는 것은 가장 견고한 희망을 붙드는 비결이다. 하나님은 절망을 수단과 계기로 삼아 이 비밀을 우리에게 알리신다.

여인은 침상에서, 성읍에서, 길거리와 광장에서 스스로 솔로몬을 찾으려고 했다. 자신의 한계를 느끼고 타인에게 도움을 요청했다. 그러나 자신이든 타인이든 솔로몬을 찾는 일에 모두 실패했다. 이 세상에는 더 이상 문제를 해결할 방법과 수단이 없는 상황에 이르렀다. 이제 솔로몬 찾기는 인간의 능력을 완전히 벗어났다. 사람들은 이것을 절망으로 해석하나 어떠한 절망도 하나님의 사전에는 없다. "사람으로는 할 수 없으되 하나님으로는 그렇지 아니하니 하나님으로서는 다 하실 수 있느니라"(막 10:27).

⁴그들이 지나가자 곧장 내가 나의 영혼이 사랑하는 님을 만났으며
그를 붙잡고 내 어머니의 집으로,
그리고 나를 잉태한 이의 침실로 데리고 가기까지 그를 놓아주지 않았도다

모든 절망의 벽을 뚫고 여인은 드디어 솔로몬과 상봉한다(מָצָא). 여인과 타인에 의해서는 이루어질 수 없었던 소원의 성취는 솔로몬에 의한 것임에 분명하다. 솔로몬이 스스로 여인을 찾아왔기 때문에 가능했다. 사실 위대한 지혜의 왕을 여인이 찾는다고 해서 만날 수나 있겠는가! 만남의 열쇠는 여인에게 다가온 솔로몬의 자비였다. 여인의 간절한 찾음과 솔로몬의 자비로운 찾아옴은 또한 주님과 교회가 만나는 방식을 잘 보여준다. 인간이 자신의 능력과 노력과 의지와 자격으로 주님을 만나는 것은 가능하지 않다. 모든 사람이 죄를 범하였기 때문에 하나님의 영광에 이르지 못한다는 사실 때문이다(롬 3:23). 만남은 오직 하나님에 의해서만 성사된다. "소원하는 자로 말미암는 것도 아니고 노력하는 자로 말미암는 것도 아니며 오직 긍휼히 여기시는 하나님에 의한 것입니다"(롬 9:16).

그런데도 하나님은 이스라엘 백성에게 자신을 찾으라고 명하신다. "너희가 온 마음으로 나를 구하면 나를 찾을 것이요 나를 만나리라"(렘 29:13). 명령의 이유는 무엇인가? 하나님은 만남에 대한 우리의 자발적인 소원을 존중해 주시기에 명하신다. 만남은 인격과 인격의 자발적인 합의에 의해 성사된다. 자발성의 관점에서 본다면, 명령형이 아니라 청유형이 어울리지 않느냐는 질문이 가능하다. 그런데 왜 명령인가? 청유가 아닌 명령의 방식을 고집하는 이유는 하나님과 만나는 것이 우리에게 최고의 축복이기 때문이다. 일확천금 같은 기회를 만나는 것보다, 꿈의 직장을 만나는 것보다, 대통령을 만나는 것보다, 위대한 석학을 만나는 것보다 더 귀하기 때문이다. 하나님은 이런 은총을 우리에게 베풀고 싶으시다. 또한 이러한 만남이 없으면 인생에 최악의 절망과 재앙이 임할 것이기 때문이다. 하나님과 우

리의 만남은 청유가 아니라 명령이 어울릴 정도로 중차대한 사안이다.

성읍에서 솔로몬을 만난 여인은 그를 단단히 붙들었다(אֶחֱז). 다시는 떨어지지 않을 기색이 역력하다. 오랜 떨어짐을 통해 함께 있음의 중요성을 여인은 절감했다. 솔로몬이 가장 맛있는 음식을 보내주고, 가장 아름다운 목걸이를 보내주고, 가장 감미로운 향수를 보내주고, 가장 비싼 보석을 보내주고, 가장 화려한 가마를 보내준다 할지라도 솔로몬과 함께 있지 않는다면 그것들이 아무런 쓸모도 없고 무의미한 것임을 여인은 깨달았다. 신앙의 세계도 동일하다. 교회는 주님을 견고히 붙들어야 한다. 교회의 명운이 거기에 달려 있기 때문이다. 다른 어떠한 것도 아닌 주님을 붙들어야 한다. 하나님의 은혜로 건강하게 되고 장수하게 되고 부하게 되고 높은 권력자가 되고 인기와 명예가 높아져도 하나님과 동행하지 않는다면 그 모든 것들이 헛되고 무익하다. 그런데 사람들은 반대로 생각한다. 그들에게 하나님의 은혜는 유익하고 하나님 자신은 무익하다. 그러나 하나님과 함께 하지 않는다면 영원한 삶도 복이 아니라 영원한 재앙이다.

하나님을 붙드는 방법은 무엇인가? 하나님이 거하실 성전으로 지어지는 거다. 이는 최고의 복을 얻고 누리는 묘책이다. 성전은 우리가 짓는 모양새를 취하지만 하나님이 친히 지으신다. "손으로 지은 이 성전을 내가 헐고 손으로 짓지 아니한 다른 성전을 사흘 동안에 지으리라"(막 14:58). 주님은 우리와 함께 하실 성전을 사흘 동안 지을 것이라고 성경은 분명히 기록한다. 성전은 주님 자신을 뜻하기도 하고 교회를 뜻하기도 한다. 그런데 교회를 성전으로 세우시는 분은 주님이다. "내가 이 반석 위에 내 교회를 세우리니 음부의 권세가 이기지 못하리라"(마 16:18). 주님께서 떠나시기 직전에 남기신 유언처럼, 세상 끝날까지 우리와 항상 함께 계신다는 약속을 친히 이루셨고 앞으로도 이루신다(마 28:20). 여인의 경우도 겉으로는 그녀가 솔로몬을 붙든 것이지만 실상은 솔로몬이 여인에게 잡히기를 원하였기 때문에 가능했다. 주님도 우리에게 잡히기를 원하시기 때문에 우리가 주님을 붙드는 것이 가능하다. "내가 너와 함께 함이라…내가 너를 굳세게 하리라 참으로 너를 도와 주리라 참으로 나의 의로운 오른손으로 너를 붙들리라"(사 41:10). 이처럼 우리가 주님께로 가서 주님을 붙든 것이 아니라 주님께서 우리와 함께 하시려고 육신을 입고 가까이 오셨으며 우리를 붙드셨다. 우리도 붙들어 주시지만 주님은 사실 모든 만물을 권능의 말씀으로 붙드신다(히 1:3). 주님께서 붙잡아 주시지만 동시에 우리는 붙잡아 달라고 기도해야 한다.

여인은 솔로몬을 데리고 자기가 태어난 어머니의 집에 이를 때까지 계속해서 붙들었다. 우리도 주님께서 우리의 온 가정에 임하실 때까지 주를 붙들어야 한다. 어머니의 집에는 형제들과 자매들이 있다. 인생에서 가장 중요한 사람 솔로몬을 온 가족에게 소개하고 그들로 그와 만나게 하는 것은 여인의 소원인 동시에 솔로몬의 소원이다. 이처럼 주님을 만난 사람은 "너와 네 집이 구원"을 받을 것이라는 말씀을 믿고 주님을 온 가족에게 소개해야 한다(행 16:31). 주님도 그것을 원하신다. 삭개오는 주님께서 자신의 집으로 들어오실 때에 즐거운 마음으로 영접했다(눅 19:6). 솔로몬을 집으로 데려온 여인의 마음도 즐거움이 가득했을 것이라고 생각된다.

1장에서 솔로몬의 왕궁과 침실로 갔던 여인은 이제 3장에서 솔로몬을 자기 어머니의 집(בַּיִת)과 침실(חֶדֶר)로 데려왔다. 이로써 여인은 솔로몬의 집에 소개되고 솔로몬은 여인의 집에 소개되어 상견례를 다 이루었다. "침실"은 1장 4절의 설명에서 "존재의 가장 깊은 곳"이라고 하였는데 3장에서는 "나를 잉태한 이의 방"(חֶדֶר הוֹרָתִי)이라고 표현한다. 이는 존재의 시초까지 포함된 개념이다. 이는 또한 사람이 창조된 세상의 태초를 떠올리게 한다. 이처럼 여인은 사랑하는 님에게 존재의 처음과 나중과 전부를 드러낸다. 그런데도 여인은 솔로몬 앞에서 부끄럽지 않다. 솔로몬이 여인과 동일한 목동의 모습으로 왔기 때문이다. 그래서 손을 맞잡은 채로 함께한다. 그런 침실에서 둘은 서로에게 가장 소중하고 서로에게 가장 아름답고 서로에게 가장 행복한 관계의 상태로 들어갔다. 이것이 진정한 사랑의 관계이다. 주님과 교회의 사랑도 그러하다. 교회가 주님 안에 거하고 주님은 교회 안에 거하는 연합과 하나됨이 사랑의 가장 아름다운 모습이다. 교회는 주님 앞에서 벌거벗은 것처럼 있어도 부끄럽지 않다. 이는 주님께서 교회의 가장 부끄러운 모든 죄를 다 사하셨기 때문이다. 주님과 교회의 관계는 마치 아담과 하와, 솔로몬과 술람미 여인이 벌거벗은 존재의 상태로 있었으나 서로에게 수치를 느끼지 않은 것과 동일하다.

5(남) 예루살렘 딸들아 내가 들판의 노루와 암사슴을 두고 너희에게 당부한다
그녀가 원할 때까지는 깨우지 말고 일으키지 말지니라

솔로몬은 2장 7절에서 부른 노래의 소절을 반복한다. 그러나 여기에는 "내 사랑"이 생략되어 있다. 다른 내용과 문구는 동일하다. 여인은 솔로몬을 찾느라 밤마다 침상에서, 성읍에서, 거리에서, 광장에서 헤매야만 했다. 심신이 지치고 고단한 상황에서 극적으로 솔로몬을 만났고 집으로 데려왔다. 이제 서로의 가장 깊은 존재 속으로 들어간 최고의 관계 속에서 여인은 다시 잠들었다. 쉼과 안식이 그녀를 장악하고 있다. 필요한 것에 제대로 결박된 상황이다. 여기에서 솔로몬 없이 여인만 잠자리에 들었다는 것은 결혼 전에 성적인 순결이 지켜지고 있음을 암시한다. 2장 7절에서 자신의 품에 안겨 있을 때에도 그녀는 홀로 잠들었고, 그녀의 집 침실에서 잠든 것도 혼자였다. 잠든 그녀를 지켜보는 솔로몬은 이 상황의 평화와 안식에 균열이 생기지 않도록 예루살렘 딸들에게 다시 당부한다. 미세한 소리나 아주 가벼운 접촉도 삼가해 달라고 당부한다. 이러한 당부로 솔로몬은 성적인 관계의 선을 넘으라는 예루살렘 딸들의 독촉도 무마한다. 여인에 대한 솔로몬의 배려는 여전히 애틋하다.

주님도 교회를 그러한 마음으로 돌보신다. 세상은 하나님이 있으면 "나와보라 그래"라고 다그친다. 섭리의 선을 넘으라고 촉구한다. 그러나 주님은 재림의 정확한 시간표를 앞당기지 않고 교회로 하여금 신부의 평화와 안식, 깨끗하고 흠 없는 거룩함의 상태에 이르고 충분히 누리도록 자상한 신랑의 마음으로 인내하며 기다린다. 더디다고 생각하여 답답함을 느낄 수도 있겠지만 온 우주에는 범하지 말아야 할 질서가 존재한다. 섭리의 제한 속도 위반은 금물이다. 때를 따라 모든 것을 아름답게 하시는 하나님의 시간표를 존중해야 한다. 솔로몬의 당부처럼, 주님도 광풍으로 분노를 표출하는 바다를 잠잠하게 만드신다. 교회가 놀라지 않도록, 마음으로 쫓겨 분주하지 않도록 당부한다.

6몰약과 유향과 상인의 여러 가지 향품으로 향내 풍기며 연기 기둥처럼 거친 들에서 오는 자가 누구인가 7볼지어다 솔로몬의 가마라 이스라엘 용사 중 육십 명이 둘러쌌는데 8다 칼을 잡고 싸움에 익숙한 사람들이라 밤의 두려움으로 말미암아 각기 허리에 칼을 찼느니라 9솔로몬 왕이 레바논 나무로 자기의 가마를 만들었는데 10그 기둥은 은이요 바닥은 금이요 자리는 자색 깔개라 그 안에는 예루살렘 딸들의 사랑이 엮어져 있구나 11시온의 딸들아 나와서 솔로몬 왕을 보라 혼인날 마음이 기쁠 때에 그의 어머니가 씌운 왕관이 그 머리에 있구나

❖ ❖ ❖

6(여) 연기의 기둥처럼 광야에서 오는 이것은 무엇인가? 몰약과 유향과 상인의 온갖 향품으로 향기가 진동하는 [이것은 무엇인가?] 7보라 솔로몬의 가마로다, 60명의 용사들 곧 이스라엘 최고의 용사들이 호위하는! 8모두는 칼이 쥐어졌고 전쟁에 능숙한 자들이라 각 사람은 밤들의 위협에 대비하여 허벅지 위에 칼을 가졌구나 9가마는 솔로몬 왕이 레바논 나무로 만든 것이로다 10그 기둥은 은으로, 바닥은 금으로, 좌석은 자주색 깔개로 되었구나 그 내부는 사랑으로 엮었구나 11예루살렘 딸들아 나오라 보아라 시온의 딸들이여 그의 어머니가 그의 혼인날에, 그의 마음이 기쁜 그 날에 왕관을 씌운 솔로몬 왕이로다

07 최고의 결혼식

세상에서 가장 뒤쳐진 학문은 결혼에 대한 연구라고 한다. 태초부터 시작된 결혼의 역사가 그렇게도 장구한데 아직도 인류는 결혼의 전형적인 실패를 답습하고 있기 때문이다. 이런 실패를 감안하여 "결혼 전에는 눈을 크게 뜨고 결혼 후에는 반쯤 감으라"고 한 토머스 플러의 말은 진실이다. 이는 결혼 전에 아무리 눈을 크게 뜨고 배우자를 관찰해도 결혼 이후에만 정체를 드러내는 약점들이 있기 때문이다. 사람을 바꾼다고 이 문제가 해결되는 것은 아니라는 사실은 역사가 입증한다. 나는 이런 항구적인 실패가 차원이 다른 최고의 결혼을 갈망하게 만드는 섭리의 일부라고 생각한다. 이 진실이 유일하게 적용되지 않는 것은 주님과 교회의 결혼이다.

본문은 솔로몬과 술람미 여인의 결혼식 장면을 묘사한다. 솔로몬은 광활한 벌판을 지나서 사랑하는 여인에게 온다. 여인은 광야를 건너온 솔로몬을 설레는 마음으로 맞이한다. 솔로몬이 타고 온 가마, 여인이 솔로몬과 함께 타게 될 가마는 최고의 용사들이 지키기 때문에 안전하다. 그리고 세상의 가장 아름다운 보석으로 장식되어 있어서 너무도 화려하다. 게다가 그 가마를 탄 솔로몬의 머리에는 왕관이 씌어져 있는 것으로 보아 모든 민족이 기뻐해야 할 왕의 결혼이다. 이 결혼식의 당사자인 여인의 신분과 인생은 이 예식 이후로 모든 게 달라진다. 여인은 왕의 아내로 간주된다. 이것은 최고의 기쁨과 영광이다. 이는 만왕의 왕이신 주님과 결혼하는 교회의 영광을 암시한다.

6 (여) 연기의 기둥처럼 광야에서 오는 이것은 무엇인가?
몰약과 유향과 상인의 온갖 향품으로 향기가 진동하는 [이것은 무엇인가?]

여인은 광야에서 오는 솔로몬과 그가 탄 가마를 관찰한다. 광야에서 오는 것은 결혼식의 한 요소로서 신랑 입장에 해당한다. "광야"(מִדְבָּר)는 사람들이 거주하며 살기에 적합한 도시도 아니고 생계의 유지를 위한 경작에 적합한 농촌도 아닌 불편하고 척박한 장소를 의미한다. 이 단어의 역사적인 의미는 이스라엘 백성이 종 되었던 땅 애굽에서 가나안 즉 하나님이 약속하신 젖과 꿀이 흐르는 땅으로 가기 위해 반드시 지나가야 하는 인고(忍苦)의 장소였다. 즉 광야는 애굽과 가나안 사이에 위치한다. 역사 속에서는 하나님의 신부인 이스라엘 백성이 지나간 광야를 아가서 안에서는 술람미 여인이 아니라 솔로몬이 지나간다. 왕은 여인이 거주지와 경작지로 적합하지 않는 위험한 광야를 지나 왕궁으로 오도록 명령하지 않고 자신이 직접 그녀를 찾아간다. 자신과의 결혼을 원한다면 자신과 격을 맞추기 위해 여인이 자기 발로 찾아오는 정도의 고통과 희생은 감수해야 한다는 차가운 계산이 솔로몬의 머리에는 없다. 오히려 솔로몬 자신이 스스로 광야 건너기를 단행한다. 만약 여인이 광야를 건넌다면 힘들고 두려워서 오기를 포기하고 결국 결혼 자체가 성사되지 않을 가능성도 있다. 여인에 대한 솔로몬의 사랑은 솔로몬에 대한 여인의 사랑보다 크다. 우물을 파는 사람은 더 목마른 사람이다. 더 사랑하는 사람이 불편을 감수하고 움직인다.

광야는 주거지가 아니어서 사람들이 없고 하나님만 계시며, 경작지가 아니어서 식물이 없고 오직 하나님의 말씀만 양식으로 주어진다. 그런 광야에서 오는 솔로몬은 광야의 하나님과 그의 말씀을 암시한다. 우리에 대한 하나님의 사랑도 하나님에 대한 우리의 사랑보다 크다. 그래서 하나님은 우리로 하여금 인생의 광야를 건너가게 하지 않으시고 친히 건너신다. 눈으로 보기에는 비록 노아의 가족이 심판의 홍수를 건너고 이스라엘 백성이 고난의 광야를 건너는 모양새를 취하였다. 그러나 그들 스스로의 생각과 선택과 능력에 의해서가 아니라 방주의 예비와 성막의 묘수를 제공하신 하나님의 도움으로 말미암아 가능했다. 이스라엘 백성으로 하여금 광야를 건너도록 인도한 모세는 하나님이 보내신 종이었다. "이스라엘 자손에 대하여 하나님이 너희 형제 가운데서 나와 같은 선지자를 세우리라 하던 자가 곧 이 모세"(행 7:37)였다. 우리에게 인생의 홍수와 광야를 건너게 만든 종도 우리가 아니라 하나님이 보내신 종 예수였다. 광야에서 40년간 기사와 표적을 행한 모세처럼 예수도 40일 동안 광야에 계시면서 마귀에게 시험을 받으셨고 온 세상을 이기셨다(막 1:13). 이로 보건대, 이스라엘 백성이 광야를 지나간 사건의 실상은 주님이 건너신 것이었고, 우리가 죽음의 광야를 지나가는 것도 주님께서 이루시는 것임에 분명하다. 광야의 인생을 살아가는 지금, 우리는 주님께서 보내신 성령의 은혜와 지혜와 능력으로 한 걸음씩 광야를 건너가고 있다. 이스라엘 백성이 광야에서 먹을 것이 소진되지 않고, 옷이 헤지지 않고, 신발이 닳아서 떨어지지 않고, 해와 달이 그들을 해치지 못하도록 불과 구름 기둥으로 하나님이 지키시고 인도하신 것처럼 우리도 지키신다.

광야는 거친 들판이기 때문에 솔로몬이 지나갈 때 당연히 "연기의 기둥"(תִּימֲרוֹת עָשָׁן)이 솟구친다. 이것은 세상의 먼지가 일으키는 기둥이다. 주님께서 역사라는 인생의 광야를 지나가실 때에도 그런 연기의 기둥이 형성된다. 하나님의 말씀을 선포하는 바울과 그 일행에 대해 유대인은 "천하를 어지럽게 하던 사람들"로 규정했다(행 17:6). 그들은 세상을 진동하게 만들었고 세상 사람들로 하여금 소동하게 만들었기 때문이다. 하나님의 말씀 즉 그리스도 예수가 선포되는 곳에는 그런 "연기의 기둥" 현상이 일어난다. "연기"는 하나님의 임재를 보여주는 도구로도 사용된다. 이사야가 성전에 들어갔을 때에 거기에는 연기가 자욱했다(사 6:4). 시내 산에 하나님이 임하실 때에도 연기가 자욱했다(출 19:18). 심판의 때에도 "하나님의 영광과 능력으로 말미암아 성전에 연기가 가득"하여 "성전에 능히 들어갈 자가 없"을 것이라고 한다(계 15:8). 이는 하나님을 직접 보고 살아남을 자가 없기 때문에 희미하게 자신을 가리시는 하나님의 배려 때문이다. 동시에 "연기"는 심판의 끔찍한 결과를 보여주는 수단이다. 소돔과 고모라가 멸망할 때에도(창 19:28), 마지막 날에 바벨론이 멸망할 때에도(계 18:18) 연기가 등장한다. 또한 "연기의 기둥"은 "여호와의 크고 두려운 날이 이르기 전"에 하나님이 행하시는 이적의 하나라고 요엘 선지자는 예언한다(욜 2:30-31). 이처럼 연기의 기둥이 의미하는 바는 다양하다. 우리의 인생에 검은 연기가 가득할 때의 의미도 다양하다. 하나님의 심판만이 아니라 하나님의 임재와 돌보심이 있다는 사실을 우리는 늘 의식해야 한다.

솔로몬이 올 때에 "몰약과 유향과 상인의 온갖 향품으로 향기가 진동하는" 것은 탁하고 뿌연 "연기의 기둥" 이미지와 대비된다. 광야의 더러운 먼지를 뒤집어쓰고 쾨쾨한 연기를 마시며 다가오는 솔로몬은 여인에게 불쾌해야 하는데 정반대로 향기롭다. 사랑은 연기의 탁함과 광야의 척박함도 능히 극복한다. 어떠한 상황 속에 있더라도 사랑하는 님만 있다면 우리의 코는 님의 향기로 가득하고 눈은 님의 모습으로 황홀하다. 세상에 존재하는 모든 종류의 향품이 뿜어내는 향기가 솔로몬의 행보에 가득한 이유는 솔로몬이 광야를 건너는 것이 사랑하는 님과의 영원한 결혼의 한 과정이기 때문이다. 님과 연합하는 일이라면 그에게 묻은 광야의 쾨쾨한 먼지도 여인의 코에는 향기롭다. "날 구원하신 주 감사"라는 찬양의 작사자는 하나님이 자신을 거절하신 것도 감사하고 장미에 뾰족한 가시를 주신 것도 감사하고 아픔도 감사의 항목으로 분류한다.

"몰약과 유향"은 이 땅에 출생하신 아기 예수에게 경배하기 위해 온 동방의 박사들이 드린 예물이고 "유향과 향품"은 예수의 죽음을 위해 여인들이 준비한 물품이다. 이는 솔로몬 이야기가 예수와 무관하지 않음을 암시한다. 예수의 출생과 죽음은 솔로몬이 광야를 건너오는 이미지와 중첩된다. 주님께서 하늘의 영광을 버리고 오신 것은 광야였고, 33세의 꽃다운 나이에 이 세상의 모든 영화를 버리고 죽은 것도 광야였다. 우리의 죄를 해결하고 영원토록 더불어 살기 위하여 예수는 그런 광야를 건너셨다. 우리에게 이것은 이 세상의 모든 향품들이 풍기는 향기보다 더욱 감미롭다. 술람미 여인이 맡은 솔로몬의 그 향기는 우리에게 예수의 향기를 의미한다.

> 7보라 솔로몬의 가마로다,
> 60명의 용사들 곧 이스라엘 최고의 용사들이 호위하는!

여인은 광야에서 오는 것의 실체를 언급한다. 그것은 "솔로몬의 가마"(מִטָּתוֹ שֶׁלִּשְׁלֹמֹה)였다. 신부가 탈 솔로몬의 가마는 세상에서 가장 안전하다. 이스라엘 최고의 무사들 60명이 호위하기 때문이다. 이는 다윗이 거느린 친위대의 두 배이며 누구도 뚫지 못하는 막강한 호위의 상태를 의미한다. 사실 솔로몬은 그 자신이 여인에게 최고의 가마인 사람이다. 왕을 연인으로 삼는 것보다 더 안전한 인생의 가마가 어디에 있겠는가! 영적인 의미와 관련하여 탈굼(Targum)과 유대인 랍비들은 솔로몬의 가마를 그가 예루살렘 안에 세운 하나님의 성전으로 이해한다. 이 성전은 모세가 광야에서 하나님의 양식을 따라 만든 증거의 장막과 같으며 다윗이 그렇게도 짓기를 소원한 "하나님의 집"을 가리킨다(행 7:44-47). 그러나 "지극히 높으신 이는 손으로 지은 곳에 계시지" 않으신다. 이는 하늘이 그의 보좌이고 땅은 그의 발등상에 불과하기 때문이다(행 7:48-49).

솔로몬 성전은 상징에 불과하다. 그 성전이 가리키는 하나님의 영적인 가마는 그가 친히 만드신 교회를 의미한다. 교회는 세상에서 가장 안전하다. 교회의 머리가 모든 만유의 주인이기 때문이다. 그래서 교회는 "세상이 감당하지 못하"고(히 11:38) 음부의 권세도 능히 이기지 못한다(마 16:18)고 성경은 기록한다. 그런 교회를 종으로 삼은 애굽은 어떻게 되었는가? 역사 속에서 한번도 경험하지 못한 10가지의 재앙을 당하였다. 우리의 머리이신 예수님은 원하시면 60명의 일급 용사들이 아니라 열두 영(7,200명)보다도 많은 최정예 천사 부대도 급파하실 수 있는 분이시다(마 26:53).

8모두는 칼이 쥐어졌고 전쟁에 능숙한 자들이라
각 사람은 밤들의 위협에 대비하여 허벅지 위에 칼을 가졌구나

여인은 솔로몬을 호위하는 용사들의 모습을 관찰한다. 그들의 손에는 칼이 쥐어져 있었으며 전쟁에 능한 자들이다. 여기에서 아가서는 칼과 관련하여 "쥐다"는 말의 수동태 분사 연계형(אֲחֻזֵי)를 사용한다. 즉 용사들은 칼을 스스로 쥔 것이 아니라 엄격한 훈련을 받고 용사의 요건을 충족했기 때문에 칼이 그들의 손에 맡겨졌다. 칼은 자신의 목숨을 지키면서 타인의 생명을 제거하는 위험한 도구이기 때문에 고도의 훈련이 필요하다. 칼을 잘 사용하는 용사들은 전쟁에도 능숙하다("능숙하다" 이 단어도 수동태 분사 연계형을 사용, מְלֻמְּדֵי). 즉 그들은 누구에게 칼을 사용하며 언제 뽑아야 할 것인지에 대한 판단력이 뛰어나다. 교과서에 따른 학습만이 아니라 실전에도 강한 자들만이 왕의 친위대로 선발되는 것은 당연하다.

왕의 가마를 지키기 위해서는 훈련과 실전이 필요한 것처럼, 하나님의 가마인 교회를 지키는 일에도 훈련과 실전이 필요하다. 무엇보다 성령의 검을 다루는 일에 능숙해야 한다. 그 검은 두 개의 날을 가졌으며 좌우의 날 선 어떠한 검보다도 더 예리하다(히 4:12). 이 세상의 어떠한 군대가 행하는 훈련보다 더 강력한 훈련이 필요한 이유는 검의 예리함과 더불어 그 검의 용도 때문이다. 세상적인 검은 몸을 베지만 영적인 검은 영과 혼까지 찔러 쪼개기 때문이다. 하나님의 말씀에 능통해야 교회를 호위하는 주님의 친위대에 들어간다. 실전에 있어서의 신속한 분별력과 판단력도 요구된다. 하나님의 말씀을 잘 선포하여 교회를 세우고 교회를 허무는 이단의 오류들을 성령의 검으로 격파해야 한다. 기도와 말씀에 전념하지 않는 목회자나 신학자가 호위하는 교회는 위태롭다. 교회는 말씀의 빈곤으로 인해 영적인 영양실조 상태에 들어간다. 그러면 적들이 아주 사소한 기술만 구사해도 교회는 어이 없게 무너진다. 그러므로 교회는 영적인 전쟁을 수행할 최고의 용사들을 발굴해야 한다. 이 전쟁은 눈에 보이는 혈과 육에 대한 싸움이 아니라 보이지 않는 악한 영들, 이 세상 어둠의 주관자들, 정사와 권세들, 마귀의 궤계를 상대하는 싸움이다(엡 6:12). 하나님의 전신갑주 없이는 승리할 수 없는 싸움이다.

솔로몬 친위대의 규모는 60명이라고 했다. 이렇게도 많은 이유는 그만큼 왕의 가마를 덮치려는 적들이 강하고 많기 때문이다. 교회도 그러하다. 눈에 보이지도 않는 무수한 적들이 때와 장소를 가리지 않고 굶주린 사자처럼 교회를 삼키려고 하는 게 현실이다. 이러한 현실을 직시하고 원수들의 공격을 매 순간 대비해야 한다. 베드로의 권면이다. "근신하라 깨어라 너희 대적 마귀가 우는 사자 같이 두루 다니며 삼킬 자를 찾나니 너희는 믿음을 굳건하게 하여 그를 대적하라"(벧전 5:8-9). 이러한 원수들의 공격을 대비하기 위해 기도와 말씀으로 무장된 용사들이 필요하다.

용사 개개인은 밤에 발생할지 모르는 위기의 상황을 대비하여 허벅지 위에 칼을 소지하고 있다(출 32:27, 삿 3:21, 시 45:3). 원수들은 낮보다 밤에 주로 공격한다. 밤의 경비가 더 중요하다. 평상시 사람이 걸어 다닐 때에 손에서 가장 가까운 부위는 허벅지 부근이다. 거기에 칼을 차고 있다는 것은 빛처럼 빠른 적들의 급습에도 대비하는 용사의 바른 자세를 의미한다. 대체로 의식이 있는 낮에는 기도와 말씀으로 무장된 사람도 밤에는 그 무장을 가볍게 해제한다. 그러나 하나님의 교회를 지키는 용사는 밤에도 깨어 경계해야 한다. 하나님의 마음에 합한 다윗은 밤에도 말씀의 검으로 무장하는 그런 용사였다. "여호와여 내가 밤에도 주의 이름을 기억하고 주의 법을 지킬 것입니다"(시 119:55). 의식의 끈이 풀어지는 밤에도 우리는 주의 이름을 기억하며 기도해야 한다. 핸드폰을 보면서 잠드는 게 아니라 말씀을 생각으로 씹으면서 잠들어야 한다. 수면 중에도 주님을 만나고 그를 경외하고 주님과 동행하게 해 달라고 간구하며 잠들어야 한다.

9가마는 솔로몬 왕이 레바논 나무로 만든 것이로다
10그 기둥은 은으로, 바닥은 금으로, 좌석은 자주색 깔개로 되었구나
그 내부는 사랑으로 엮었구나

솔로몬의 가마 자체에 대한 설명이 이어진다. 이 가마는 솔로몬이 만들었다. 사용된 재료는 레바논 나무와 은과 금과 자주색 깔개 및 사랑이다. 여기에서 비록 가마는 전문적인 기술자에 의해 만들어진 것이지만 솔로몬 자신이 가마를 지었다고 진술한 점을 우리는 주목해야 한다. 가마가 솔로몬의 작품인 것처럼 교회도 비록 선지자와 사도의 터 위에 세워진 것이지만 주님의 작품이다. 주님이 친히 세우셨다(마 16:18). 온 세상의 모든 만물을 만드신 동일한 분이 교회도 만드셨다. 주님은 온 세상에 거하시기 때문에 세상도 성전이다. 그런데 교회는 특별한 성전이다. 세상에 비해 교회는 일

종의 지성소다. 세상에 대하여 제사장 나라의 역할을 수행해야 하기 때문에 가장 거룩한 곳이어야 한다. 그리고 주께서 세우셨기 때문에 모든 교회는 특정한 누군가의 소유물이 아니라 하나님께 속한 성전이다. 교회에 대해 누구라도 소유권을 주장하는 것은 위법이고 월권이다. 목회는 가업이 아니기 때문에 교회를 세습하는 것도 교회의 소유권이 인간에게 있음을 전제하는 불법이다.

솔로몬은 가마를 레바논 나무로 만들었다. 이 나무는 고대 근동 지역에서 최고의 건축 자재였기 때문에 당시 여러 나라의 많은 왕들도 왕궁이나 신전 건축에 레바논 나무를 사용했다. 솔로몬도 하나님의 성전과 자신의 궁전을 레바논 나무로 건축했다(왕상 5:5-6, 7:2). 건축에 동원된 사람들은 3만 명이었다. 그런데 솔로몬은 그들을 매달 만 명씩 번갈아 가며 레바논에 3교대로 파견했다(왕상 5:14). 파견된 역군들은 그곳에서 1개월간 머물렀고 집으로 돌아와 2개월간 머물렀다. 레바논 나무는 솔로몬이 특별한 관심을 기울인 건축 재료였다. 성전의 주된 재료는 레바논 나무만이 아니라 은과 금이었다. 가마의 기둥은 은으로 만들었고 가마의 바닥은 금으로 만들었다. 좌석은 페니키아 산 자주색 깔개로 만들었다. 페니키아 산 자주색 깔개는 그 시대의 최고급 천으로서 대부분의 황실들이 애용한 재료였다. 이처럼 솔로몬의 가마는 당시 동원될 수 있는 최고급 자료들로 만들어진 명품임에 분명하다. 솔로몬의 가마 제작을 위해 특이한 재료가 하나 추가된다. 그것은 바로 "사랑"이다. 가마의 내부는 그 "사랑으로 엮어졌다"(רָצוּף אַהֲבָה). 가마에는 그렇게 사랑이 가득하다. 아무리 뛰어난 재료로 가마를 만들어도 내부에 사랑이 없으면 결코 아름답지 않다.

하나님의 가마인 교회의 건축에 쓰이는 재료는 무엇인가? 베드로는 이렇게 설명한다. "은이나 금 같이 없어질 것으로 된 것이 아니요 오직 흠 없고 점 없는 어린 양 같은 그리스도의 보배로운 피로 된 것이니라"(벧전 1:18-19). 이는 교회의 재료가 은이나 금이나 자주색 천보다도 더 귀한 것이라는 설명이다. 예수의 보배로운 피는 자신의 생명도 아끼지 않고 우리에게 베푸신 사랑이다. 사랑이 교회의 재료였다. 같은 맥락에서 바울은 교회를 "진리의 기둥과 터"로 규정한다(딤전 3:15). 여기에서 교회의 기둥과 터가 진리라는 추정이 가능하다. 교회의 머릿돌은 진리이신 그리스도 자신이다(막 12:10). 주님은 교회를 세우시기 위해 직분자를 택하시고 세우신다. 그들을 통해 교회로 온전하게 하며 온 세상에서 섬김의 일을 감당하게 한다. 이것은 직분자의 책임만이 아니라 은과 금 같은 온 교회의 모든 성도가 함께 짊어져야 할 공동의 책임이다. 그리고 모든 사람이 교회를 세우는 주체이며 동시에 사랑이 더해져야 한다. 이에 대한 바울의 설명이다. "그에게서 온 몸이 각 마디를 통하여 도움을 받음으로 연결되고 결합되어 각 지체의 분량대로 역사하여 그 몸을 자라게 하며 사랑 안에서 스스로 세우느니라"(엡 4:16). 교회는 특정한 소수에 의해 세워지지 않고 모든 개개인의 연합과 협력으로 세워진다. 연합과 협력을 가능하게 만드는 것은 바로 사랑이다. 사랑의 재료가 빠진 교회는 겉만 번뜩이는 가마에 불과하고 도둑의 군침만 자극하는 도둑의 소굴로 전락한다.

최고의 능변과 천사의 소리를 가지고 말하여도 사랑이 없으면 시끄러운 꽹과리의 부딪힘에 불과하다. 예언의 신비로운 능력과 모든 비밀과 모든 비밀을 알고 견고한 산을 옮기는 믿음의 능력을 구비해도 사랑이 없으면 아무것도 아닌 사람이다. 심지어 가난한 자를 많이 구제하고 구제의 수단이 없어 자신의 몸을 불살라 번제로 드린다고 할지라도 사랑이 없으면 아무런 유익이 없다고 바울은 가르친다(고전 13:1-3). 가마 제작의 절정이 사랑인 것처럼 교회 구성의 절정도 사랑이다. 성도들 사이에 사랑의 풍성한 교제가 없다면 그 교회는 아무것도 아니고 자신과 이 세상에 결코 빛과 소금의 유익을 제공하지 못하는 무익한 종교 기관으로 전락한다.

11예루살렘 딸들아 나오라 보아라

시온의 딸들이여 그의 어머니가 그의 혼인날에,

그의 마음이 기쁜 그 날에 왕관을 씌운 솔로몬 왕이로다

여인은 자신의 신랑 솔로몬 왕을 보라고 예루살렘 딸들 즉 시온의 딸들을 호출한다. 그녀는 특별히 "왕관"(עֲטָרָה)을 주목한다. 이것은 솔로몬의 어머니가 그의 혼인날에 솔로몬의 머리에 씌운 관이었다. 결혼과 왕관은 무슨 관계인가? 이는 여인이 결혼하는 대상이 가장 높고 위대한 왕이라는 사실을 의미한다. 그런 사람과 결혼하면 그 배우자도 가장 높고 위대한 사람으로 간주된다. 솔로몬은 왕이고 그의 여인은 결혼으로 말미암아 왕후의 신분으로 격상된다. 여인의 지위는 남편의 지위에 의존하기 때문이다. 솔로몬의 어머니가 그에게 왕관을 씌워준 것처럼, 하나님은 그리스도 예수를 "하늘에서 자기의 오른편에 앉히사 모든 통치와 권세와 능력과 주권과 이 세상 뿐 아니라 오는 세상에 일컫는 모든 이름 위에 뛰어나게 하시고 또 모든 만물을 그의 발 아래에 복종하게 하시고 그를 만물 위에 교회의 머리로 삼으셨다"(엡 1:20-22). 하나님은 그런 예수의 신부인 교회도 결혼과 함께 "그리스도 예수 안에서 함께 하늘에 앉히셨다"(엡 2:6).

결혼날에 솔로몬은 "마음의 기쁨"(שִׂמְחַת לֵב)이 가득하다. 피부가 검은 시골 처녀와의 결혼은 외부의 어떤 이유나 목적 때문에 초래된 강압적인 혹은 정략적인 결합이 아니었다. 솔로몬의 중심이 소원한 일이었다. 그래서 그 마음의 소원이 성취되는 결혼날은 "마음의 기쁨"이 차오른 날이었다. 결혼식에 대한 솔로몬의 기쁨은 주님과 교회의 결혼식이 이루어진 십자가 사건을 다시 생각하게 한다. 가시가 머리를 찌르고 채찍에 피부가 뜯겨 고통이 소금처럼 상처를 찌르고 뾰족한 분노의 창이 옆구리를 찔러 숨이 끊어지는 상황 속에서 예수님의 마음은 어떤 상태에 있었을까? 비록 몸은 온 세상의 무거운 죄를 짊어지고 가장 끔찍하고 처참한 고통과 슬픔을 느꼈

을 것이지만 그의 마음은 기쁨과 즐거움이 가득했을 것이라고 생각한다. 이런 짐작의 진실성은 죽음의 때를 맞이하는 예수님의 특이한 반응에서 확인된다. "인자가 영광을 얻을 때가 왔도다"(요 12:23). 십자가 위에서의 죽음을 영광으로 해석한다. 비록 몸은 고통으로 해석하는 그 죽음을 마음은 영광으로 이해한다. 예수님은 십자가 위에서 아버지가 주시는 영광의 면류관을 머리에 걸치셨다. 세상의 문법으로 설명되지 않는 기독교의 역설이다.

여인은 시온의 딸들에게 자신의 남편 솔로몬을 왕으로 자랑한다. 우리는 어떠한가? 주변의 모든 자들에게 주님을 자랑의 대상으로 여기는가? 우리의 신랑에 대해 "나오라 보아라"(צְאֶינָה וּרְאֶינָה)를 모든 사람에게 외칠 수 있겠는가? 우리의 신랑 예수의 말씀이다. "누구든지 이 음란하고 죄 많은 세대에서 나와 내 말을 부끄러워하면 인자도 아버지의 영광으로 거룩한 천사들과 함께 올 때에 그 사람을 부끄러워하리라"(막 8:38). 지극히 높으신 주님께서 만물보다 거짓되고 심히 부패한 우리를 부끄러워하는 것은 지극히 당연하다. 그런데 주님은 그런 우리를 부끄러워하지 않으셨다. 우리는 어떠한가? 예수는 우리의 신랑이고 그는 만유의 왕이시고 우리가 그 왕의 신부이기 때문에 최고의 지위와 영광을 이미 가졌다는 사실이 아직도 막연한 관념에 불과한가? 아니면 내 마음의 진실인가? 믿음의 눈을 열어서 이 사실을 인정하고 기뻐하고 자랑해야 한다. "그의 거룩한 이름을 자랑하라 여호와를 구하는 자들은 마음이 즐거울 것이로다"(시 105:3). 십자가 위에서 최고의 결혼식을 치루신 주님은 마음의 기쁨과 즐거움이 가득하다. 신부인 우리의 마음도 동일해야 한다. 주님과의 결혼 때문에 우리도 심장이 밖으로 뛰어나올 정도로 기뻐함이 마땅하다.

S

4장 사랑 때문에 모든 것이 아름답다

¹내 사랑 너는 어여쁘고도 어여쁘다 너울 속에 있는 네 눈이 비둘기 같고 네 머리털은 길르앗 산 기슭에 누운 염소 떼 같구나 ²네 이는 목욕장에서 나오는 털 깎인 암양 곧 새끼 없는 것은 하나도 없이 각각 쌍태를 낳은 양 같구나 ³네 입술은 홍색 실 같고 네 입은 어여쁘고 너울 속의 네 뺨은 석류 한 쪽 같구나 ⁴네 목은 무기를 두려고 건축한 다윗의 망대 곧 방패 천 개, 용사의 모든 방패가 달린 망대 같고 ⁵네 두 유방은 백합화 가운데서 꼴을 먹는 쌍태 어린 사슴 같구나 ⁶날이 저물고 그림자가 사라지기 전에 내가 몰약 산과 유향의 작은 산으로 가리라 ⁷나의 사랑 너는 어여쁘고 아무 흠이 없구나

❖ ❖ ❖

¹(남) 오 그대는 아름답소 나의 반려자여 오 그대는 아름답소 베일에 비친 그대의 눈은 비둘기 같고 그대의 머리털은 길르앗 산에서 내려오는 암염소 무리 같습니다 ²그대의 이는 물웅덩이에서 올라온 털 깎인 암양 같습니다 그 모두는 쌍들로 있으며 빠진 것이 하나도 없습니다 ³그대의 입술은 홍색 실 같으며 그대의 입은 아름답소 베일에 비친 그대의 뺨은 벌어진 석류 같습니다 ⁴그대의 목은 마름돌로 축조된 다윗의 망대 즉 천 개의 작은 방패들, 용사의 모든 방어물이 달린 망대 같습니다 ⁵그대의 두 유방은 백합화 사이에서 풀을 뜯는 두 마리의 어린 사슴들, 쌍둥이 암노루들 같습니다 ⁶날이 숨을 거두고 그림자가 달아나기 전에 나는 몰약의 산과 유향의 언덕으로 갈 것입니다 ⁷그대의 전부가 아름답소 나의 여인이여 그대에게 어떠한 흠도 없습니다

08 몸의 아름다움

남자나 여자의 신체를 다양한 비유법을 통해 묘사하는 글의 장르를 "와스프"(Wasf, 아랍어로 "묘사"를 의미함)라 한다. 이는 신체의 일부와 아름다운 자연의 일부를 대비하는 표현의 기법이다. 결혼식을 끝낸 솔로몬은 신방에서 사랑하는 여인의 아름다운 몸을 탐닉하되 그녀의 상체를 위에서 아래로 관찰하며 감동을 표현한다. 본문의 관찰은 머리에서 가슴까지 내려온다. 5장 10-16절은 남자의 몸을 머리에서 아래로 내려가며 묘사하고 7장 1-9절은 여인의 몸 전체를 발에서 얼굴로 올라가며 표현한다. 오늘 본문에서 사용되는 이미지는 두 종류로 구성된다. 하나는 비둘기와 염소와 양과 같은 역동적인 이미지, 다른 하나는 홍색 실과 석류와 망대와 같은 정적인 이미지다. 그는 눈길이 닿는 신체의 부위마다 여인의 향기를 만끽한다. 그에게 여인의 몸은 하나의 아름다운 음악이다. 몸의 모든 부위가 각자의 고유한 음색을 빚어내며 감미로운 곡조에 참여한다. 어떠한 지체도 배제됨이 없다. 몸의 모든 부분이 예술의 한 조각이다. 누군가를 사랑하면 그의 모든 것이 최고의 향기, 최고의 음악, 최고의 예술로 느껴진다. 어떠한 편견이나 치우침도 없이 만물의 진정한 가치를 확인하는 가장 객관적인 눈은 사랑이다.

¹(남) 오 그대는 아름답소 나의 반려자여 오 그대는 아름답소
베일에 비친 그대의 눈은 비둘기 같고
그대의 머리털은 길르앗 산에서 내려오는 암염소 무리 같습니다

미(יָפֶה)란 무엇인가? 미학의 정의는 분분하고 미학의 역사는 장구하다. 미의 표피만 주목하는 사람들이 있고 미의 근원으로 파고드는 사람들도 있다. 고대의 학자들은 미의 원형을 추구했다. 예술은 자연의 모방이고 자연의 모든 아름다운 사물들은 원형적인 미의 모방이다. 원형에 가까이 다가가면 갈수록 미학의 키는 자라난다. 이와 유사하게 교회의 교리적 토대를 마련한 교부들도 신의 본질을 미학의 기준으로 간주했다. 예술은 신의 본질을 발견하고 그에게로 가까이 다가가게 만드는 도구였다. 단테는 예술에 "신의 손녀"라는 이름을 부여했다. 신의 본질에는 전체적인 완전함과 고유한 광채와 다양성의 조화가 있다고 중세는 이해했다. 완전한 진리와 완전한 선을 갖춘 것은 아름답다. 그리고 각각의 사물은 그 자체로 외부의 어떤 기준에 의존하지 않고 고유하게 아름답다. 완전하고 선하신 하나님이 창조하신 것들이기 때문이다. 동시에 조화도 동일하게 아름답다. 전도서의 저자는 "하나님이 모든 것을 지으시되 때를 따라 아름답게 하셨다"(전 3:11)고 고백한다. 전쟁과 평화, 광기와 절제, 선과 악, 슬픔과 기쁨, 만남과 이별, 사랑과 미움, 상처와 치유가 적당한 분량으로 역사의 무늬를 수놓는다.

근세의 미학은 사물 자체보다 그 사물을 감상하는 인간의 내면을 주목한다. 미는 사물의 어떤 특질이 아니라 그 사물을 느끼는 주체의 쾌 혹은 불쾌라는 감정에 의해 좌우된다. 인간의 감정은 주관적인 만족과 객관적인

만족, 개인적인 만족과 사회적인 만족으로 구성되어 있다. 자신이 두 종류의 만족을 어떠한 비율로 가지고 있느냐에 따라 미의 기준도 달라진다. 나는 사물 자체의 객관적인 요소와 그 사물을 느끼는 주체의 주관적인 요소가 미학의 씨줄과 날줄을 이룬다고 생각한다. 온 세상은 창조자 하나님이 보시기에 좋았다는 평가처럼 그 자체로 아름답다. 동시에 온 세상을 관찰하고 느끼는 나 자신의 만족에 의해서도 미의 평가는 달라진다.

나의 물리적인 만족, 경제적인 만족, 심리적인 만족, 정치적인 만족, 제도적인 만족, 문화적인 만족, 영적인 만족 등이 미학의 다양한 변수로 작용한다. 나의 만족은 이러한 만족들이 어떤 비율로 구성되어 있나? 만족의 척도가 자신에게 기울어져 있으면 미학은 개인의 유익과 결부되고 만족의 척도가 공동체에 기울어져 있으면 사회의 공동체적 유익과 결부된다. 보다중요한 질문은 이것이다. 나에게 만족의 궁극적인 끝은 어디인가? 다윗은자고 일어날 때마다 "주의 형상으로 만족"하는 사람이다(시 17:15). 무엇을보더라도 주님의 모습을 볼 수 있다면 그에게는 모든 것이 아름답다. 자신의 궁극적인 만족과 하나님의 영광이 일치하는 사람은 자연의 모든 것들을 아름답게 본다. 만물이 하나님의 보이지 않는 신성과 능력을 나타내고있기 때문이다. 한 사람의 일대기를 볼 때에도 동일하다. 하나님은 한 사람의 인생을 각 시기별로 아름답게 이끄신다. 많은 사람들이 젊음을 흠모한다. 그러나 신체적인 젊음은 시간이 흐를수록 낡아진다. 그러나 내면의 젊음은 시간이 흐를수록 새싹처럼 돋아난다(고후 4:16). 믿는 자에게는 세월이쌓일수록 미학이 갱신된다. 모든 게 더 아름답다. 아름다운 사람의 눈에는아름다운 것들만 눈에 들어온다. "돼지의 눈에는 돼지만 보이고 부처의 눈에는 부처만 보인다"는 무학대사 경구는 우리의 선조들이 탁월한 미학을가졌다는 물증이다. 하나님을 사랑하는 사람의 눈에는 하나님의 아름다운모습이 만물에서 분명히 목격된다.

솔로몬의 눈에는 술람미 여인의 전부가 아름답다. 진정 아름다운 여인은 누구인가? 솔로몬의 사랑을 받는 여인이다. 솔로몬의 눈에 이 여인이 그 자체로 아름다운 이유는 사랑 때문이다. 물론 사랑이 사람의 실체를 보지 못하도록 눈을 가린다는 말도 사실이다. 그러나 사랑은 어떠한 외모의 교란에도 흔들리지 않고 사물의 본질을 꿰뚫어 보는 특수한 안경이다. 모든 사람은 자신을 사랑하는 자의 눈에만 그 본질의 뽀얀 피부를 드러낸다. 진정한 사랑은 보지 않아도 되는 비본질적 사안을 덮고 반드시 보아야 하는 본질적 사안을 주목하게 한다. 이러한 사랑의 눈으로 보면 만물 중에 버릴 것이 있겠는가! 사랑의 맑은 눈은 말씀과 기도로 확보된다. "하나님이 지으신 모든 것이 선하매 감사로 받으면 버릴 것이 없나니 하나님의 말씀과 기도로 거룩하여 짐이라"(딤전 4:4-5). 하나님의 기준과 하나님의 눈으로 만물을 보고 본질을 파악하는 비결이 기도와 말씀이다.

여인은 어떠한가? 그녀는 솔로몬을 사랑하기 때문에 그 자체로도 아름답다. 사랑하면 사랑하는 만큼 아름답다. 외모만 아름답고 마음과 행실이 아름답지 않은 여인은 겉으로만 잠시 아름답고 결코 오래 아름답지 않다. 그런 여인에 대한 지혜자의 표현이다. "아름다운 여인이 삼가지 아니하는 것은 마치 돼지 코에 금 고리 같으니라"(잠 11:22). 외모가 차지하는 미의 지분은 아주 초라하다. 덕스러운 행동이 한 사람의 미에 더욱 크게 기여한다. 르무엘 왕의 어머니는 현숙한 여인을 이렇게 설명한다. "덕행 있는 여자가 많으나 그대는 모든 여자보다 뛰어나다"(잠 31:29). 덕행의 본질은 절제된 행실이 아니라 하나님을 경외함에 있다. "고운 것도 거짓되고 아름다운 것도 헛되나 오직 여호와를 경외하는 여자는 칭찬을 받을 것이라"(잠 31:30). 경건은 미의 대주주다. 하나님을 경외하며 사랑하는 사람은 심히 아름답다. 계속해서 미를 갱신하게 된다.

솔로몬은 베일에 희미하게 비친 여인의 눈을 노래한다. "베일"(צַמָּה)을 쓴다는 것은 그녀가 아무나 부려도 되는 창녀나 종이 아니라 자유로운 여자이며 그 베일을 벗기는 자의 여자가 되는 사람임을 나타낸다. 베일을 가리는 이유는 다양하나 주로 정숙한 마음을 가지고 사랑하는 이를 기다리며 그에게만 자신의 아름다운 모습을 보이기 위함이다. 이러한 이유로 이스라엘 여인은 결혼식 때에만 베일로 얼굴을 가린다고 한다. 솔로몬이 여인의 눈을 비둘기와 같다고 한 말도 의미의 맥락이 동일하다. 여인은 비둘기와 같이 솔로몬만 응시한다. 그녀의 눈빛은 비둘기와 같이 붉은 색상이다. 이는 고이 간직해 온 순결을 아끼고 아끼다가 한 남성에게 다 건네려는 눈빛이다. 눈은 사랑해야 하는 사람을 사랑할 때에 반짝인다. 사랑하지 말아야 할 사람을 응시하는 눈의 빛은 어둡고 음흉하다.

교회의 눈은 우리가 마땅히 사랑해야 할 하나님을 응시해야 한다. 그러할 때에 가장 맑은 눈빛을 소유하게 되고 시대를 분별하게 된다. 시선의 방향이 중요하다. 시인의 아름다운 고백이다. "하늘에 계시는 주여 내가 눈을 들어 주께 향합니다"(시 123:1). 하늘을 향하는 눈은 태양의 빛이 눈망울에 고여 아름답다. 그러나 고개를 떨구고 땅만 바라보며 태양을 등진 눈은 어둡고 불안하다. 이처럼 마음의 시선이 진정한 빛 되신 하나님을 향하면 영혼의 눈이 맑아진다. 그래서 하나님 되신 예수님은 자신을 바라보는 것 자체가 눈의 복이라고 한다. "너희 눈은 봄으로, 너희 귀는 들음으로 복이 있도다"(마 13:16). 주님을 바라보지 않고 인생의 근심을 바라보면 눈은 아름다운 빛을 상실한다. 그것은 몸 전체에 악영향을 준다. "내 눈은 근심 때문에 어두워 지고 나의 온 지체는 그림자 같구나"(욥 17:7). 시인도 "근심 때문에" "눈"만이 아니라 "영혼과 몸"도 쇠약하게 되었다고 고백한다(시 31:9). 이런 차원에서 하신 주님의 말씀이다. "눈은 몸의 등불이니 그러므로 네 눈이 성하면 온 몸이 밝을 것이요 눈이 나쁘면 온 몸이 어두울 것이니"(마 6:22-23). 그러나 아무리 심각한 근심이 있어도 주님을 바라보면 눈은 속히 회복된다. 주님은 우리의 눈을 만드셨다. 그 눈의 본래적인 용도는 주님을 바라보는 것이었다. 주님을 사모하는 눈동자는 호수처럼 맑다. 영혼의 그 북극성을 바라보면 어떠한 혼돈과 무질서의 상황 속에서도 흔들리지 않고 길을 잃지 않고 똑바로 걸어가는 것이 가능하다.

솔로몬은 여인의 "머릿결"을 언급한다. 그녀의 머리털은 마치 길르앗 산에서 내려오는 암염소 무리처럼 부드럽게 아래로 뻗어 우아하게 흔들리고 있다. 머리털의 역동적인 이미지다. 이와 유사하게 나는 저녁이 되면 서쪽으로 기우는 하늘의 붉은 노을을 하나님의 머리털로 이해한다. 하나님을 사랑하면 만물이 하나님의 존재가 묻은 어떤 은유의 수단들로 사용된다. 여인을 사랑하면 여인의 머리털도 아름답다. 세상에서 가장 아름다운 머리털은 무엇인가? 향유를 예수님의 발에 붓고 그 발을 닦은 마리아, 그녀의 머리털이 아닐까 생각한다(요 12:3). 예수님의 향기로운 장례를 준비하고 기념하는 것은 세상에서 가장 아름다운 머리털의 용도였다. 머리털은 손톱과 함께 죽은 이후에도 3일 동안 자란다고 한다. 죽음도 저지하지 못하는 머리털과 같이 주님의 죽음으로 말미암아 죽어도 살아나는 부활의 소망을 가지고 기념하는 교회는 두려움이 없다. 어떠한 죽음의 위협 속에서도 마치 길르앗 산에서 내려오는 암염소 무리의 역동적인 모습을 유지하는 교회는 아름답다.

2그대의 이는 물웅덩이에서 올라온 털 깎인 암양 같습니다
그 모두는 쌍들로 있으며 빠진 것이 하나도 없습니다

솔로몬은 이제 여인의 치아를 주목한다. 여인의 치아는 깨끗하게 제모를 하고 맑은 물웅덩이 안에서 목욕을 하고 나온 양처럼 깨끗하다. 모든 치아의 크기는 마치 쌍둥이 양들처럼 균일하다. 그리고 썩거나 깨어져서 없어진 치아가 하나도 없을 정도로 정갈하다. 그러나 지금부터 3,000년 전에 치아를 아무리 잘 관리했다 해도 이빨의 누런 색깔과 구린 냄새가 얼마나 제거될 수 있겠는가! 물론 양치질의 역사는 장구하다. 기원전 3,000년에 이

미 칫솔의 대용물이 이집트 안에서 사용된 것이 확인된다. 우리 조상들도 15세기부터 버드나무 가지를 칫솔로, 소금이나 재 혹은 모래를 치약으로 사용했다. 그러나 박테리아 및 세균의 문제는 여전했다. 솔로몬 시대의 양치질 문화가 그러한데, 놀랍게도 솔로몬의 눈에는 여인의 치아가 너무도 아름답다. 온순하고 부드럽고 하얗고 깨끗하다.

양의 이빨은 타인을 해치거나 생명을 위협하는 살상용이 아니라 풀을 뜯어서 섭취하기 좋도록 끝이 뭉텅하고 아래위가 쌍둥이(מַתְאִימוֹת)인 것처럼 가지런히 배열되어 있다. 솔로몬은 치아의 시각적인 미를 노래한다. 그러나 치아의 기능적인 미는 음식물을 잘게 부수어 소화의 촉진을 잘 준비하는 것에서 발견된다. 교회에서 치아의 기능을 담당하는 지체는 누구일까? 믿음의 선배들은 목사라고 한다. 목사는 하나님의 말씀 중에 단단한 식물도 씹어서 때를 따라 양들에게 꿀을 먹이는 직분이다. 목사들은 섬김의 자리가 다르지만 치아가 가지런한 높이를 가진 것처럼 권위의 키가 균일하다. 치아가 쌍으로 되어 있어서 목회자가 말씀의 꿀을 먹이면 그것을 양들이 섭취하여 말씀의 동일한 은혜를 나눌 때에 교회는 아름답다. 서로를 공격하고 위협하는 이빨의 사용은 합당하지 않다. 교회의 이빨은 단단한 말씀을 잘게 부수고 누구든지 섭취하여 깊고 그윽한 은혜를 소비할 수 있도록 진리의 밥상을 마련하는 지성적인 용도로 주어졌다. 목회자는 이빨이 하나라도 빠져서 부드럽게 만들지 못한 말씀의 딱딱한 조각이 생기지 않도록 늘 자신을 점검하고, 그런 조각 때문에 진리의 식탁에 참여하지 못하는 지체가 생기지 않도록 최고의 해석을 도모해야 한다.

가지런한 쌍둥이 같은 양의 이빨처럼 성경 자체도 빠진 진리의 조각이 하나도 없으며 그 모든 조각들은 쌍으로 이루어져 있다. "너희는 여호와의 책에서 찾아 읽어보라 이것들 가운데서 빠진 것이 하나도 없고 제 짝이 없는 것이 없으리라"(사 34:16). 이렇게 된 원인은 "여호와의 입이 이를 명"하셨기 때문이고 이것들을 모으신 주체가 동일한 "그의 영"이시기 때문이다

(사 34:16). 그러므로 목회자는 진리의 조각을 하나라도 빠뜨리지 않고 제 짝을 찾기 위해서 성령을 의지해야 한다. 매 순간마다 기도하며 하나님의 말씀을 해석하고 선포해야 진리의 양식이 온 교회의 위장으로 골고루 전달되고 흡수된다.

3그대의 입술은 홍색 실 같으며 그대의 입은 아름답소
베일에 비친 그대의 뺨은 벌어진 석류 같습니다

솔로몬의 시선은 치아에서 여인의 입술과 입과 뺨으로 이동한다. 안에서 밖으로의 이동이다. 이러한 순서의 이유는 가지런한 쌍태 치아가 입술과 입의 미관을 좌우하기 때문이다. 그는 여인의 입술을 홍색 실로 비유한다. 홍색은 아름답고 건강한 입술의 상태를 의미한다. 실은 입술에 세로로 그어진 주름을 표현한다. 홍색 실 같은 그녀의 입술은 사랑을 자극하는 탐스러운 입술이다. 기능적인 면에서 입술은 언어가 나오는 출구인 동시에 음식이 들어가는 입구의 기능을 수행한다. 입술이 아름답게 되는 비결은 지혜로운 말씀과 아름다운 지식을 마음에 보존하고 "입술 위에 함께 있게" 하는 것이라고 지혜자는 가르친다(잠 22:18). 입술은 마음과 연결되어 있다. 악하고 추하고 과격하고 거짓된 것들은 입술에서 출입을 금하여야 한다(시 34:13). 교회의 입술은 아첨하고 거짓되고 악독하고 부패하고 미련한 말의 출구가 되지 않도록 늘 검열해야 한다. 사람들을 향해서는 정직과 덕과 진리와 복음이 나오도록, 주님을 향해서는 찬송과 감사가 나오도록 자신의 입술을 늘 거룩한 상태로 유지해야 한다.

이렇게 치아와 입술로 구성된 여인의 입은 아름답다. 여기에 사용된 "입"(מִדְבָּר)을 의미하는 명사의 주된 의미는 "광야"이기 때문에 폭스는 발음의 어감을 살린 언어유희 차원에서 "너의 광야는 오아시스 같다"는 번역의 가능성을 주장한다. 그런데 이 명사는 "말투"라는 의미도 내포하고 있다. 즉 치아와 입술에서 펼쳐지는 여인의 말투는 솔로몬의 귀에 아름답다. 입은 화법의 공장이다. 아름다운 입을 가진 여인은 타인을 위로하고 격려하고 세우고 다독이는 아름답고 따뜻한 말투의 사람이다. 그녀의 언어가 귀를 방문할때 솔로몬은 황홀하고 행복하다. 종일 틀어놓고 싶은 음악처럼 청아하고 감미롭기 때문이다. 교회의 입에서도 음악이 흘러서 세상의 귀를 황홀하고 행복하게 만들어야 한다. 전사의 공격적인 어투, 심판자의 비판적인 어투, 지배자의 위압적인 어투, 종교인의 설교적인 어투, 성직자의 형식적인 어투는 과감히 제거해야 한다. 최고의 진리를 선물하는 자의 가장 진실하고 따뜻하고 명료하고 친절한 어투를 구비해야 한다.

솔로몬은 여인의 뺨을 벌어진 석류로 묘사한다. "벌어진 석류"(פֶּלַח הָרִמּוֹן)는 잘 익어서 열매가 밖으로 드러난 상태의 석류를 의미한다. 이렇게 벌어진 석류와 같은 여인의 뺨은 베일에 비친 윤곽만 보더라도 아름다운 자태가 읽어진다. 석류는 겉보다 속이 아름답다. 내면이 충분히 성숙하면 성장하는 동안 가리개로 사용된 껍질을 쪼개고 밖으로 자신을 드러낸다. 옅은 홍조를 띤 여인의 얼굴은 내면의 탐스러운 열매가 풍성하게 맺었음을 알리는 인생의 성적표다. 성경에서 석류는 제사장 겉옷의 술에 문양으로(출 28:33-34, 39:24-26), 그리고 솔로몬 성전의 기둥을 두르는 사슬에 매다는 장신구로 사용된다(대하 3:16, 렘 52:22-23). 이처럼 석류는 아름답고 거룩한 과실이다. 여인의 내면은 솔로몬만 사랑하고 그만 바라보는 마음이 석류처럼 무르익은 구별된 경건의 좌소임에 분명하다.

교회의 뺨도 석류처럼 벌어져야 한다. 그러기 위해서는 교회의 내면에 성령의 열매가 풍성해야 한다. 사랑과 희락과 평화와 오래 참음과 자비와 친절과 충성과 온유와 절제라는 열매가 탐스럽게 맺어져 표정이 밝아지고 입술이 벌어지고 섬김의 손발이 저절로 움직여야 한다. 교회의 울타리가 터져서 그러한 성령의 열매가 온 세상으로 봇물처럼 쏟아져야 한다. 이를 위해서는 인간의 의지와 능력도 필요하나 무엇보다 하나님의 선행적인 은혜가 필요하다. 이에 대하여 바울은 이렇게 설명한다. "하나님이 능히 모든 은혜를 너희에게 넘치게 하시나니 이는 너희로 모든 일에 항상 모든 것이 넉넉하여 모든 착한 일을 넘치게 하게 하려 하심이라"(고후 9:8). 이는 교회의 내면이 주님의 은혜로 충만하게 되면 모든 일에 항상 넉넉하게 되고 모든 착한 일을 넘치도록 행하게 된다는 교훈이다. 교회의 내면이 은혜로 넉넉하게 되면 무엇에 홀린 것처럼 기꺼이 베풀려고 한다. 나눔과 베풂의 기회를 호시탐탐 노리는 분위기가 교회의 지체들 사이에 유쾌한 긴장감을 조성해야 한다.

> ⁴그대의 목은 마름돌로 축조된 다윗의 망대 즉 천 개의 작은 방패들,
> 용사의 모든 방어물이 달린 망대 같습니다

솔로몬은 여인의 목을 "마름돌로 축조된 다윗의 망대"로 표현한다. 가지런한 크기의 벽돌로 이루어진 망대는 여인의 목을 두른 목걸이를 의미한다. 망대에는 천여 개에 달하는 용사의 모든 방패들이 진열되어 있다. 목걸이의 모양도 이와 비슷하다. 망대는 높고 웅장하고 견고한 건물이다. 여인은 길고 견고한 목을 가졌음에 분명하다. 이는 여인을 알아보는 솔로몬의 안목을 의심하게 만드는 대목이다. 망대와 같은 거대한 목의 소유자가 아름다운 여인일 수 있겠는가! 그러나 고대에 망대는 높은 절개와 흔들림이 없는 웅장한 인격을 상징하는 도구였다. 머리와 몸을 이어주기 위해 몸에도 속하였고 머리에도 참여하는 인격의 소유자를 의미한다. 성경에서 망대와 같은 사람은 타인에게 인생의 이정표와 같다. 그래서 위기의 때에 "성읍 중에 견고한 망대"가 있으면 그곳으로 모든 백성이 도망하여 문을 잠그고 적들이 쉽게 이르지 못할 망대의 꼭대기로 올라갔다(삿 9:51). 나아가 성경은

하나님을 "원수를 피하는 견고한 망대"라고 규정한다(시 61:3). 그래서 지혜자는 고백한다. "여호와의 이름은 견고한 망대라 의인은 그리로 달려가서 안전함을 얻느니라"(잠 18:10). 여호와의 이름을 인생의 목걸이로 삼은 사람, 여호와의 이름에 합당한 절개와 인격을 구비한 사람은 참으로 아름답다. 술람미 여인은 견고한 망대이신 하나님을 보여주는 인격의 소유자다.

교회는 온 세상에 대하여 뻣뻣하지 않으면서 견고한 망대여야 한다. 온 인류의 위기와 재앙이 닥쳤을 때 누구든지 들어와 하나님 때문에 안전함을 얻는 곳이어야 한다. 위기는 생각지도 못한 무의식 중에 찾아와 인생의 문을 무섭게 두드린다. 이에 사람들은 정신을 잃고 갈 바를 모르고 방황한다. 이때 교회는 길을 인도하는 등대처럼 혼비백산 속에서도 알아볼 수 있도록 빛을 비추어서 갈 바를 제공해야 한다. 그러기 위해서는 진리의 곧은 절개와 세상을 다 품을 정도의 웅장한 인격을 구비해야 한다.

"다윗의 망대"는 지극히 높은 곳에 계시는 하나님을 향한 그의 높은 절개와 신앙적인 인격을 의미한다. 다윗은 하나님을 다른 누구보다 더 사모했다. 그래서 하나님의 집에서 머무는 하루가 그에게는 화려한 궁에서의 천 일보다 낫다고 생각했다. 악의 장막에서 왕으로 사는 것보다 "하나님의 성전 문지기로 있는 것"이 더 좋다고 고백했다(시 84:10). 막대한 분량의 국정을 소화하는 것도 버거운 왕의 다망한 자리에 있었지만 그는 진리에 대한 갈망이 너무나도 강하여 하나님의 율법을 즐기며 주야로 그 율법을 묵상했다(시 1:2). 그에게는 부족한 점도 있었지만 하나님은 다윗을 자신의 마음에 합한 사람으로 여기셨다(행 13:22). 여인을 보면서 솔로몬은 하나님의 마음에 합한 아버지의 망대를 떠올렸을 지도 모르겠다. 온 세상이 교회를 볼 때에도 하나님을 떠올릴 수 있도록 교회는 하나님의 마음에 합당해야 한다. 거짓의 온상이 아니라 진리의 기둥과 터로서의 정체성을 확립하고 세상의 화려한 부귀와 영화에 탐욕의 군침을 흘리지 말고 하나님의 성전 문지기의 본분을 고수해야 한다.

⁵그대의 두 유방은 백합화 사이에서 풀을 뜯는 두 마리의 어린 사슴들, 쌍둥이 암노루들 같습니다 ⁶날이 숨을 거두고 그림자가 달아나기 전에 나는 몰약의 산과 유향의 언덕으로 갈 것입니다

이제 솔로몬은 여인의 가슴을 주목한다. 그녀의 가슴은 "백합화 사이에서 풀을 뜯는 두 마리의 어린 사슴들, 쌍둥이 암노루들" 같다. "백합화"는 그녀의 가슴을 덮은 아름답고 부드러운 천이나 꽃을 가리킨다. 풀을 뜯는다는 것은 어떠한 위협이나 긴장도 없는 평화로운 상태를 의미한다. 어린 사슴들은 젊음, 신선함, 역동성, 귀여움, 애틋함을 의미하는 동물이고, 쌍둥이 암노루는 크기와 모양이 동일한 두 가슴을 가리키며 생명력, 풍요로움, 번영을 의미하는 동물이다. 성경이 말하는 아름다운 꽃이 가득한 곳은 어디인가? 가장 평화로운 곳은 어디인가? 젊음과 생명이 역동하는 곳은 어디인가? 진정한 풍요와 번영이 숨쉬는 곳은 어디인가? 그곳은 바로 예루살렘 성읍이다.

예루살렘 성읍에 대해 이사야는 이렇게 기록한다. "예루살렘을 사랑하는 자들이여 다 그 성읍과 함께 기뻐하라…너희가 젖을 빠는 것같이 그 위로하는 품에서 만족할 것이고 젖을 넉넉히 빤 것 같이 그 풍성한 영광으로 말미암아 즐거워할 것이라"(사 66:10-11). 예루살렘 성읍은 오늘날 교회를 의미한다. 교회는 하나님을 기쁘시게 하고 그의 백성이 하늘의 생명력과 풍요를 누리는 성읍이다. 솔로몬이 여인의 아름다운 가슴을 사랑하듯 하나님은 자신의 모든 즐거움을 교회에 맡기셨다(시 16:3). 교회는 젖과 꿀의 풍요로운 즐거움을 온 세상에 나누어야 한다. 에스겔 선지자는 하나님의 나라인 교회를 "젖과 꿀이 흐르는 땅이요 모든 땅 중의 아름다운 곳"이라고 묘사한다(겔 20:15).

솔로몬은 태양이 서쪽으로 기울고 그림자가 동쪽으로 달아나기 전에 그녀의 가슴, 즉 몰약의 산과 유향의 언덕으로 올라갈 것이라고 다짐한다. 다

시 말하지만, 여인에 대한 솔로몬의 사랑은 그에 대한 여인의 사랑보다 크다. 그래서 여인의 가슴을 찾고 더듬으며 그 가슴에 오르기를 절박하게 갈망한다. 이처럼 주님도 그러하다. 주님에 대한 교회의 사랑은 처음 사랑을 잃었거나 사랑의 뜨거움이 식었지만 교회에 대한 주님의 사랑은 늘 용광로의 상태를 유지한다. 주님의 마음은 지금도 하늘에서 당장 달려와 역사의 마침표를 찍더라도 신부와의 만남을 갈망한다. 그러나 타오르는 갈망을 누르고 또 눌러서 그의 모든 백성이 영광 중에 만나기를 원하신다.

7그대의 전부가 아름답소 나의 여인이여 그대에게 어떠한 흠도 없습니다

솔로몬은 여인의 몸 전체를 눈으로 더듬는다. 그녀의 몸은 완벽하다. 사실 전부가 아름답고 어떠한 흠도 없는 완벽한 사람이 어디에 있겠는가! 그럼에도 불구하고 솔로몬은 여인의 전부가 아름답고 어떠한 흠도 없다고 노래한다. 이것은 여인 자체가 그러한 것보다 솔로몬의 관점이 반영된 판단이다. 하나님도 흠이 많은 우리를 보실 때에 어떠한 흠도 없는 당신의 자녀로 여기시며 하늘의 법정에서 전체가 아름답고 어떠한 흠도 없기에 무죄한 자라고 판단한다. 하나님은 우리가 거룩하게 되어 점도 없고 흠도 없어지길 만세 전부터 원하셨고 그 일을 아들로 말미암아 이루셨다. 예수는 이 세상에 오셔서 모든 도시와 마을을 다니시며 몸의 "모든 병과 모든 약한 것"을 다 고치셨다(마 4:23). 몸의 물리적인 문제를 고치신 것이지만 하나님 앞에서 우리 존재의 모든 결함을 제거하신 것을 의미한다. 교회를 향한 우리의 시각도 예수님의 관점과 동일해야 한다. 이러한 주장은 제자들에 대한 예수님의 선물에 근거한다. "예수께서 그의 열두 제자를 부르사 더러운 귀신을 쫓아내며 모든 병과 모든 약한 것을 고치는 권능을 주시니라"(마 10:1).

예수님은 자신이 인간의 모든 병과 모든 약한 것을 고치신 것처럼 제자

들도 동일하게 행할 수 있도록 권능을 베푸셨다. 제자들은 두루 다니며 그 권능을 행하였다. 이 권능은 지금도 유효하다. 비록 초자연적 기적을 일으키는 권능의 외형적인 모습은 달라도 우리는 교회의 각 지체들이 가진 흠과 결을 더 이상 문제로 여기지 않고 모든 것을 아름답게 보는 주님의 눈이라는 권능을 소유하고 있다. 바울의 생각처럼 교회 안에서는 각 지체의 모든 병과 모든 약한 것이 사라진다. "우리가 몸의 덜 귀히 여기는 그것들을 더욱 귀한 것들로 입혀 주며 우리의 아름답지 못한 지체는 더욱 아름다운 것을 얻느니라"(고전 12:23). 공동체에 아름답지 못한 지체가 보인다면 두 가지의 조치가 필요하다. 첫째, 우리가 주님의 눈을 가지도록 노력해야 한다. 마치 주님께서 내 눈으로 보시는 것처럼 아름답지 못한 지체를 아름답게 볼 수 있도록 주님을 지극히 사랑해야 한다. 둘째, 아름답지 못한 지체에게 더욱 아름다운 것을 나누어야 한다. 눈에 아름답지 않은 모습이 보이지 않을 때까지 베풀어야 한다.

아 4:8-15

8내 신부야 너는 레바논에서부터 나와 함께 하고 레바논에서부터 나와 함께 가자 아마나와 스닐과 헤르몬 꼭대기에서 사자 굴과 표범 산에서 내려 오너라 9내 누이, 내 신부야 네가 내 마음을 빼앗았구나 네 눈으로 한 번 보는 것과 네 목의 구슬 한 꿰미로 내 마음을 빼앗았구나 10내 누이, 내 신부야 네 사랑이 어찌 그리 아름다운지 네 사랑은 포도주보다 진하고 네 기름의 향기는 각양 향품보다 향기롭구나 11내 신부야 네 입술에서는 꿀 방울이 떨어지고 네 혀 밑에는 꿀과 젖이 있고 네 의복의 향기는 레바논의 향기 같구나 12내 누이, 내 신부는 잠근 동산이요 덮은 우물이요 봉한 샘이로구나 13네게서 나는 것은 석류나무와 각종 아름다운 과수와 고벨화와 나도풀과 14나도와 번홍화와 창포와 계수와 각종 유향목과 몰약과 침향과 모든 귀한 향품이요 15너는 동산의 샘이요 생수의 우물이요 레바논에서부터 흐르는 시내로구나

❖ ❖ ❖

8(남) 레바논에서 나와 함께, 나의 신부여, 레바논에서 나와 함께 가십시다 아마나의 정상에서, 스닐과 헤르몬의 정상에서, 사자들의 서식지와 표범들의 산에서 보십시오 9그대는 나의 마음을 빼앗아 갔습니다 나의 누이, 나의 신부여, 그대의 눈빛 하나로, 그대의 목에 목걸이의 구슬 하나로 내 마음을 훔쳐 갔습니다 10그대의 사랑은 너무도 아름답소, 나의 누이, 나의 신부여, 그대의 사랑은 포도주보다 훨씬 좋습니다 그리고 그대 기름의 향기는 모든 향품보다 [낫습니다] 11그대의 두 입술은 꿀 방울을 흘립니다 나의 신부여 그대의 혀 밑에는 꿀과 젖이 있습니다 그대 의복의 향기는 레바논의 향기 같습니다 12그대는 잠근 동산이오 나의 누이 나의 신부여 그대는 덮인 물웅덩이, 봉해진 샘입니다 13그대가 산출한 것들은 숲입니다 [그곳에는] 고귀한 열매들을 가진 석류나무, 나도향을 가진 고벨화 14나도와 번홍화, 모든 향기를 가진 창포와 계피, 모든 귀한 향품을 가진 몰약과 침향이 있습니다 15그대는 동산의 샘이며 신선한 물의 우물이며 레바논에서부터 흐르는 시내와 같습니다

09 　　　　　　　　　　　　마음을 빼앗기다

본문에서 솔로몬은 여인에게 마음을 빼앗긴다. 그의 마음은 황홀하다. 그녀의 사랑이 너무도 아름답기 때문이다. 그토록 아름다운 이유는 무엇인가? 솔로몬은 그 이유들을 조목조목 노래한다. 그녀의 입술에는 꿀이 떨어지고 혀 밑에는 꿀과 젖이 흥건하다. 그녀는 오직 왕을 위한 비밀한 정원이며 그 정원에는 최고의 행복과 기쁨을 주는 열매와 향기가 가득하고 나아가 그녀는 정원들을 산출하는 샘이기 때문이다.

8(남) 레바논에서 나와 함께, 나의 신부여, 레바논에서 나와 함께 가십시다
아마나의 정상에서, 스닐과 헤르몬의 정상에서,
사자들의 서식지와 표범들의 산에서 보십시오

지리적인 의미의 "레바논"(לְבָנוֹן)은 이스라엘 북부의 변방을 가리킨다. 그러나 이 명사는 어원적인 면에서 "하얗게 되다 혹은 하얗게 만들다"(לָבֵן)는

동사에서 왔다. 즉 순수하고 깨끗한 신부의 상태를 의미한다. 솔로몬은 깨끗한 순백의 여인과 함께 인생을 시작하려 한다. 다른 어떠한 이물질과 혼합되지 않고 오직 자신과만 함께(אִתִּי) 연합하는 인생의 동반자가 되자고 제안한다. 지금까지 다른 남자들과 섞이지 않은 순결한 처녀의 삶에서 이제는 솔로몬과 섞이는 연합의 인생으로 가자고 제안한다. 그의 제안은 레바논 같은 변방에서 이스라엘 중심지인 솔로몬 왕에게로 오라는 말이기도 하다. 순수함과 순결함 자체는 변방이다. 그것의 목적과 이유가 중심이다. 그 중심은 누구인가? 솔로몬이 중심이며 그는 술람미 여인이 순수함을 유지한 목적과 이유였다. 그런 솔로몬이 신랑의 자격으로 그녀를 신방에서 만났기 때문에 이제는 그녀가 순수와 순결의 레바논에 머물 이유가 없어졌다. 여인은 이제 솔로몬의 신부이기 때문이다. 솔로몬은 여인에 대하여 "신부"라는 용어를 사용한다. "신부"(כַּלָּה)라는 말은 "완전하다 혹은 완벽하게 되다"는 동사(כָּלַל)에서 왔다. 남자든 여자든 배우자를 맞이할 때에 온전하게 된다. 그러므로 "신부"라는 말의 사용은 술람미 여인이 이제 신랑을 만나 비로소 온전하게 되었다는 솔로몬의 선언이다.

교회도 순수하고 순결해야 한다. 거짓과 불의와 미움과 분노라는 이물질과 섞이지 않도록 범사에 주의해야 한다. 다른 어떠한 신에게도 자신의 정조를 바치거나 빼앗기지 않도록 항상 조심해야 한다. 교회의 순수함과 순결함은 그 자체가 목적이 아니라 주님과의 연합을 위함이다. 하나님을 존재의 중심으로 삼고 하나님을 생각의 기준으로 삼고 하나님을 삶의 동반자로 삼는 것을 교회가 거부하면 순수성과 순결함의 가치는 실종된다. 목적이 고려되지 않은 고요한 안정감과 막대한 부와 강한 권력과 높은 지위와 우람한 건강과 광범위한 인기와 거대한 건물은 헛되고 무익하다. 이는 곳간이 터질 정도로 풍성한 수확을 거둔 부자의 어리석은 인생이 잘 대변한다. "오늘밤에 네 영혼을 도로 찾으리니 그러면 네 준비한 것이 누구의 것이 되겠느냐"(눅 12:20). 재물 자체에 의미를 둔 부자가 이러한 허무를 자초한 이유는 무엇인가? 예수님의 답변이다. "자기를 위하여 재물을 쌓아 두고 하나님께 대하여 부요하지 못한 자가 이와 같으니라"(눅 12:21). 재물은 하나님께 대한 부요함에 이르는 수단이다. 목적을 망각하고 수단을 목적으로 삼은 자의 말로는 허무와 불행이다. 그리고 인간의 깨끗함 자체는 허무함을 넘어 위험하다. 귀신을 쫓아내고 깨끗하게 리모델링된 사람의 나중 형편을 주목하라. "가서 저보다 더 악한 귀신 일곱을 데리고 들어가서 거하니 그 사람의 나중 형편이 전보다 더욱 심하게 되느니라"(마 12:45). 형편이 더 심하게 된 이유는 무엇인가? 깨끗하게 비운 자신의 내면을 주님으로 채우지 않았기 때문이다.

이런 관점으로 교회의 신학과 신앙을 주목하고 싶다. 하나님도 배제된 '객관적인' 순수성을 추구하는 신학과 신앙은 무익하고 위험하다. 교회가 좌로나 우로나 치우치지 말아야 할 객관성의 기준은 무엇인가? 하나님의 말씀이다. "너희는 크게 힘써 모세의 율법 책에 기록된 것을 다 지켜 행하라 그것을 떠나 우로나 좌로나 치우치지 말라"(수 23:6). 신학이든 신앙이든 교회는 말씀이신 주님을 신랑으로 맞이할 때에 온전하게 된다. 주님을 중심으로 삼고 기준으로 삼고 목적으로 삼는 것은 신학과 신앙의 객관성을 파괴하지 않고 오히려 확립한다. 그렇지 않고 주님을 대체하는 누군가가 교회의 머리와 가슴을 차지하면 모든 순수와 순결은 농락을 당하고 유린된다. 목사든 왕이든 교황이든 그리스도 예수를 대신하면 교회는 반드시 부패하게 되고 비참하게 된다.

솔로몬은 아마나의 정상, 스닐과 헤르몬의 정상, 사자들의 서식지와 표범들의 산에서 보라고 여인에게 지시한다. 아마나는 레바논 산의 한 부분이고, 스닐은 헤르몬 산의 다른 이름이며, 헤르몬은 레바논과 시리아의 국경에 위치하는 높고 험준한 산을 가리킨다. 이 산들은 높아서 사람들이 쉽게 출입할 수 없고 주거할 수도 없는 청정한 지역이다. 자연미가 그대로 보존되어 있어서 심히 깨끗하고 아름답다. 이 산들의 어원적인 면에서, "아마나"(אֱמָנָה)는 "아멘 혹은 그렇다"(אָמֵן)는 긍정의 의미를 가진 동사에서 왔다. "스닐"(שְׂנִיר)은 하얀 "눈 산"을 의미한다. "헤르몬"(חֶרְמוֹן)은 "거룩한 산"을 의미한다. 즉 아마나와 스닐과 헤르몬은 하얗고 거룩하고 긍정적인 지역을 가리킨다.

그런데 이런 지역들과 함께 솔로몬은 "사자들의 서식지와 표범들의 산"도 나란히 언급한다. 무서운 포식자와 잔인한 약탈자의 서식지와 깨끗하고 하얗고 긍정적인 산들이 나란히 언급되는 것은 역설이다. 앞에서도 살펴본 것처럼 "산"은 여인을 가리킨다. 그 산은 높고 험준한 곳이기 때문에 사람들의 출입이 없어서 아름답고 깨끗하고 좋지만 그곳을 노리는 강하고 무섭고 잔인한 자들이 사방을 둘러싸고 있다. 이렇게 대조적인 여인의 현실에 솔로몬이 등장했다. 그는 "몰약의 산과 유향의 언덕"으로 비유된 그녀 위로 올라갈 것이라고 했다. 그리고 그녀에게 이제는 자신과 함께 변방에서 중심으로, 위태로운 곳에서 안전한 곳으로 가자고 제안하며, 다른 어떠한 것도 보지 말고 솔로몬 자신만 보라고 가르친다. 솔로몬과 함께라면 어떠한 곳도 안전하고 어디라도 간다. 포식자의 서식지에 있더라도 시선이 솔로몬을 놓치지 않는 것이 관건이다.

여인의 현실은 교회의 현실과 비슷하다. 교회도 아마나와 스닐과 헤르몬과 같이 하얗고 깨끗하고 거룩하다. 그러나 교회의 사방은 대단히 위태롭다. "대적 마귀가 우는 사자 같이 두루 다니며 삼킬 자를 찾"고 있기 때문이다(벧전 5:8). 이런 교회의 현실에 주님께서 임하시면 놀라운 변화가 일어난다. 교회는 그곳을 불법의 온상으로 여기고 불의한 돈의 세탁소로 만들고 거짓되고 가증하고 사악한 자신의 추한 이미지를 쇄신할 기적의 미용실로 여기는 자들이 감히 출입할 수 없는 하나님의 성전으로 변모한다. 교회가 거룩한 성전의 본분을 회복하면 자잘한 욕심들과 거북한 악취들은 자기 발로 교회를 떠나간다. 교회가 세상적인 이익에는 전혀 보탬이 되지 않는다는 사실을 발견하기 때문이다. 교회는 그렇게 세상적인 의미에서 무익한 곳이어야 한다.

9그대는 나의 마음을 빼앗아 갔습니다 나의 누이, 나의 신부여,

그대의 눈빛 하나로, 그대의 목에 목걸이의 구슬 하나로

내 마음을 훔쳐 갔습니다

솔로몬은 술람미 여인을 자신의 "누이"(אֲחֹתִי)라고 표현한다. 여기에서 "누이"를 혈통적인 의미로 이해하여 솔로몬과 술람미 여인의 관계를 근친 결혼으로 오해하는 사람들도 있다. 그러나 솔로몬이 말하는 "누이"는 동일한 부모가 낳은 여동생을 의미하지 않고 그가 지극히 사랑하는 연인의 은유적인 표현이다. 솔로몬이 여인을 "누이"라고 표현한 이유는 무엇일까? 그 단어가 극도의 친밀감과 연대감을 표현하기 때문이다. 누이와 오라비는 동일한 부모의 같은 핏줄을 따라 태어났기 때문에 거의 모든 것을 공유하고 인격과 언어와 행실에 있어서도 비슷하다. 즉 "누이"는 술람미 여인과 그런 동질감을 가지고 싶은 솔로몬의 염원이 담긴 표현이다. 누이와 오라비는 동일한 핏줄의 한 부분이다. 끊어질 수 없도록 연결되어 있다. 솔로몬은 이 여인과 함께 존재와 인격과 삶이 섞이기를 소원한다. 오늘날의 연인들도 서로에게 "오빠"나 "동생," 혹은 "누나"라는 표현을 사용한다.

솔로몬과 술람미 여인의 남매 관계처럼, 히브리서 기자는 주님과 교회가 "하나에서 혹은 한 근원에서"(ἐξ ἑνὸς) 났다고 기록한다(히 2:11). 그래서 주님은 교회를 "형제"라고 부르기를 부끄러워하지 않으셨다. 이것은 충격적인 선언이다. 주님께서 교회를 형제로 대한다면 교회의 지체들은 서로를 어떻게 대하여야 마땅한가? 먼저 우리 모두가 주님의 형제로서 같은 핏줄에서 난 혈육의 닮음을 이루어야 한다. 바울처럼 주님을 머리끝에서 발끝까지 본받아야 한다. 나아가 서로를 부모와 자녀의 위계적 관계가 아닌 동

등한 형제와 자매로 대우해야 한다. 이는 교회의 가장 훌륭한 문화 중의 하나라고 생각한다. 세상에는 계급과 서열 때문에 갑과 을의 관계로 구성되어 있고 갑질의 횡포가 만연되어 있다. 이토록 암울한 세상에서 교회가 빛과 소금의 역할을 제대로 수행하기 위해 사용할 수 있는 무기는 형제와 자매의 동등한 관계라고 생각한다. 목회자가 성도를, 교사가 학생을, 부모가 자녀를, 사장이 직원을, 의사가 환자를 자신과 동등한 형제와 자매로 대한다면 세상에는 관계의 혁명이 일어난다. 교회가 먼저 이런 문화의 정착을 시도해야 한다. 그러나 이러한 시도를 하면 합당한 권위도 무너질 수 있다고 우려하는 사람들이 있다. 하지만 그런 우려 때문에 제도나 직위나 신분의 높낮이를 활용하여 권위를 내세우는 것은 올바르지 않다. 이에 대하여 성경은 다른 방식을 제공한다. "잘 다스리는 장로들은 배나 존경할 자로 알되 말씀과 가르침에 수고하는 이에게는 더욱 그리할 것이니라"(딤전 5:17). 장로는 교회의 모든 살림을 공정하고 합리적인 방식으로 관리하고, 목회자는 가장 좋은 말씀으로 성도에게 영혼의 양식을 제공하고, 교사는 최고의 강의와 토론과 상담으로 학생을 가르치고, 부모는 자녀를 이득이 고려되지 않은 가장 순수하고 아름다운 사랑으로 양육하고, 사장은 직원의 복지를 위해 최고의 리더십을 발휘하는 방식으로 권위를 보존해야 한다. 이런 방식으로 권위를 보존할 인격과 자질이 없는 사람이 그런 지위를 가진다면 그것은 자신과 타인 모두를 불행하게 한다.

솔로몬은 스스로 자신을 낮추어서 시골의 한 처녀를 누이라고 부르며 동등한 관계 속에서 사랑을 고백한다. 솔로몬은 여인에게 마음을 빼앗겼다 (לִבַּבְתִּנִי). 마음을 빼앗기는 것은 마음에 사랑의 불씨가 뿌려져 주체할 수 없을 정도로 격동되는 것을 의미한다. 마음을 훔친 주범은 그녀의 눈빛과 목걸이다. 여인의 눈에서 나오는 황홀한 눈빛 하나가 솔로몬의 시선을 붙들었다. 여인의 눈빛에서 사랑의 메신저인 비둘기 한 마리가 남성에게 날아간다. 그의 가슴으로 들어가 마음을 꺼내 여인에게 가져온다. 여인의 목을 감은 부드러운 곡선에서 보배로운 구슬들이 꿰어진 목걸이가 가볍게 흔들린다. 목걸이에 매달린 구슬이 반짝인다. 그녀의 목에 닿은 목걸이의 구슬들이 솔로몬의 마음을 휘감는다. 이는 반짝이는 목걸이의 모든 보석이 보석함 안에서가 아니라 그녀의 목에서 비로소 의미가 되었기 때문이다. 솔로몬의 시선은 다른 곳으로의 이동이 제어되고 마음의 이동도 제한된 상황이다. 그래서 자신의 마음을 빼앗은 여인에게 솔로몬은 그녀가 자기 마음의 주인이 되었다고 고백한다. 솔로몬은 여인을 너무도 사랑하기 때문에 그녀의 눈빛 하나에도 마음을 다 빼앗기고 그녀의 목을 감싼 장신구 하나에도 심장이 격하게 박동한다. 진정한 사랑의 증상이다.

여인에 대한 솔로몬의 사랑은 교회에 대한 주님의 절절한 사랑을 잘 설명한다. 주님은 교회가 믿음의 눈을 들어 주님을 응시하면, 아니 당신의 이름만 조용히 읊조려도 교회에 마음을 뺏기신다. 교회가 서로의 목을 감싸는 포용과 용납의 사랑을 실천하면 주님의 심장은 박동의 속도가 빨라진다. 교회에 대하여 이런 사랑을 품은 주님은 교회의 그림자만 보여도 마냥 좋으시다. 탕자와 그의 아버지 이야기는 이런 사랑을 잘 보여준다(눅 15:11-32). 아들은 아버지의 권위와 체통을 사회의 시궁창에 던지는 불효를 저질렀다. 그런 아들이 구겨진 거지의 몰골로 돌아온다. 그런데 너무도 멀어서 시야에 잘 포착되지 않음에도 불구하고 아버지는 아들의 귀환을 가장 먼저 감지했다. 그리고 남성이 20세 이후로는 뛰지 않는다는 중동의 엄격한 문화를 깨고 아버지는 아들에게 뛰어갔다. 수치와 모멸을 감수한 행동이다. 아버지는 달려가 그 아들을 껴안았고 입까지 맞추었다. 최고의 옷을 입히고 권위의 반지를 껴주고 최고급 구두를 신기고 살찐 소를 잡아서 잔치까지 열고 동네의 모든 주민들을 초청했다. 이 모든 일을 급하게 서둘렀다. 이런 행위의 빠른 속도는 사랑의 크기를 보여준다. 교회를 향한 주님의 사랑이 이러하다. 솔로몬이 여인의 눈빛 하나와 목걸이의 구슬 하나에 마음이 빼앗기는 것은 아들의 실루엣만 희미하게 보여도 감지하는 아버지의 사랑을, 교회가 주님을 향하여 마음의 각도를 조금만 돌이켜도 즐거움을 이기지 못하시는 하나님의 사랑을 잘 보여준다.

> 10그대의 사랑은 너무도 아름답소 나의 누이, 나의 신부여,
>
> 그대의 사랑은 포도주보다 훨씬 좋습니다
>
> 그리고 그대 기름의 향기는 모든 향품보다 [낫습니다]

솔로몬은 여인의 사랑을 노래한다. 이는 여인이 솔로몬의 사랑을 노래한 내용(1:2-3)과 유사하다. 솔로몬이 보기에 여인의 사랑은 너무도 아름답다. 와인보다 훨씬 좋고 모든 향품보다 더 향기롭다. 주님을 향한 교회의 사랑은 어떠한가? 솔로몬에 대한 여인의 사랑에 대한 솔로몬의 감동을 교회가 주님께 드리고 있는가? 아름답고 향기롭고 탐스러운 사랑의 모습이 교회에서 보이는가? 보기만 해도 마음을 빼앗기는 솔로몬의 사랑에 버금가는 여인의 애틋한 일편단심 사랑이 교회 안에서는 어떤 모습일까? 그런 사랑은 주님께서 우리를 사랑하신 것처럼 사랑해야 우리에게 나타난다. 주님의 마음이 교회에 빼앗기는 것처럼 우리의 마음도 주님에게 빼앗겨야 한다. 이런 사랑의 대표적인 사례가 바울의 사랑이다. "예수 그리스도와 그가 십자가에 못 박히신 것 외에는 아무것도 알지 않기로 작정을 하였노라"(고전 2:2). 여기에서 "안다"(οἶδα)는 말은 "눈으로 본다"는 것을 의미한다. 바울은 오직 주님과 십자가만 바라볼 것을 작정했다. 이는 비둘기의 눈처럼 다른 곳으로 시선을 돌리지 않고 주님께만 고정된 사랑이다. 주님께 시선을 고정하는 것은 성경만 보라는 말이 아니라 무엇을 보더라도 주님을 볼 때까지, 십자가의 사랑이 보일 때까지 본다는 것을 의미한다. 바울은 보이는 만물 안에서 보이지 않는 주님의 신성과 능력을 목격했고(롬 1:20), 먹든지 마시든지 무엇을 하든지 주님의 영광을 지향했다(고전 10:31). 이는 인생의 시

선을 주님께 고정한 바울의 삶이었다.

과연 우리는 주님의 지문이 찍힌 만물의 어느 하나를 보고서 주님께 마음을 빼앗기고 있는가? 교회가 주님을 아무리 사랑해도 주님의 사랑에 비하면 그 격차가 너무나도 커서 우리에 대한 주님의 사랑은 짝사랑에 불과하다. 하늘을 볼 때에 선포되는 하나님의 영광이 들리고, 만물을 볼 때 그 모든 것들을 조성하신 하나님의 손이 보이는가?(시 19:1) 사람들을 만날 때마다 그 안에 있는 하나님의 형상이 보이는가? 누군가를 사랑하면 무엇을 듣고 보더라도 사랑하는 그 대상이 들리고 보이기 마련이다. "여호와가 말하노라 나는 천지에 충만하지 아니하냐"(렘 23:24). 천지에 충만하신 여호와가 우리의 눈에 보이지도 않고 귀에 들리지도 않는다면 우리의 사랑을 의심해야 한다.

11그대의 두 입술은 꿀 방울을 흘립니다
나의 신부여 그대의 혀 밑에는 꿀과 젖이 있습니다
그대 의복의 향기는 레바논의 향기 같습니다

솔로몬은 여인의 사랑이 너무나도 아름다운 이유들을 열거한다. 먼저 솔로몬은 여인의 입술을 주목한다. 그녀의 두 입술에서 달콤한 사랑을 자극하는 꿀이 뚝뚝 떨어진다. 두 입술에서 꿀 방울이 흐른다는 것은 문자적인 의미로 본다면 그녀가 꿀을 많이 먹었음을 암시한다. 성경에서 꿀은 말씀의 달콤함을 설명하는 수단으로 동원된다. 하나님의 말씀은 꿀보다 더 달콤하여 말씀의 당도를 설명할 도구가 없다는 문맥에서 꿀이 언급된다(시 19:10). 교회의 입술에서 꿀 방울이 뚝뚝 떨어지기 위해서는 하나님의 말씀을 많이 섭취해야 한다. 입만 열면 저주와 욕설이 아니라 말씀의 꿀이 떨어지는 교회가 되도록 말씀을 즐거움의 대상으로 여기며 주야로 읽고 묵상해야 한다.

그렇게 하여 꿀이 입혀진 입술을 교회가 가지면 주님은 교회의 사랑에 탄성을 지르신다. 그러나 교회가 입을 열 때마다 악취를 풍기고 독소를 뿜는다면 주님의 마음은 어떠실까? 세상은 어떠할까? 교회는 달콤한 말씀의 꿀을 온 세상에 제공해야 한다. 그것이 하나님과 이웃에 대한 교회의 사랑이다.

솔로몬은 여인의 "혀 밑"에 꿀과 젖이 있다고 노래한다. 입술이 말과 관련되어 있다면 "혀 밑"은 인격과 관련되어 있다. 꿀과 젖이 인격에 스며든 여인은 심히 아름답다. 혀 밑에 젖과 꿀이 가득한 여인의 사랑에 솔로몬은 감격한다. 여기에서 "꿀과 젖"(דְּבַשׁ וְחָלָב)은 "젖과 꿀이 흐르는 땅" 가나안을 가리킬 때에도 사용된 표현이다. 즉 교회와 연결되어 있다. 교회의 혀 밑에는 젖과 꿀이 가득한가? 입술에만 발라져 있지 않고 젖과 꿀이 내면의 인격에 가득 채워져서 혀 밑까지 차오른 상태의 교회를 보신다면 주님께서 감격하실 것이 분명하다. 젖과 꿀이 흐르는 땅을 우리에게 주신다는 것은 주님의 약속이다. 주님은 우리에게 주셨는데 우리는 과연 그 땅을 받고 누리는가? 말씀의 젖과 꿀이 교회의 혀 밑까지 가득할 때에 교회는 비로소 "진리의 기둥과 터"(딤전 3:15)라는 정체성을 확립한다. 지금 교회의 상태는 어떠한가? 말씀과 성령으로 가득한가?

솔로몬은 여인의 의복에서 향기를 맡고 레바논의 향기라고 칭송한다. 결혼 첫 날의 상황에서 두 사람은 옷을 입지 않았을 가능성이 높다. 그런데도 "의복의 향기"(רֵיחַ שַׂלְמֹתַיִךְ)를 언급하는 것은 여인이 솔로몬을 옷으로 입은 상태임을 암시한다. 여인이 고백한 것처럼 솔로몬의 향기는 모든 향료보다 뛰어나다. 레바논이 향료의 등본을 내밀어도 비교할 수 없을 정도로 향기로운 솔로몬을 옷으로 입는다면 솔로몬과 동일하게 모든 향료보다 향기롭게 된다. 교회도 그리스도 예수를 옷으로 입을 때에 가장 향기롭다. "의복의 향기"는 주로 행실을 가리킨다. 교회가 행하는 모든 일들에서 그리스도 예수의 향기가 진동해야 한다. 이를 위해서는 주님처럼 진리를 가르치고 복음을 선포하고 환자를 고치고 빈자를 구제해야 한다. 솔로몬은 여인의 말과 인격과 행실을 보고 마음을 빼앗기고 사랑의 감격에 휩싸였다. 교회도 꿀이 뚝뚝 떨어지는 말과 꿀과 젖이 가득히 고인 인격과 성령의 열매가 주렁주렁 매달린 향기로운 행실로 주님의 마음을 사로잡고 사랑의 자극을 일으켜야 한다. 너무나도 사랑스런 모습을 보고 주님께서 즐거움을 이기지 못하시며 달려와 입을 맞추고 몸을 안으시게 되도록 교회의 전부를 구석구석 성찰해야 한다.

[12]그대는 잠근 동산이오 나의 누이 나의 신부여
그대는 덮인 물웅덩이, 봉해진 샘입니다

솔로몬은 여인을 잠근 동산과 덮인 물웅덩이, 그리고 봉해진 샘으로 비유한다. 이 비유는 여인이 솔로몬의 누이와 신부라는 관점에서 이해될 것을 요구한다. "잠근 동산"은 왕을 위하여만 존재하는 비밀한 정원을 가리킨다. 술람미 여인은 왕에게 비원이다. 이곳은 잠겨 있어서 타인의 출입이 금지된 공간이다. 이렇게 은밀하기 때문에 여인의 사랑은 아름답다. 그곳에서 오직 솔로몬만 즐거움과 쉼과 안식을 섭취한다. "덮인 물웅덩이, 봉해진 샘"은 갈증을 해소하고 모든 욕구를 만족시켜 주는 근원이다. 솔로몬의 모든 갈증과 욕구는 이 여인을 통해서 해소된다. 인생의 만족이 여인에게 있다. 여인을 설명하는 이 동산과 우물과 샘은 아무도 출입하지 못하고 아무도 확인할 수 없도록 잠겨 있고 덮여 있고 봉해져 있는 여인의 비밀 혹은 마음과 신체의 처녀성을 가리킨다. 솔로몬은 이 여인의 신랑이 되어 그녀의 가장 은밀한 곳까지 알고 출입할 자격을 가진 유일한 사람이다. 그러나 솔로몬은 여인의 허락 없이 출입하는 것을 절제한다. 결혼한 사이라 할지라도 솔로몬과 여인은 서로의 인격과 자발적인 마음을 존중한다. 신랑이 신부에게, 신부가 신랑에게 갑질을 삼가고 동등한 관계를 유지한다.

술람미 여인처럼 교회도 오직 그리스도 예수의 정원과 우물과 샘이어야한다. 교회는 머리 둘 곳이 없는 이 세상에서 유일하게 머무실 주님의 비원이다. 주님만이 교회의 가장 은밀한 것을 알고 가장 은밀한 곳을 출입한다. 교회는 하나님의 백성이며 오직 그분만이 자기 백성을 아신다고 한다(딤후 2:19). 은밀한 골방에 들어가 은밀한 중에 은밀한 것을 행하여도 하나님은 다 아신다고 한다(마 6:6). 다른 누구도 알아주지 않는 나의 깊은 마음을 유일하게 아는 "증인"도 하나님 자신이다(롬 1:9, 빌 1:8). 하나님은 또한 누구도 알지 못하는 "크고 비밀한 일"을 우리에게 알려 주실 유일한 분이시다(렘 33:3). 그리고 교회의 가장 은밀한 보좌의 주인은 주님이다. 교회의 보좌에는 오직 주님만 출입한다. 다른 누군가가 출입하면 교회는 위태롭게 된다.

히스기야 왕의 이야기가 이 사실을 잘 보여준다. 그에게 바벨론 왕의 사절단이 문안을 왔을 때 그는 자신의 모든 은밀한 곳을 출입하게 했다. "그들에게 보물 창고 곧 은금과 향료와 보배로운 기름과 모든 무기고에 있는 것을 다 보여 주었으니…궁중의 소유와 전 국내의 소유를 보이지 아니한 것이 없는지라"(사 39:2). 과연 히스기야 왕의 미래는 어떻게 되었을까? 왕의 집에 있는 모든 소유와 그의 조상들이 쌓아둔 모든 것들이 바벨론에 옮겨져 하나도 남지 않게 되었다고 성경은 기록한다(사 39:6, 왕하 24:13). 이는 교회가 세상에 자신의 은밀한 것들을 자랑하고 노출할 때 발생하는 비극이다. 자신의 아름답고 은밀하고 고귀한 내면에 다른 누군가의 출입을 허용하는 것은 결코 지혜롭지 않다. "나 외에는 다른 신들을 네게 두지 말라"라는 주님의 말씀에 순종해야 한다. 교회는 또한 주님의 갈증과 욕구를 해소하는 이 세상의 유일한 기관이다. 주님의 갈증과 욕구는 무엇인가? "나는 인애를 원하고 제사를 원하지 아니하며 번제보다 하나님을 아는 것을 원하노라"(호 6:6). 교회에 사랑이 가득하고 하나님을 아는 지식이 가득할 때 하나님의 마음을 흡족하게 한다.

¹³그대가 산출한 것들은 숲입니다 [그곳에는] 고귀한 열매들을 가진 석류나무, 나도향을 가진 고벨화 ¹⁴나도와 번홍화, 모든 향기를 가진 창포와 계피, 모든 귀한 향품을 가진 몰약과 침향이 있습니다

솔로몬은 여인이 산출하는 것들을 아름다운 숲이라고 한다. 그 숲에는 다양한 나무들과 향기들이 가득하다. 석류의 풍성한 열매와 고벨화의 나도향, 모든 향기를 가진 나도와 번화홍과 창포와 계피, 모든 향품의 최고급 원료로 사용되는 몰약과 침향이 가득하다. 술람미 여인은 솔로몬 왕에게 즐거움의 열매와 감동의 향기가 가득한 정원이다. 추한 모습과 역한 악취가 하나 없는 열매와 향기의 천국이다. 솔로몬은 전도서에 기록된 것처럼 자신을 위해 정원들과 과수원들, 그 안에 모든 종류의 과목들을 심었으며 포도원도 꾸미고 물을 공급하기 위해 연못들도 만들었다(전 2:4-6). 그는 "천하의 인생들이 그들의 인생을 살아가는 동안 어떤 것이 선한 일인지를 알아볼 때까지" 이런 활동을 멈추지 않았다고 한다(전 2:3). 그런 솔로몬이 드디어 인생에 최고의 만족과 기쁨과 행복을 주는 여인을 만나 결혼했다. 그녀 안에는 이 세상에 있는 모든 열매들과 향기들이 명함도 내밀지 못할 정도의 최고급 열매와 향기가 가득하다. 여기에 주님과 교회의 모습이 보이는가?

하나님은 6일 동안 지구라는 아름다운 정원을 만드셨다. 모든 종류의 열매와 향기를 산출하는 식물들과 움직이는 예술품인 동물들과 테두리가 없는 작품인 높고 광활한 하늘과 깊고 넓은 바다와 늘 마음을 설레게 하는 계절의 평화로운 순환을 만드셨다. 그러나 이 모든 것들이 비록 보시기에 좋았으나 하나님께 진정한 만족을 주지는 못하였다. 그런데 인간을 만드셨다. 지금까지 만들어진 모든 창조의 내용들은 만족의 예고편에 불과했다. 인간을 창조하신 이후에 하나님은 보시기에 심히 좋으셨다. 보시기에 그렇게도 좋았던 인간이 타락했다. 최고의 기쁨은 최고의 슬픔으로 돌변했다.

이에 주님은 에덴동산 이상으로 좋은 새로운 동산을 만드셨다. 그것은 교회였다. 어느 시인은 "나는 하나님의 집에 있는 푸른 감람나무 같음"(시 52:8)이라 했다. 다른 시인은 의인이 하나님의 뜰에 심겨진 "종려나무 같이 번성하며 레바논의 백향목 같이 성장"할 것이라고 기록한다(시 92:12-13). 이 와 유사하게 호세아는 이스라엘 백성을 "백합화 같이 피겠고 레바논 백향 목 같이 뿌리가 박힐 것이라"고 기록한다(호 14:5). "그들은 곡식 같이 풍성 할 것이며 포도나무 같이 꽃이 필 것이며 그 향기는 레바논의 포도주 같이 되리라"(호 14:7). 하나님의 백성은 주님께 최고의 정원이다. 주님의 "모든 즐거움"이 교회에 있고(시 16:3), 교회로 말미암아 주님은 "즐거움을 이기지 못"하신다(습 3:17). 교회는 가장 풍성하고 가장 향기롭고 가장 아름다운 정 원이다. 세상의 모든 열매와 향기가 고개를 숙일 정도의 최상급 열매가 풍 성하고 최고급 향기가 진동한다. 여기에서 열매는 성령의 열매이고 향기는 그리스도 예수의 향기이다.

15그대는 정원들의 샘이며 신선한 물의 우물이며
레바논에서부터 흐르는 시내와 같습니다

솔로몬은 여인을 다양한 열매와 향기가 가득한 정원인 동시에 풍성한 열 매를 맺고 감미로운 향기를 풍기는 "정원들의 샘"(מַעְיַן גַּנִּים)이라고 한다. 단순한 정원이 아니라 다른 정원들의 출현을 가능하게 하는 정원이다. 정 원들이 필요로 하는 깨끗한 물을 산출하고 공급하는 우물이다. 나아가 주 변의 메마른 땅을 살아나게 흐르는 활동적인 시내와 같은 사람이다. 근원 적인 샘과 정적인 우물과 동적인 시내의 이미지를 가진 여인의 모습은 솔 로몬의 눈에 너무도 아름답다.

교회도 풍성한 열매와 달콤한 향기가 가득하다. 그러나 자기만 그러하지 않고 주변에 있는 사람들을 그런 열매와 향기가 가득한 정원으로 만드는 샘이어야 한다. 이러한 교회의 정체성은 믿음의 조상을 부르실 때에 주님께서 친히 정하셨다. 믿음의 조상 아브라함, 그에게는 하나님의 복이 주어졌다. 그리고 "땅의 모든 족속이 너로 말미암아 복을 얻을 것이라"(창 12:3)고 했다. 우리는 복의 수혜자인 동시에 복의 전달자다. 예수님의 기도도 동일하다. "내가 비옵는 것은 이 사람들만 위함이 아니요 또 그들의 말로 말미암아 나를 믿는 사람들도 위함이니"(요 17:20). 하늘의 복은 제자들만 위함이 아니라 그들의 선포와 공유로 말미암아 믿게 될 모든 사람들을 위함이다. 주님의 기도처럼 우리는 우리를 위해서 살지 않고 타인을 위해서 살아가야 한다. 여기에서 타인은 하나님과 이웃이다. 이웃은 온 천하의 모든 족속이다. 그래서 교회의 삶은 예루살렘, 온 유다, 사마리아, 그리고 땅끝까지 이르러 복을 전달하는 증인의 인생이다. 교회의 사랑이 너무나도 아름다운 마지막 이유는 바로 교회가 온 세상의 증인이기 때문이다. 교회는 무엇을 말하든 무엇을 행하든 무엇을 계획하든 온 세상을 고려하는 정원들의 정원이다. 온 세상의 행복과 기쁨과 만족을 존중해야 한다. 이것이 주님과 이웃을 향한 교회의 사랑이다. 교회의 공공성을 망각한 교회는 이기적인 종교 집단이다.

5장 고난 때문에 사랑은 더 깊어진다

말씀에
반하다
02

¹⁶북풍아 일어나라 남풍아 오라 나의 동산에 불어서 향기를 날리라 나의 사랑하는 자가 그 동산에 들어가서 그 아름다운 열매 먹기를 원하노라 ¹내 누이, 내 신부야 내가 내 동산에 들어와서 나의 몰약과 향 재료를 거두고 나의 꿀송이와 꿀을 먹고 내 포도주와 내 우유를 마셨으니 나의 친구들아 먹으라 나의 사랑하는 사람들아 많이 마시라 ²내가 잘지라도 마음은 깨었는데 나의 사랑하는 자의 소리가 들리는구나 문을 두드려 이르기를 나의 누이, 나의 사랑, 나의 비둘기, 나의 완전한 자야 문을 열어 다오 내 머리에는 이슬이, 내 머리털에는 밤이슬이 가득하였다 하는구나 ³내가 옷을 벗었으니 어찌 다시 입겠으며 내가 발을 씻었으니 어찌 다시 더럽히랴마는 ⁴내 사랑하는 자가 문틈으로 손을 들이밀매 내 마음이 움직여서 ⁵일어나 내 사랑하는 자를 위하여 문을 열 때 몰약이 내 손에서, 몰약의 즙이 내 손가락에서 문빗장에 떨어지는구나 ⁶내가 내 사랑하는 자를 위하여 문을 열었으나 그는 벌써 물러갔네 그가 말할 때에 내 혼이 나갔구나 내가 그를 찾아도 못 만났고 불러도 응답이 없었노라 ⁷성 안을 순찰하는 자들이 나를 만나매 나를 쳐서 상하게 하였고 성벽을 파수하는 자들이 나의 겉옷을 벗겨 가졌도다

❖ ❖ ❖

¹⁶(여) 북풍이여 깨어나라 남풍이여 들어오라 나의 동산에 불어서 향기가 흘러가게 하라 나의 사랑하는 자가 그의 동산에 들어와서 그 탐스러운 열매를 섭취하게 하라 ¹(남) 나는 내 동산에 들어가오 내 누이, 내 신부여 나는 나의 몰약과 나의 향품을 모읍니다 나의 꿀송이와 꿀을 먹고 나의 포도주와 나의 젖을 마십니다 벗들이여 먹으시오 사랑하는 이들이여 마시고 취하시오 ²(여) 나는 잠자리에 들었으나 나의 마음은 깨어 있는데 내 사랑의 소리가 [문을] 두드리며 [말합니다] (남) "나에게 열어 주오 나의 누이, 나의 여인, 나의 비둘기, 나의 완전한 자여, 내 머리는 이슬이 가득하고, 나의 앞머리는 부서진 밤의 방울들이 [가득하오]" ³(여) 내가 옷을 벗었으니 어찌 그것을 입겠으며 내가 두 발을 씻었으니 어찌 그것들을 더럽힐까! ⁴나의 사랑하는 자가 손을 문틈으로 내미니 이로 인하여 나의 폐부가 아우성을 지릅니다 ⁵내가 일어나서 나의 사랑하는 이를 위하여 [문을] 열었는데 나의 두 손에서는 몰약이 떨어지고, 내 손가락의 몰약은 자물쇠의 손잡이에 흐릅니다 ⁶내가 나의 사랑하는 자를 위하여 열었으나 그는 이미 돌이켜 떠나가고 없습니다 그가 떠나자 나의 정신도 나갑니다 내가 그를 좇았으나 찾지를 못하였고 나는 그를 불렀으나 그는 나에게 응답하지 않습니다 ⁷파수하는 자들이 성 안을 순찰하는 중에 나를 만납니다 그들은 나를 때리고 상처를 입힙니다 나의 겉옷을 벗겨 갔습니다, 나에게서, 성벽을 파수하는 사람들이!

10 사랑의 위기

16(여) 북풍이여 깨어나라 남풍이여 들어오라
나의 동산에 불어서 향기가 흘러가게 하라 나의 사랑하는 자가
그의 동산에 들어와서 그 탐스러운 열매를 섭취하게 하라

여인은 자신에 대한 솔로몬의 사랑을 확인한 후 반응한다. 그녀는 사랑을 준비하기 위해 북풍과 남풍을 소환한다. 깨어나서 들어오라 한다. 북풍과 남풍은 솔로몬을 향한 여인의 열정적인 사랑을 잘 표현한다. "북풍"(צָפוֹן)의 어원적인 뜻은 "감추어진 것" 혹은 "어두운 것"을 가리킨다. 북풍을 깨우는 이유는 무엇인가? 지금까지 자신이 발휘하지 않은 열정, 자신도 모르는 무의식의 에너지도 일깨워 사랑의 땔감으로 쓰려는 여인의 열망이 반영되어 있다. "남풍"의 어원적인 의미는 "오른쪽" 혹은 "오른손"을 가리킨다. 성경에서 이 단어는 하나님이 당신의 권능을 나타내고(시 118:16) 의인에게 하나님의 축복을 베푸시고(창 48:18) 원수를 멸하실 때에 사용된다(출 15:6, 12). 그리고 왼손은 부귀를 의미하고 오른손은 장수를 의미한다(잠 3:16). 여인이

남풍을 소환하는 이유는 두 사람의 사랑에 하늘의 축복이 임하기를 소원하고 솔로몬과 영원한 사랑을 나누고 싶은 소원 때문이다. 여인은 동산의 향기 즉 온 존재의 감미로운 에너지를 다 동원하여 솔로몬의 사랑을 극도로 자극하는 사랑, 그의 절대적인 사랑에 가장 적합한 자신의 사랑을 준비하고 싶어한다.

손뼉도 짝이 필요하다. 최고의 사랑은 최고의 사랑을 만났을 때에 결실한다. 한쪽으로 심히 기울어진 짝사랑은 아름답지 않다. 교회도 그러해야한다. 하나님은 우리에게 독생자의 생명도 아끼지 않고 내어 주실 정도로사랑을 베푸셨다. 교회도 주님께서 베푸신 최고의 사랑에 어울리는 최고의사랑을 준비해야 한다. 목숨과 마음과 뜻과 힘을 다하여 사랑해야 한다. 그렇지만 교회의 현실은 암울하다. 세속적인 복만 받으려고 하지 최고의 사랑을 주님께 드리려는 마음은 너무도 미약한 것이 교회의 싸늘한 현실이다. 하나님 자신보다 그의 재물에 탐욕의 침샘이 자극되고 그런 현상을 부추기는 교회의 모습이 심히 안타깝다.

여인은 자신을 일컬어 "나의 동산"(גַּנִּי)인 동시에 "그의 동산"(גַנּוֹ)이라한다. 학자들이 해석학적 혼돈을 느끼는 사안이다. 어떤 분은 여인의 말과솔로몬의 말이 섞여 편집된 소절로 이해한다. 그러나 이 구절은 여인의 독창이다. 여인이 자신을 자신과 솔로몬 모두의 동산으로 표현한 이유는 사랑의 속성 때문이다. 사랑하면 자신의 소유권 전부를 사랑하는 자에게 양도하게 된다. 자신의 몸에 대해서도 그러하다. 부부에 대한 바울의 교훈이다. "아내는 자기 몸을 주장하지 못하고 오직 그 남편이 하며 남편도 그와같이 자기 몸을 주장하지 못하고 오직 그 아내가 하나니"(고전 7:4). 주님과교회도 서로 사랑하기 때문에 각자 자신의 소유권을 서로에게 양도한다.주님께서 자신을 "지극히 큰 상급"으로 교회에게 주셨기에(창 15:1), 교회도자신을 주님께 드리는 것이 마땅하다. 교회가 주님께 드려진 주님의 것이라는 사실에 대해 바울은 "너희는 너희 자신의 것이 아니라 값으로 산 것이 되었으니"(고전 6:19-20) "사나 죽으나 우리가 주의 것"(롬 14:8)이라고 가르친다. 그런데도 내 생명을 내 것이라 하고, 내 인생을 내 것이라 하고, 내 배우자와 내 가족을 내 것이라 주장하는 사람들이 있다. 그들은 자신의 모든 것들에 대한 소유권을 자신이 가지는 것보다 주님이 가지시는 것이 더 안전하고 유익함을 이해하지 못한 자들이다.

여인이 북풍과 남풍을 동원하여 자신의 향기로운 매력으로 사랑의 코를 자극하는 이유는 무엇인가? 사랑하는 솔로몬이 자신의 동산으로 들어와 탐스러운 각종 열매를 먹도록 하기 위함이다. 자신에게 있는 사랑의 주특기를 다 발휘하여 사랑하는 님의 마음을 자극하고 그로 하여금 자신의 사랑을 마음껏 누리게 하는 것이 여인의 간절한 바램이다. 여기에는 사랑을 취하려는 태도보다 사랑을 주려는 여인의 모습이 아름답다. 교회도 그러해야 한다. 하나님은 교회에게 최고의 사랑을 베푸셨다. 이미 베푸신 사랑이 결코 부족하지 않다. 그런데도 교회는 여전히 더 많은 사랑을 달라고 하나님께 독촉한다. 욕망의 목록을 주님께 발송하고 신속한 실행을 촉구한다. 자신이 임의로 정한 기한을 넘기면 주님께 산더미 분량의 원망과 불평을 쏟아내고 심지어 그의 존재마저 부인한다. 그러나 하나님의 사랑에 대한 교회의 올바른 관심은 사랑을 더 달라는 것이 아니라 그 사랑에 부응하는 사랑을 어떻게 실천할 것이냐에 있다. 교회는 이 세상에서 하나님을 사랑할 실천의 방법을 매 순간 고민해야 한다.

주님께서 친히 가르치신 사랑의 방법은 이것이다. "내가 진실로 너희에게 이르노니 너희가 여기 내 형제 중에 지극히 작은 자 하나에게 한 것이 곧 내게 한 것이니라"(마 25:40). 지극히 작은 자는 누구인가? 배고픈 자, 목마른 자, 나그네, 헐벗은 자, 병든 자, 투옥된 자 등이 언급된다. 우리 각자에게 "지극히 작은 자"는 누구인가? 우리 각자에게 "지극히 작은 자"들을 먹이고 마시게 하고 영접하고 입히고 치료하고 찾아가 벗이 되어주는 것이 하나님을 사랑하는 방법이다. 지극히 작은 자를 섬길 때에 하나님에 대한 사랑의 향기는 북풍과 남풍을 동반하며 가장 멀리까지 흘러간다. 땅끝의 코끝이 벌렁거릴 정도로 감미로운 사랑의 향기를 풍길 때에 교회는 주께서 교회에게 주시는 최고의 사랑을 만끽하게 된다.

> 1(남) 나는 내 동산에 들어가오 내 누이, 내 신부여
> 나는 나의 몰약과 나의 향품을 모읍니다 나의 꿀송이와 꿀을 먹고
> 나의 포도주와 나의 젖을 마십니다, 벗들이여 먹으시오,
> 사랑하는 이들이여 마시고 취하시오

솔로몬은 여인이 풍기는 사랑의 향기에 감동하여 사랑을 실행한다. 그는 여인을 "내 동산"(יגַּנִּ)으로 표현한다. 그는 그녀에게 들어가 그녀의 존재가 풍기는 감미로운 향기를 맡으며 감격한다. 향기는 존재의 전령이다. 좋은 향기는 좋은 사람의 우체부다. 향기의 주특기는 심장을 깨우는 기대와 설렘의 유발이다. 솔로몬 왕에게 술람미 여인은 걸어 다니는 향기이며 발 달린 백합화다. 그녀를 통해 솔로몬은 높은 기대감 속에서 그녀의 꿀송이와 꿀을 먹고 포도주와 젖을 마시는 행복을 만끽한다. 여기에서 꿀송이와 꿀과 포도주와 젖은 인간에게 주어지는 극도의 만족과 기쁨을 나타내는 은유적인 낱말이다. 너무도 아름다운 그녀는 솔로몬의 눈과 코만이 아니라 입과 식도와 위장까지 그의 전부를 행복하게 만드는 여인이다. 사실 왕은 이미 최고의 것들을 통해 날마다 최고의 희락을 누리는 사람이다. 전도서에 의하면, 무엇이든 눈이 원하는 것을 금지하지 않았으며 무엇이든 마음이 원하는 것을 막지 않고 마음껏 즐긴 사람이다(전 2:10). 그런 왕에게 시골의 한 여인이 어떠한 만족을 줄 수 있겠는가! 이 대목이 나는 이상하고 신기하다.

　나는 솔로몬이 지금 여인의 육체적인 미를 탐하고 있지 않다고 생각한

다. 이사야가 기록한 것처럼 "모든 육체는 풀이요 그의 모든 아름다운 것은 들의 꽃과 같"기 때문이다(사 40:6). 예수님의 책망을 받은 서기관과 바리새인 경우에도 그들은 "회칠한 무덤 같으니 겉으로는 아름답게 보이나 그 안에는 죽은 사람의 뼈와 모든 더러운 것이 가득"했다(마 23:27). 그래서 나는 솔로몬의 노래를 들으며 교회를 생각한다. 교회는 가난하고 연약하고 무지하고 비천한 죄인들의 모임이다. 이와는 달리, 주님은 온 우주와 만물을 만드셨다. 너무도 아름답고 향기롭고 즐거운 것들의 주인이다. 모든 만물이 "그를 위하여" 존재한다(고전 8:6). 그리고 주님은 빛을 창조하신 미학의 저자, 소리를 만드신 음악의 신이시다. 진선미의 근원 되시는 그런 분에게 얼마나 올바르고 얼마나 선하고 얼마나 향기롭고 얼마나 아름다운 것이어야 감동과 기쁨과 행복을 드릴 수 있겠는가! 그런데도 주님은 교회를 아름답고 향기롭게 여기신다. 그렇게 여겨 주신다는 것이 기적이고 은총이다. 그런 은총으로 인해 우리 각자는 하나님을 기쁘시게 하는 존재이며 그 기쁨의 한 조각이다. 자신을 비관하지 말라. 무려 하나님께 행복을 드리는 존재이기 때문이다.

하나님을 기쁘시게 하는 교회의 향기와 아름다운 모습은 무엇인가? "죄가 있어 매를 맞고 참으면 무슨 칭찬이 있으리요 그러나 선을 행함으로 고난을 받고 참으면 이는 하나님 앞에 아름다운 것이니라"(벧전 2:20). 하나님이 아름답게 보시는 교회의 미는 선을 행하면서 고난을 당하되 그 고난을 참아내는 모습이다. 이 착하고 아름다운 고난은 그리스도 안에서 경건하게 살고자 하는 모든 사람들의 전형적인 모습이다. 이런 모습이 아름다운 이유는 주님 때문이다. 이사야는 예수에 대해 "연한 순 같고 마른 땅에서 나온 뿌리 같아서 고운 모양도 없고 풍채도 없은즉 우리가 보기에 흠모할 만한 아름다운 것이 없도다"(사 53:2)고 기록한다. 그는 고난을 받고 인내하며 죽기까지 순종했다. 그래서 예수는 하나님 앞에서 너무도 아름다운 이름, 모든 이름 위에 뛰어나게 된 이름이다(시 8:1, 빌 2:9). 오늘날 교회가 추구하는 미의 실체는 무엇인가? 화려한 건물과 막대한 헌금과 막강한 교세인가? 교회의 아름다운 모습은 그것들과 무관하다. 하나님 앞에서의 미는 오직 예수와의 닮음이다. 교회는 고난과 인내와 죽음의 순종으로 예수를 닮은 만큼 아름답다.

솔로몬은 벗들과 사랑하는 이들에게 명령한다. 먹고 마시고 취하라고! 취한다는 것은 먹고 마실 것들이 부족하지 않고 풍부함을 암시한다. 왕을 기쁘게 하면 그 기쁨이 풍성하여 그의 모든 백성이 행복하게 된다. 교회도 그러하다. 교회가 하나님께 향기가 되어 그를 기쁘시게 하면 교회는 온 세상을 풍성하게 하고 주변의 모든 사람들도 행복하게 한다. 기독교의 역사가 이를 증명한다. 이스라엘 백성이 하나님의 말씀에 순종할 때 주변의 모든 이웃 나라들도 행복했다. 교회가 하나님을 기쁘시게 해도 동일한 현상이 발생한다. 교회가 교회다울 때에 온 세상은 행복하고 평화롭게 된다. 바벨론 왕 느부갓네살의 꿈을 해몽하며 한 다니엘의 말에서 나는 온 세상을 향한 교회의 기능을 확인한다. "그 잎사귀는 아름답고 그 열매는 많아서 만민의 먹을 것이 될 만하고 들짐승이 그 그늘에 있으며 공중에 나는 새는 그 가지에 깃들이고 육체를 가진 모든 것이 거기에서 먹을 것을 얻더라"(단 4:12). 이는 이스라엘 백성이 멸망하고 바벨론이 그 백성의 기능을 대신하는 느부갓네살 시대에 교회가 상실한 참된 기능에 대한 설명이다. 교회는 자체의 울타리를 넘어 온 세상의 모든 만물을 사랑과 진리로 배부르고 취하게 만드는 꿀송이와 꿀이며 포도주와 젖이어야 한다. 그 사랑의 수혜자는 만민이 포함되고 심지어 잔인하고 난폭한 들짐승도 포함되어 있다. 교회를 공격하고 해롭게 할 수 있는 자들까지 사랑의 포도주에 흠뻑 취하게 만드는 곳이 교회이다. 나아가 교회는 만물의 신음과 탄식도 뚝 그치게 만드는 희망의 보루여야 한다(롬 8:21). 사람 앞에서가 아니라 하나님 앞에서의 아름다움, 교회의 교회다움 회복이 이런 희망을 수혈한다.

²(여) 나는 잠자리에 들었으나 나의 마음은 깨어 있는데
내 사랑의 소리가 [문을] 두드리며 [말합니다] (남) "나에게 열어 주오 나의 누이,
나의 여인, 나의 비둘기, 나의 완전한 자여, 내 머리는 이슬이 가득하고,
나의 앞머리는 부서진 밤의 방울들이 [가득하오]"

솔로몬과 술람미 여인의 사랑은 이제 다른 국면으로 접어든다. 여인은 잠자리에 든 상황이다. 그러나 마음은 깨어 있어서 의식은 유지하고 있다. 결혼을 하였지만 홀로 잠자리에 들었다는 것은 사랑의 관계에 적신호가 켜졌음을 암시한다. 여기에서 "잠자리에 든"(יְשֵׁנָה) 여인은 평안해 보이는데 솔로몬은 그녀의 곁에 있지 않은 상황이다. 잠은 죽음의 은유로도 사용된다(시 13:3, 마 9:24). 솔로몬과 여인 사이에 발생한 문제의 정확한 원인은 언급되지 않았으나 솔로몬이 밖에서 문을 두드리고 있다는 사실에서 나는 여인이 그에 대하여 마음의 문을 닫은 것이 문제라고 추정한다. 과연 여인에게 솔로몬의 쓸모는 국모가 되어 누리는 평안한 잠의 확보인가? 그 평안한 안식처가 확보되면 솔로몬을 문 밖으로 밀어내도 되나? 어려움이 생겨야 솔로몬의 존재감은 비로소 회복되는 건가? 여인은 잠자리에 들어 최고의 행복과 평안과 안락과 안정을 누리는데 정작 솔로몬은 그녀의 의식에서 지워진 상황이다. 이것이 가장 위태로운 사랑의 위기이다. 솔로몬이 여인에게 존재감의 눈금이 제로인 상황이기 때문이다. 인생에 심각한 문제가 발생하고 큰 슬픔과 아픔이 밀물처럼 밀려 들어오는 것이 아니라 사랑하는 님에 대한 무관심과 무의식과 무신경이 위기의 원흉이다. 이는 위기라는 현실도 감지하지 못하기에 전혀 대처할 수 없는 무방비의 상황이기 때문이다.

교회는 어떠한가? 왕 중의 왕이신 하나님을 신랑으로 둔 것이 행복하다. 이 세상의 어떠한 권세도, 심지어 음부의 권세도 건드리지 못하는 지상 최대의 평안을 확보했다. 그런데 교회에 아무런 문제가 없고 필요한 모든 것들이 갖추어진 상태가 되면 하나님의 쓸모가 사라진다. 하나님이 과연 사

용의 대상인가? 하나님은 위급할 때에만 필요한 분이신가? 하나님을 심부름센터, 문제 처리반 정도로 여기는 사람들이 많다. 신랑과 신부의 관계, 주님과 교회의 관계는 문제의 해결이 아니라 사랑의 여부에 전적으로 의존한다. 사랑의 띠가 끊어지면 관계도 끊어진다. 이 관계는 주님께서 교회의 문제를 해결해 주셔서 유지되는 관계가 아니라 문제를 해결해 주지 않으신다 할지라도 여전히 끊어지지 않는 사랑의 관계이다. 기독교 신앙의 핵심은 날마다 문제를 하나씩 해결하는 것이 아니라 주님과의 사랑에서 날마다 한 뼘씩 성장함에 있다. 관계의 거주지는 사랑이다. 사랑이 없어지면 관계가 머리 둘 곳도 사라진다.

솔로몬은 문을 두드리며 여인에게 문을 열어 달라고 간절히 부탁한다. 부탁을 하며 여인과 맺은 모든 관계의 끈을 모두 동원한다. 즉 여인을 "나의 누이, 나의 여인, 나의 비둘기, 나의 완전한 자"로 호명한다. 이 호칭들은 솔로몬이 여인에게 줄 수 있는 최고의 선물이다. 이는 관계가 존재의 어떤 대용물이 아니라 존재 자체를 선물하는 방식이기 때문이다. 솔로몬이 사용한 여인의 호칭들은 솔로몬의 어떤 소유물을 선물하는 것이 아니라 자기 자신을 선물로 주었음을 의미한다. "나의 비둘기"(יוֹנָתִי)는 솔로몬의 전부를 황홀하게 만드는 존재를 의미하고, "나의 완전한 자"(תַמָּתִי)는 여인 자신이 솔로몬의 전부라는 의미이다. "비둘기"는 눈빛이 포도주의 색상과 같아서 와인처럼 누군가를 완전히 취하게 만드는 일편단심 사랑의 대상을 의미하고, "완전한 자"는 어떠한 흠도 없이 모든 기쁨과 만족과 행복을 제공하는 존재를 의미하기 때문이다. 그러므로 솔로몬이 사용한 호칭들은 남자가 사랑하는 여인에게 건넬 수 있는 최고의 표현이다.

교회는 하나님께 어떤 존재인가? 하나님은 교회에 대하여 거대한 우주에서 무수히 많은 피조물 중에 "오직(רַק) 너희만 알았다"고 말씀한다(암 3:2). "안다"(יָדַע)는 말은 부부가 성적인 관계의 경험을 통하여 서로를 아는 수준의 사랑을 암시한다. 즉 아모스의 기록은 교회가 하나님께 유일한 신부라는 사실을 강조한다. 이는 하나님을 배신하고 우상을 숭배하는 자기 백성을 향해 '나는 오직 너희만 알았다'고 사랑의 문을 두드리는 신랑의 모습에서 확인된다. 교회가 뭐라고 이러실까! 교회 자체를 보면 초라하고 연약하다. 그러나 하나님 앞에서는 가장 아름답고 가장 향기롭고 가장 사랑스런 여인이다. 하나님께 다른 모든 피조물은 안중에도 없을 정도로 그의 사랑을 독점한다. 이러한 사랑 때문에 "너는 나 외에는 다른 신들을 네게 두지 말라"(출 20:3)는 역설적인 사랑의 계명이 십계명 중에 1순위를 차지한다. 여기에서 "신들"은 영적인 존재만이 아니라 인간이나 사물도 포함한다. 이런 이해는 아버지 하나님 이외에는 그 누구도 마음에 두지 않으신 예수님의 말씀에서 확인된다. "아버지나 어머니를 나보다 더 사랑하는 자는 내게 합당하지 아니하고 아들이나 딸을 나보다 더 사랑하는 자도 내게 합당하지 아니하며"(마 10:37). 부모와 자식은 우리가 가장 사랑하는 대상을 일컫는다. 1계명을 지키는 일은 지극히 사랑하는 사람이 있고 그런 사람이 많을수록 더 어려운 일이라는 사실을 여기에서 확인한다. 그래서 예수님은 하나님을 다른 누구보다 더 사랑하는 자에게는 "원수가 자기 집안 식구"라고 했다(마 10:36). 이는 내가 가장 사랑하는 사람이 하나님을 사랑할 때에 가장 큰 걸림돌이 됨을 의미한다. 가정에서 각 구성원은 가족이 다른 누구보다 자신을 가장 사랑해야 한다고 생각하고 심지어 하나님도 후순위로 밀어내야 한다고 생각한다. 이런 생각은 남편과 아내의 사랑, 부모와 자식의 사랑이 클수록 더 강해진다. 사실 누군가를 사랑하는 것은 아름답다. 그러나 하나님 사랑에 의한 조정이 필요하다. 예수를 믿는 사람들은 하나님을 다른 누구보다 더 사랑해야 한다. 그러면 이웃을 내 몸처럼 사랑하게 된다. 하나님 때문에 하나님을 위하여 이웃을 사랑하는 것이 참된 사랑의 정석이다. 하나님이 배제된 가족 사랑은 제 식구만 챙기는 이기적인 사랑이고 사랑하는 자를 사랑하는 무익한 사랑이다(마 5:46). 사랑의 테두리를 넓혀 원수까지 사랑해야 한다. 하나님을 사랑하면 원수까지 사랑하게 된다.

호칭으로 표현된 솔로몬의 절절한 사랑, 그러나 지금 그의 머리는 이슬로 흥건하고 그의 앞머리는 밤이슬이 부서진 자잘한 물방울로 축축하다. 머리가 이슬에 젖었다는 것은 밤새도록 오랫동안 밖에 머물러 있었음을 의미하고, 밤이슬로 앞머리가 젖었다는 것은 야밤의 이슬이 이마를 때려도 여인을 향해 달려와 속히 관계의 회복을 이루려는 솔로몬의 간절한 소원을 잘 드러낸다. 그런데도 여인은 그에게 문을 열어주지 않고 잠자리를 선택한다. 이해하기 힘든 상황이다. 사랑이 깨어지면 누가 손해인가? 솔로몬이 캄캄한 밤 밖에서 이슬에 젖고 있는데 여인이 한가하게 잠자리에 들 상황인가? 여인의 모든 영광과 행복이 순식간에 사라질 수 있는 위기의 순간이다. 그런데 여인의 신경은 둔하고 지각은 나른하다. 이별이 두려운 사람은 여인인데 왕이 밖에서 비까지 맞으며 여인의 문을 두드린다. 깨어 있음에도 불구하고 사랑하는 님에게 의식의 한 조각도 할애하지 않는 여인은 잠자리의 안락함에 만취되어 있다.

교회는 어떠한가? 적잖은 교회가 웅장한 건물을 짓고 사람들의 부러움도 받으며 마치 모든 것을 다 가져서 하나님도 필요하지 않은 사람처럼 나른한 잠자리에 누워 스스로 도취되어 있다. 대단히 위태로운 상황이다. 그런데 정작 교회는 이런 상황의 위중함도 모르고 그저 시대의 안락함에 만취되어 있다. 이런 상황에서 주님은 밖에서 교회의 문을 두드린다. 아주 오랫동안 밤새 두드려도 교회의 반응은 미미하다. 그래서 더 강하게 이마에 땀방울이 핏방울이 되도록 지독한 사랑으로 문을 두드린다. 두드리는 문에 사랑의 피가 붉게 물들었다. 그런데도 교회의 의식은 마비되어 있다.

3(여) 내가 옷을 벗었으니 어찌 그것을 입겠으며 내가 두 발을 씻었으니
어찌 그것들을 더럽힐까!

문 밖에서는 님이 밤이슬에 축축하게 젖었는데 사랑의 노크를 들은 여인의 반응은 싸늘하다. 옷을 벗었고 발을 씻었기 때문에 문을 열고 나가려면 옷도 입어야 하고 발의 지저분한 상태도 감수해야 한다. 그래서 문 여는 것이 불편하다. 망설인다. 이 사소한 불편이 회복의 발목을 붙잡았다. 여인은 자신의 문을 두드리는 사람이 사랑하는 님의 소리라는 사실을 인지하고 있다. 그런데도 자신의 전부를 내어준 님의 사랑보다 잠자리의 안락함이 그녀에겐 우선이다. 왕의 무한한 사랑을 몸의 일시적인 편안함과 거래하는 이 여인은 어리석다.

교회가 문을 두드리는 주님의 사랑을 주저하며 거부하는 이유는 무엇인가? 영적인 게으름 때문이다. 그래서 육신적인 것의 희생보다 영원한 사랑의 포기를 선택한다. 지극히 사소한 일 때문에 중차대한 인생의 문제를 소홀히 여기는 사람들이 많다. 지혜자는 그런 자들을 이렇게 묘사한다. "게으른 자는 자기의 손을 그릇에 넣고서도 입으로 올리기를 괴로워 하느니라"(잠 19:24). 이는 문만 열면 되는데 그것이 귀찮아서 주님을 안으로 모시지 않는 교회의 어리석은 처신을 지적한다. 단순히 귀찮음 때문이 아니라 그 배후에 하나님이 아닌 다른 무언가에 대한 사랑 때문이다. 유대인 관원들 중에 예수를 믿는 사람들이 많았으나 주님께 문을 활짝 열지 않은 이유에 대해 요한은 이렇게 진단한다. "그들은 사람의 영광을 하나님의 영광보다 더 사랑하기 때문이라"(요 12:43). 술람미 여인이 문을 열지 않은 이유도 왕의 영광보다 편안한 침대라는 물질의 영광을 더 사랑했기 때문이다. 하나님의 영광보다 다른 무언가를 더 사랑하는 어떠한 교회도 그분에게 문 열기를 거부하게 된다. 육신적인 사랑 때문에 교회는 하나님의 노크도 외면한다. 혹시 주께서 흘리신 수고의 땀과 희생의 피가 교회의 이마에 묻을까봐 문 열기를 망설인다. 교회는 이제 주님 없이도 얼마든지 유지될 것이라고 생각한다. 교인들이 많고 그들의 주머니에 헌금만 두둑하면 된다고 생각한다. 문을 열면 땀과 피로 축축한 주님을 따라 "세상의 미련한 것들…세상의

약한 것들…세상의 천한 것들과 멸시 받는 것들과 없는 것들"(고전 1:27-28)
이 묻어서 들어올 것 같아서 주님도 밖에 세워둔다. 이는 주님을 떠나면 아
무것도 할 수 없다는 교회의 본질적인 실상을 망각한 채 세상의 안락함에
빠진 교회의 미련한 모습이다.

4나의 사랑하는 자가 손을 문틈으로 내미니
이로 인하여 나의 폐부가 아우성을 지릅니다

여인은 문을 열지 않았으나 솔로몬은 문틈으로 자신의 손을 내밀었다. 이
는 여인을 몽롱한 잠에서 일깨우기 위함이다. 이는 여인이 자신의 위태로
운 상황도 인지하지 못하고 위험한 수면에서 스스로 깨어나지 못하기 때
문이다. 사랑은 이렇게 위기의 상황에서 존재감을 드러낸다. 여인의 이기
적인 반응에 감정이 상했거나 분노가 생겼다면 관계를 정리했을 가능성이
높다. 그러나 솔로몬은 여인을 진실로 사랑한다. 여인의 반응 자체보다 그
반응의 원인을 주목했다. 그 원인을 제거하는 것의 중요성을 인지했다. 그
래서 외면을 받았으나 여전히 사랑의 손을 내밀었다. 이러한 님의 손길에
여인의 폐부는 아우성을 쳤다. 아마도 자신의 어리석은 이기심과 관계의
심각한 위기를 깨닫고 그럼에도 불구하고 사랑을 접지 않고 회복의 손까
지 먼저 뻗은 님의 속 깊은 사랑으로 드디어 깨어나 그 사랑의 관계를 회
복해야 한다는 여인의 긴박감이 음성으로 번역된 것이리라.

교회도 배가 부르고 편안하면 주님의 존재도 망각한다. 그래서 주님은
의식의 문 밖에서 밤새도록 이슬을 맞으신다. 편안이 지속되면 관계의 깨
어진 상태도 지속된다. 안락의 마법에 걸린 교회에게 먼저 말을 거는 분은
주님이다. 주님은 선지자와 사도를 보내서서 교회의 심각한 문제, 교회 자
체가 의식도 하지 못하는 문제의 본질을 알리신다. 문을 강제로 열지는 않

으시고 그 구멍으로 사랑의 손길을 내미신다. 사태의 심각성을 파악할 수 있도록 교회에 보내는 경고의 알림이다. 교회의 가장 심각한 문제는 평안의 유무가 아니라 주님의 유무이다. 주변적인 평안이 홍수를 이루어도 주님과 동행하지 않으면 참된 평안이 없다는 사실을 깨달아야 한다. 그런데도 교회의 지도자들 모두가 평안을 노래한다. "그들이 내 백성의 상처를 가볍게 여기면서 말하기를 평강하다 평강하다 하나 평강이 없도다"(렘 6:14). 예수의 제자들이 풍랑을 만났을 때에 예수와 베드로는 풍랑 가운데에 있고 다른 제자들은 배에 머물렀다. 여기에서 평안의 거처는 어디인가? 배 안이 아니라 예수와의 동행이다. 온 천하의 혼돈과 무질서와 준동과 소요를 잠잠케 하시는 분과의 동행이 참된 평안이다. 차별 금지법의 입법으로 한반도가 시끄럽다. 이 사태에서 교회가 주목해야 할 부분은 어디인가? 주님과의 관계를 성찰해야 한다. 입법의 예고 자체가 차별이 심각한 교회를 꾸짖듯이 교회의 문 밖에서 노크하고 계신 주님의 모습을 읽어내야 한다. 교회에 귀가 있다면 문 두드리는 주님의 소리에 반응해야 한다. 교회의 폐부가 아우성을 지르며 벼랑 끝에 선 사랑의 위기를 인지하고 회복해야 한다.

5내가 일어나서 나의 사랑하는 이를 위하여 [문을] 열었는데
나의 두 손에서는 몰약이 떨어지고,
내 손가락의 몰약은 자물쇠의 손잡이에 흐릅니다

잠에서 깨어난 여인은 일어났다. 사랑하는 님을 위하여 문의 자물쇠를 연다. 그녀의 손에는 몰약이 떨어지고 손가락 사이에도 몰약이 묻었는데 이는 자물쇠의 손잡이를 흥건하게 적실 정도로 몰약이 많았기 때문이다. 이 몰약의 주체는 누구인가? 솔로몬 왕인가 아니면 여인인가? 내 생각에 그 몰약은 솔로몬의 손에서 나온 사랑의 흔적이다. 여인의 외면을 당했지만

사랑의 위기를 벗어날 수 있도록 여인을 위해 남긴 해법의 지문이다. "자물쇠"(מַנְעוּל)는 여인의 문이 그냥 닫혀 있었던 것이 아니라 잠겨 있었음을 암시한다. 자물쇠의 존재는 여인의 문이 닫혀져 있었던 것은 의도적인 것임을 고발하는 명백한 물증이다. 그런 자물쇠에 솔로몬은 몰약을 묻혀서 여인으로 하여금 문제의 핵심을 이해하게 한다. 그리고 여인이 스스로 자물쇠를 열어야 해결되는 문제임을 가르친다. 솔로몬이 남긴 것은 이처럼 너무도 자상한 몰약이다.

교회도 주님을 문 밖에 세워두는 우매함을 저지른다. 그때마다 주님은 사랑의 관계를 끊지 않으시고 회복의 단초를 남기신다. 그 단초는 인자와 긍휼이다. 주님은 진노 중에라도 그 긍휼을 잊지 않으신다(합 3:2). 교회가 그리스도 예수의 사랑에서 완전히 끊어지지 않고 결코 진멸되지 않는 이유는 선지자가 밝힌 것처럼 하나님의 무궁한 긍휼 때문이다(애 3:22). 사실 교회는 쉽게 넘어진다. 그 넘어짐이 수시로 반복된다. 그럼에도 불구하고 완전히 넘어지지 않는 이유는 주께서 긍휼의 손으로 매번 붙드시기 때문이다(시 37:24).

6내가 나의 사랑하는 자를 위하여 열었으나
그는 이미 돌이켜 떠나가고 없습니다 그가 떠나자 나의 정신도 나갑니다
내가 그를 좇았으나 찾지를 못하였고
나는 그를 불렀으나 그는 나에게 응답하지 않습니다

여인은 사랑하는 님을 위하여 잠긴 문을 열었으나 결과는 비참했다. 사랑하는 솔로몬은 이미 돌이켜 떠나가고 없다. 그가 떠나가니 그녀의 정신(נֶפֶשׁ)도 떠나간다. 그녀는 솔로몬의 떠남이 타인과의 이별이 아니라 자기 존재의 중심이 떠나는 것임을 깨달았다. 사랑하면 사랑하는 상대방이 존재

의 중심을 차지하고 나 자신보다 상대방이 내 존재의 보다 큰 지분을 소유
한다. 그런 사람이 떠나가면 정신이 나간 인생, 존재에 구멍이 나고 심장이
뻥 뚫린 인생을 살아가게 된다. 그러므로 사랑의 대상을 선택할 때에는 극
도로 신중해야 한다. 내 존재의 중심과 대체할 수 있는 사람, 존재의 막대
한 지분을 주어도 괜찮을 사람을 선택해야 한다. 솔로몬은 여인에게 그런
사람이다. 그런데 여인은 잠시 이 사실을 망각했다. 지금은 솔로몬 자신보
다 그와의 결혼을 통해 주어지는 혜택들이 더 달콤했다. 그 달콤함에 취하
여 솔로몬에 대한 의식과 관심도 사라졌다. 그의 존재에 대한 감각과 신경
도 무뎌졌다. 사랑에 세월이 쌓이고 굳은살이 박히면 나타나는 전형적인
현상이다. 교회도 이런 현상을 주의해야 한다. 주님보다 주님의 은혜가 더
달콤하면 사랑에 위기가 왔음을 감지해야 한다.

　여인은 문을 열었으나 솔로몬은 이미 떠나갔다. 그래서 그녀는 그를 좇
았으나 찾지 못하였다. 불렀으나 아무런 응답이 없었다. 솔로몬을 문 밖으
로 밀어내고 문을 잠근 것은 큰 잘못이다. 그 잘못은 그냥 지나가지 않고
그것에 합당한 징계가 뒤따른다. 비록 자신의 전부를 준 사랑하는 여인이
라 할지라도 정의의 질서는 세워야 하기 때문이다. 하나님이 아들의 생명
까지 줄 정도로 사랑하는 교회라고 할지라도 죄를 저지르면 그에 상응하
는 형벌을 감수해야 한다. 예수는 제자들을 향해 아주 엄중한 기준을 제시
한다. "진실로 네게 이르노니 네가 한 푼이라도 남김이 없이 다 갚기 전에
는 결코 거기서 나오지 못하리라"(마 5:26). 교회가 하나님 앞에서 범죄하면
다양한 재앙들이 주어진다. 때로는 외부의 공권력을 통해, 때로는 내부의
분란을 통해, 때로는 무례하고 난폭한 자들의 위협을 통해, 때로는 자연의
재해들을 통해 엄격한 정의가 교회에 집행된다. 이것은 우리가 사람 앞에
서는 정죄를 당하지만 하나님 앞에서는 정죄를 당하지 않도록 하시려는 하
나님의 배려이다.

　우리는 하나님이 부르실 때에, 마음의 문을 두드리실 때에 속히 반응해

야 한다. 주님께서 부르시고 다가오신 것은 우리에게 축복이다. 우리에게 위기의 때임을 알리시고 든든한 피난처가 되어 주시기 위함이다. 그런데도 그의 부르심과 교훈을 무시하면 무시의 대가를 지불해야 한다. 다른 책에서 솔로몬은 주께서 불렀으나 듣기를 싫어하고 도움의 손을 뻗었으나 돌보려고 하지 않고 모든 교훈을 멸시하고 책망도 무시한 사람들의 이야기를 소개한다(잠 1:24-30). 그들은 결국 재앙을 만나고 그들에게 두려움이 광풍 같이 임하고 재앙이 폭풍 같이 이르러 근심과 슬픔의 강에 빠질 것이라고 한다. 그때 그들은 하나님께 부르짖고 도움을 구하지만 하나님은 대답하지 않으시고 만나지도 않으신다. 정의 때문이다. 이것은 그런 징벌적인 정의를 통한 사랑이다.

7파수하는 자들이 성 안을 순찰하는 중에 나를 만납니다
그들은 나를 때리고 상처를 입힙니다
나의 겉옷을 벗겨 갔습니다, 나에게서, 성벽을 파수하는 사람들이!

여인은 솔로몬을 찾아 헤매다가 성 안을 순찰하는 파수꾼과 마주친다. 이들은 예전에 여인이 솔로몬의 처소를 알려 달라고, 찾아 달라고 부탁한 관원이다. 그런데 이번에는 잘못된 만남이다. 그들은 여인을 구타하고 상처를 입혔으며 그녀의 겉옷까지 벗겨 가져갔다. 잠자리에 들 때 여인은 아무것도 입지 않았고 솔로몬의 노크를 듣고 뒤늦게 나올 때에 겉옷을 걸쳤는데 그것을 빼앗겼다. 지금 그녀는 캄캄한 밤에, 이슬이 축축한 밤공기 속에서 심각한 상처를 입은 벌거벗은 몸으로 질퍽한 길바닥 위에 내버려져 있다. 비참하다. 그러나 여인의 인생에 느닷없이 찾아온 비참함, 그것은 장차 화려함을 담고 저장하기 위해 준비되는 우물이다. 슬픔이 기쁨의 저장고인 것처럼, 절망이 희망의 그릇인 것처럼, 아픔이 희락의 길목인 것처럼!

여인을 핍박한 주체는 누구인가? 성벽을 파수하는 관원이다. 깡패나 양아치가 아니라 사회의 질서를 보존하고 시민의 안전을 지켜야 할 관원이다. 그들이 왕비인 술람미 여인을 괴롭혔다. 어떻게 이런 일이 가능한가? 여인은 당황하고 있다. 자신을 지켜야 할 사람이 자신을 괴롭히는 사회적 혼돈과 무질서가 발생했기 때문이다. 문제의 원인은 무엇인가? 이 문제의 해결책은 또한 무엇인가? 관원에게, 혹은 국가에게 있지 않고 솔로몬과 여인의 깨어진 관계가 문제의 근원이다. 왕의 출입을 거절한 여인은 왕의 관원들이 제공해야 할 왕비의 대접도 회수되는 고통을 지불해야 한다. 이러한 문제의 해결책은 당연히 자신을 괴롭힌 관원의 해고 혹은 제거가 아니라 솔로몬과 더불어 사랑의 관계를 회복함에 있다.

주님의 신부인 교회가 처한 상황도 비슷하다. 기독교의 역사를 보면 교회가 사회 혹은 국가의 주적으로 지목된 기간이 기독교 초기만 해도 250년을 육박한다. 313년에 기독교는 합법적인 종교로 간주되고 392년에는 로마의 국교로 승격된다. 사회적인 핍박이 사라졌고 평화와 안정이 주어졌다. 그러나 그 평화와 안정은 마치 여인의 안락한 잠자리와 같아서 교회로 하여금 하나님을 망각하게 만들었다. 이는 국가와의 원만한 관계 유지가 교회의 평안 유지의 열쇠였기 때문이다. 국가의 제도적인 핍박이 사라지자 교회는 주님을 문 밖으로 밀어내고 자물쇠를 걸어 주님께서 들어오지 못하시게 했다. 핍박과 안정이 역사 속에서 늘 교대했다. 지금 한국은 어떠한가? 국가가 합법적인 핍박을 가할 가능성이 있는 법의 입안 문제로 시끄럽다. 이에 교회는 모든 에너지를 동원하여 저지하려 한다. 국가의 입장은 차치하고 과연 교회의 처신은 합당한가?

여인을 괴롭힌 관원들은 솔로몬이 왕으로 있는 나라의 봉사자다. 그들은 솔로몬의 권위 아래에 있기 때문에 솔로몬이 친히 관원들의 문제를 해결할 수 있는 적격자다. 혹시 국가가 교회를 괴롭히는 합법적인 핍박이 발생하면 이 문제를 해결할 수 있는 적격자는 누구인가? 솔로몬이 상징하는 주님이다. 주님은 왕을 세우기도 하시고 폐하기도 하시며, 권세를 주기도 하시고 거두기도 하시며, 법을 만들기도 하시고 효력을 폐하기도 하시며 민족들의 사상과 전통도 무효케 하시는 분이시다. 주님은 하늘과 땅의 모든 권세를 가지고 온 우주와 만물을 주관하는 분이시다. 정의를 이루시고 원수를 갚으시고 행한 대로 갚으시는 정의의 주체는 주님이다. 주님이 국가의 문제를 해결해 주신다면 교회의 처신은 무엇인가? 교회는 주님과 더불어 사랑의 관계를 회복해야 한다. 교회가 받아야 할 핍박은 하나님의 정의를 위해 감당해야 한다. 사실 세상의 핍박보다 더 무서운 적은 나 자신이다. 나 자신의 나태와 이기적인 평안 추구와의 싸움이 무엇보다 우선이다. 세상의 핍박은 싸움의 대상이 아니라 우리의 경건이 확인되고 경건을 세상에 증명하는 수단에 불과하다. 교회는 교회다운 교회가 되도록, 주님의 신부다운 신부가 되도록 전심을 기울여야 한다. 관원의 핍박은 예수님의 시대를 떠올리게 한다. 관원의 핍박은 두려움의 대상이 아니라 교회를 예수의 시대로 초대하고 예수를 닮게 만드는 섭리의 수단이다.

아 5:8-16

⁸예루살렘 딸들아 너희에게 내가 부탁한다 너희가 내 사랑하는 자를 만나거든 내가 사랑하므로 병이 났다고 하려무나 ⁹여자들 가운데에 어여쁜 자야 너의 사랑하는 자가 남의 사랑하는 자보다 나은 것이 무엇인가 너의 사랑하는 자가 남의 사랑하는 자보다 나은 것이 무엇이기에 이같이 우리에게 부탁하는가 ¹⁰내 사랑하는 자는 희고도 붉어 많은 사람 가운데에 뛰어나구나 ¹¹머리는 순금 같고 머리털은 고불고불하고 까마귀 같이 검구나 ¹²눈은 시냇가의 비둘기 같은데 우유로 씻은 듯하고 아름답게도 박혔구나 ¹³뺨은 향기로운 꽃밭 같고 향기로운 풀언덕과도 같고 입술은 백합화 같고 몰약의 즙이 뚝뚝 떨어지는구나 ¹⁴손은 황옥을 물린 황금 노리개 같고 몸은 아로새긴 상아에 청옥을 입힌 듯하구나 ¹⁵다리는 순금 받침에 세운 화반석 기둥 같고 생김새는 레바논 같으며 백향목처럼 보기 좋고 ¹⁶입은 심히 달콤하니 그 전체가 사랑스럽구나 예루살렘 딸들아 이는 내 사랑하는 자요 나의 친구로다

❖ ❖ ❖

⁸(여) 내가 그대들로 하여금 맹세하게 하니 예루살렘 딸들이여 만약 그대들이 내 사랑을 찾는다면 내가 사랑으로 인해 쇠약해져 있다는 것을 말해 주십시오 ⁹(합) 당신의 사랑이 사랑 중에서도 어떤 것이길래, 여인들 중에 가장 아름다운 자여, 당신의 사랑이 사랑 중에서도 어떤 것이길래 당신이 우리로 이렇게 맹세하게 만듭니까? ¹⁰(여) 내 사랑은 눈부시고 붉어서 많은 사람들 중에 돋보이는 분입니다 ¹¹그의 머리는 순금 중의 금이고 둥글게 말린 그의 머리털은 까마귀 같이 검습니다 ¹²그의 눈은 물의 경로에서 우유로 씻고 경계선에 앉은 비둘기들 같습니다 ¹³그의 뺨은 향품나무 화단 같고 향기들의 망대 같습니다 그의 입술은 몰약의 즙이 뚝뚝 떨어지는 백합화 같습니다 ¹⁴그의 손은 황옥이 가득한 황금 노리개 같습니다 그의 배는 상아 평판에 청옥을 입힌 듯합니다 ¹⁵그의 다리는 황금 받침 위에 세워진 대리석 기둥 같습니다 그의 용모는 엄선된 레바논산 백향목들 같습니다 ¹⁶그의 구강은 달콤함이 가득하니 그의 전부가 흠모할 만합니다 이런 분이 나의 사랑이며 이런 분이 나의 친구라오 예루살렘 딸들이여!

11 사랑은 지식이다

하나님은 우리가 사랑해야 안다. 그는 사랑하지 않으면 알 수 없는 분이시다. 그래서 요한은 고백한다. "사랑하지 아니하는 자는 하나님을 알지 못하나니 이는 하나님은 사랑이기 때문이라"(요일 4:8). 사랑은 하나님을 아는 유일한 방법이다. 하나님을 아는 방법에 있어서 사랑의 대체물은 없다. 술람미여인은 솔로몬을 진실로 사랑한다. 그에 대하여 자세하게 설명한다. 말하면서 그녀는 솔로몬에 대한 더 깊은 사랑 속으로 빠져든다. 사랑하기 때문에 솔로몬을 아는 지식에서 여인은 계속해서 자라간다. 우리도 사랑으로 하나님을 아는 지식에서 자라가야 한다. 하나님을 알아야 나를 알기 때문이다. 우리의 정체성은 스스로 존재하지 않고 하나님께 의존하고 있기 때문이다.

8(여) 내가 그대들로 하여금 맹세하게 하니 예루살렘 딸들이여
만약 그대들이 내 사랑을 찾는다면
내가 사랑으로 인해 쇠약해져 있다는 것을 말해 주십시오

여인은 사랑하는 님을 찾다가 그를 주군으로 섬기는 관원들에 의해 봉변을 당하였다. 이것은 여인이 왕을 사랑하기 때문에 당하는 징계나 보복이 아니었다. 오히려 왕의 아내가 되었기 때문에 그녀를 보호하는 것이 관원의 의무였다. 그런데도 때리고 상처를 주고 겉옷까지 벗겨간 것은 무질서한 당시의 사회상을 잘 드러낸다. 그들은 왕이 누군지도 모르고 당연히 왕의 아내에 대한 지식도 전무하다. 이런 세상에서 여인의 유일한 희망은 솔로몬 왕과의 신속한 연합이다. 그래서 거리의 예루살렘 딸들에게 그녀의 사랑을 찾는다면 그에게 자신의 상사병을 알려 달라고 부탁한다. 여인은 사랑으로 인해 심신이 허약해져 있다. 2장 5절에서는 여인이 사랑하는 님의 곁에 있을 때에 사랑으로 인해 약해져서 사랑을 감당할 수 있도록 자신을 회복시켜 달라고 다른 사람에게 부탁했다. 그런데 지금은 그 님이 곁에 없어서 약해진 상황이다. 이전과는 달리 사활이 걸린 지금 여인은 지푸라기 하나라도 붙들고 싶은 심정이다. 찾고 또 찾았으나 님을 만나지 못하였다. 심신이 아프도록 사랑하는 님을 만나지 못하면 자신이 죽을지도 모른다는 사실을 관원의 유린에서 그녀는 확인했다. 사랑의 부재와 죽음은 연동되어 있다. 그래서 절박하다. 이 절박함은 "맹세하게 하다"(הִשְׁבַּעְתִּי)는 표현에서 잘 확인된다. 그리고 혹시 자신을 버리고 다른 여인에게 갈지 모른다는 의심의 연기도 뇌리에서 모락모락 피어난다. 그래서 지나가는 예루살렘 여인들을 다급하게 붙들었다. 그들 중에 누구든지 솔로몬을 만난다면 상사병에 걸린 자신의 처절한 상태를 말해 달라고 부탁한다. 이로써 솔로몬을 향해 자신을 떠나가지 말라고, 자신을 버리지 말라고 호소한다. 전날 밤에 문을 열어주지 않았던 것은 자신에게 사랑이 없어서가 아니라 잠시 혜택들에 눈이 어두웠고 자신의 귀찮음과 게으름 같은 육체의 연약함과 타협했기 때문이다. 당신을 진정으로 사랑하고 있다는 사실은 그 사랑으로 인해 아픈 자신의 절망적인 상태가 증명하고 있음을 어필한다. 그것을 귀띔해 달라는 부탁이다.

사랑이 없으면 인생은 허무의 골짜기로 굴러 떨어진다. 사랑이 사라지면 왕의 아내가 되고 궁전에서 최고의 침대에 누워 안락한 수면을 취한다고 할지라도 결코 행복하지 않다. 여인은 처절한 아픔을 통해 이 사실을 절감했다. 이처럼 아픔의 끝자락에 매달린 깨달음이 있어 다행이다. 그 깨달음 때문에 그녀의 쇠약은 결코 헛되지 않은 아픔이다. 그 아픔이 사랑의 소중함을 깨우친다. 기쁨은 슬픔이 고인 웅덩이의 크기만큼 저장된다. 불행과 불쾌도 행복과 즐거움이 저장되는 마음의 웅덩이다. 인생에서 다시는 만나고 싶지 않은 절망도 희망의 넉넉한 여백을 마련하는 방편이다. 지극히 힘들고 어려운 상황도 진리가 인생의 살갗에 아름다운 무늬로 새겨지는 과정이다. 자신의 인생에 솔로몬의 존재는 절대적인 상수라는 사실을 깨달은 것 자체는 여인에게 새로운 희망이다.

9(합) 당신의 사랑이 사랑 중에서도 어떤 것이길래,
여인들 중에 가장 아름다운 자여, 당신의 사랑이 사랑 중에서도
어떤 것이길래 당신이 우리로 이렇게 맹세하게 만듭니까?

여인의 절박한 사연을 들은 예루살렘 딸들의 반응이다. 사랑 때문에 한 여인이 야밤에 벌거벗은 채 유린을 당하는 처참한 상황까지 펼쳐지는 현실을 안쓰러워한다. 그런데 그들은 궁금했다. 여인의 사랑이 얼마나 대단한 것이길래 그녀가 그들로 하여금 맹세까지 하게 만드는가? 그들은 술람미 여인을 "여인들 중에 가장 아름다운 자"라고 부르면서 은근히 조롱한다. 실제로는 전혀 아름답지 않은 여인인데, 그런 여자에게 얼마나 대단한 남자가 그녀의 사랑이 될 수 있겠냐는 조롱이다. 대체로 사람들은 부자가 아니면, 용모나 몸매가 아름답지 않으면, 재능이 뛰어나지 않으면, 학벌이 남다르지 않으면, 가문의 배경이 좋지 않으면 대단한 배우자를 만나지 못할 것

이라고 생각한다. 그것은 세상의 현실이다. 세상은 그렇게 유유상종(類類相從) 의식이 지배하고 있다. 그래서 예루살렘 여인들은 술람미 여인에게 분수를 알라고 타이른다. 너에게 어울리는 남성은 볼품이 하나도 없는 그녀와 유사한 촌뜨기일 뿐이라고 암시한다. 술람미 여인에 대하여 "여인들 중에 가장 아름다운 자"라고 한 그들의 말은 진심이 아니라 그런 비아냥의 배설물에 불과하다.

그러나 하나님과 교회의 사랑은 유사한 존재가 끼리끼리 상종해야 한다는 고착된 편견으로 설명되지 않는 관계이다. 대부분의 교회는 가난하고 무지하고 연약하고 초라하다. 그런 우리의 모습을 보고 세상은 조롱한다. '너희와 같이 비루한 몰골을 가진 교회와 상종하는 사랑은 안 봐도 비디오다.' 이런 뉘앙스로 교회가 사랑하는 하나님도 무시한다. 조롱 섞인 어조로 교회를 "공동체 중에 겁나 거룩하고 겁나 고귀하고 겁나 아름다운 곳"이라고 표현한다. 그러나 기독교는 특이하다. 가난하고 배고프고 외롭고 연약하고 무지하고 초라한 모습을 가진 사람들도 지극히 위대하고 아름다운 사랑을 받고 누리는 것이 가능하기 때문이다. 극과 극이 사랑의 끈으로 연결되어 있다. 최악의 피조물과 최고의 창조자가 신랑과 신부의 관계를 형성한다. 인간은 하나님도 멸시하고 반역한 죄인이다. 그런데도 예수님은 그런 죄인의 추한 모습과 동일하게 "고운 모양도 없고 풍채도 없"고 "흠모할 만한 아름다운 것"이 없는 인간의 모습으로 오셔서 부부의 하나됨을 이루셨다(사 53:2).

하나님과 교회의 사랑은 사랑 중에서도 어떤 사랑인가? 이것은 교회에 대하여 세상의 속마음에 은밀하게 고인 질문이다. 고아와 과부, 세리와 창녀도 사랑의 대상으로 삼는 하나님은 누구인가? 고통과 핍박 속에서도 찬양을 부르고 감사를 중단하지 않고 죽음까지 유익으로 여기게 만드는 하나님은 누구인가? 이 땅에 비루한 자가 하늘의 고결한 신과 영원한 인연을 맺고 하나가 되는 것은 세상의 머리로는 납득이 가지 않는 일이기에 던지는 세상의 질문이다. 세상의 속마음은 하나님의 정체성에 대한 설명을 은근히 기다린다. 교회는 하나님에 대한 설명이다. 교회는 과연 올바른 설명인가? 설명이 아니라 왜곡인 것 같아 가슴이 이따금씩 서늘하다.

10(여) 내 사랑은 눈부시고 붉어서 많은 사람들 중에 돋보이는 분입니다

예루살렘 딸들의 질문에 여인은 물고기가 물을 만난 것처럼 사랑하는 님에 대하여 설명한다. 사랑하면 사랑의 대상에 대하여 말하고 싶어진다. 아무리 동떨어진 주제를 다루어도 사랑하는 님의 이름을 언급한다. 지극히 미미한 유사성만 보여도 님의 특성과 비교한다. 모든 것이 사랑하는 님과 연결된다. 그래서 책을 보아도 님의 얼굴이 문장이고, 커피를 마실 때에도 님의 얼굴이 둥근 찻잔을 다 차지한다. 사랑하는 님이 눈에 보이지 않으면 님의 상을 허공에 만들고 멍 때리는 것처럼 그것을 응시한다. 정신이 가출하고 존재가 망가지고 손해가 산더미를 이루어도 여인의 마음은 님을 향하여 뚜벅뚜벅 걸어간다.

여인에게 사랑하는 님은 "눈부시다"(צַח). 이는 보석이 빛나는 것처럼 솔로몬의 빛나는 얼굴이 정면으로 응시할 수 없을 정도로 빼어남을 의미한다. 사랑하지 않으면 경험할 수도 없고 동의할 수도 없는 내용이다. 하나님의 존재도 사랑하는 자에게는 심히 눈부시다. 바울은 그가 "가까이 가지 못할 빛에 거하시고 어떤 사람도 보지 못하였고 또 볼 수 없는 분"이라고 고백한다(딤전 6:16). 이사야는 하나님을 태양과 달보다도 더 빛나는 우리의 "영원한 빛"이라고 기록한다(사 60:19). 그는 영원토록 눈부신 분이시다. 모세는 하나님의 얼굴 즉 영광을 보기 원하여 기도했다. "주의 영광을 내게 보이소서"(출 33:18). 하나님은 모세의 기도를 거절했다. "네가 내 얼굴을 보지 못하리니 나를 보고 살 자가 없음이라"(출 33:20). 하나님의 얼굴이 눈이 부시도록

빛나는 이유는 우리의 시력을 파괴하려 하심이 아니라 그의 얼굴을 보고 죽는 일이 발생하지 않도록 우리의 영혼을 지키시기 위한 의도적인 배려의 가림이다. 혹시 주님이 눈부시지 않은 사람이 있다면 다른 것에 현혹될지 모를 영적 시력을 교정해야 한다. 그리고 눈부신 하나님과 동행하면 그 사람도 눈부시게 된다. 이는 40일간 하나님과 함께 있다가 산에서 내려온 모세의 얼굴 피부에 광채가 났다는 사실에서 분명히 확인된다(출 34:29).

솔로몬의 얼굴빛은 생명력과 건강미 넘치는 빨강(אָדֹם)이다. 여인의 가슴을 설레게 한 그의 붉은 색은 솔로몬의 아버지 다윗의 얼굴빛과 유사하다(삼상 16:12). 다윗의 붉은 빛은 사무엘로 하여금 이스라엘 왕이라는 신적인 소명의 기름을 붓게 만들 정도였다. 붉은 색은 성경에서 보혈의 역동적인 생명력과 불의 뜨거운 열정을 상징한다. 솔로몬은 왕으로서 백성의 생명을 보호하고 국가를 경영하는 열정의 사람이다. 하나님도 그러하다. 하나님은 생명의 근원이며, 세상의 모든 일을 경영하고 이루는 것은 여호와의 열심이다. "다윗의 왕좌와 그의 나라에 군림하여 그 나라를 굳게 세우고 지금 이후로 영원히 정의와 공의로 그것을 보존하실 것이라 만군의 여호와의 열심이 이를 이루리라"(사 9:7). 저녁이 되면 어김없이 서쪽 하늘을 채우는 붉은 노을은 오늘 하루의 행복도 하나님이 이루신 것임을 알리는 하나의 표식이다. 이 세상의 모든 좋은 것들은 하나님의 열심이 성취한다. 우리도 그런 하나님과 함께하면 영혼이 붉은 생명력과 정의로운 열정의 소유자가 된다.

솔로몬은 많은 사람들 중에 유독 "돋보인다"(דָּגוּל). 여인에게 솔로몬은 그와 비교할 사람이 없을 정도로 현저하게 빼어나다. 비교할 대상이 없을 정도로 빼어난 사람에 대해 설명하는 것은 너무도 난감하다. 솔로몬이 그런 사람이다. 아무리 많은 사람들이 그의 주변에 있어도 그들보다 뛰어나다. 하나님도 그러하다. 자신에 대한 하나님의 설명이다. "너희가 나를 누구에게 비기며 누구와 짝하며 누구와 비교하여 서로 같다 하겠느냐"(사 46:5). 이는 어떠한 비교를 통해 하나님을 설명하는 것이 가능하지 않다는 설명이다. 비교가 불가능한 이유는 무엇인가? "나는 신이라 나 외에 다른 이가 없느니라 나는 신이라 나 같은 이가 없느니라"(사 46:9). 하나님은 고유한 분이시다. 그래서 하나님은 자신을 설명하실 때에 "나는 나였고 나이고 나일 것이라"고 밝히셨다(출 3:14 사역). 그에게는 한정사 혹은 수식어가 없다. "나는 나다"라는 표현을 유일하게 사용하실 수 있는 분이시다. 이런 하나님을 요한은 이렇게 표현한다. "거룩하다 거룩하다 거룩하다 주 하나님 곧 전능하신 이여 전에도 계셨고 이제도 계시고 장차 오실 이시라"(계 4:8). 이러한 표현법을 바울은 예수가 하나님과 동일한 분이시기 때문에 예수를 설명할 때에 활용한다. "그리스도 예수는 어제나 오늘이나 영원토록 동일하다"(히 13:8). 그래서 교부들은 시내 산에서 모세를 만나 그에게 율법을 전하신 하나님은 예수라고 한다. 이상의 표현들은 인간에게 하나님을 설명하기 곤란해서 선택된 최상의 표현이다. 형언할 수 없어서 그저 모든 것 중에 뛰어나신 분이라고 말할 수밖에 없는 하나님이 우리의 사랑이다.

11그의 머리는 순금 중의 금이고
둥글게 말린 그의 머리털은 까마귀 같이 검습니다

여인은 솔로몬의 머리와 머리털에 대해 설명한다. 머리는 "순금 중의 금"이라고 한다. 이는 솔로몬이 순금보다 더 귀할 정도로 가장 순수하고 가장 보배로운 존재임을 나타낸다. 순금은 고귀함과 순수함의 대명사다. 그런 순금보다 솔로몬은 더 뛰어나다. 우리의 주님도 그러하다. 다윗은 하나님의 말씀이 "순금보다 더 사모할 것"이라고 하였고(시 19:10), 그런 이유로 하나님의 말씀을 "순금보다 더 사랑"했다(시 119:127). 말씀이 육신이 되신 예수는 순금보다 더 고귀하고 아름답다. 과연 우리는 솔로몬을 순금보다 귀하

게 여긴 여인처럼 예수를 순금보다 귀하게 여기는가? 이는 예수를 사랑하지 않는다면 결코 이루어질 수 없는 판단이다.

머리는 계획과 생각을 의미한다. 주님은 생각하고 계획하는 분이시다. 그런데 주님의 생각과 계획은 너무도 깊고 순수하고 고귀하다. 그래서 시인은 "주의 생각이 매우 깊"으며(시 92:5), "주의 생각이 어찌 그리 보배"롭고 수효도 많은지 놀랍기만 하다고 고백한다(시 139:17). 그토록 보배로운 주님의 생각과 계획은 반드시 성취된다(사 14:24). 얼마나 감사한가! 그러면 온 세상이 얼마나 순수하고 고귀하고 보배롭게 될 것인지는 불을 보듯 명확하다. 하나님의 생각과 계획이 아닌 다른 무언가에 의해 세상이 움직이면 불결하고 저급하고 불의가 창궐할 것임도 동일하게 분명하다.

솔로몬의 머리털은 둥글게 말렸고 색상은 까마귀와 같은 검정이다. 솔로몬이 여인의 아름다운 머리털을 노래한 것처럼(4:1), 여인도 솔로몬의 머리털 모양과 색상을 세밀하게 관찰하고 노래한다. 나는 솔로몬의 흩날리는 존재인 머리털에 대한 여인의 지식에 감탄한다. 하나님이 우리의 머리털 개수도 세신다는 것은 이상하지 않다(마 10:30). 우리를 향한 그의 사랑이 지극하기 때문이다. 그러나 하나님에 대한 우리의 사랑은 어떠한가? 우리는 과연 솔로몬의 여인처럼 주님의 머리털 모양과 색상까지 파악할 정도로 사랑하고 있나? 얼마나 사랑하면 그분의 머리털도 셀 정도일까! 머리털에 대한 관심은 비본질적 사안에 대한 에너지와 의식의 낭비가 아니라 존재의 끝까지 고귀하고 소중하게 여기는 사랑의 마음을 가리킨다(눅 12:7).

12그의 눈은 물의 경로에서 우유로 씻고 경계선에 앉은 비둘기들 같습니다

솔로몬의 눈은 물이 지나가는 곳에서 우유로 씻어낸 것처럼 깨끗하고 순결한 비둘기가 반듯한 경계선에 나란히 앉은 듯한 모습이다. "물의 경

로"(אֲפִיקֵי מָיִם)라는 것은 고여있지 않고 계속해서 흘러 신선함을 유지하는 눈의 생기를 가리키고, "우유로 씻었다"(רֹחֲצוֹת בֶּחָלָב)는 것은 티나 흠이 없이 하얗고 깨끗한 눈의 상태를 의미한다. "경계선에 앉은 비둘기"는 두 눈이 있어야 할 곳에 자리를 잡고 한 측면으로 기울거나 치우치지 않고 가지런히 놓인 눈을 가리킨다. 여인의 관찰이 이렇게 섬세하다. 섬세한 관찰은 사랑이다.

하나님의 눈은 어떠한가? 그분은 모든 것을 보는 천리안을 가지셨다. 흠과 티가 없이 가장 순수하고 객관적인 눈을 가지셨다. 창조의 6일 동안 보시고 좋았다고 평하셨다. 그런데 물질만이 아니라 보다 중요한 "폐부와 심장을 보시는 만군의 여호와"다(렘 20:12). 예수는 누군가의 믿음도 보시고 아셨다고 한다(마 9:2). 가시광선 밖에서 은밀하게 이루어진 일도 다 보신다고 한다(마 6:4). 앉고 일어서는 일상적인 일, 마음 속에서 은밀하게 생성되고 소멸하는 생각, 혀가 밖으로 퍼내는 모든 언어를 다 보고 아신다고 한다(시 139:2-4). 한 개인의 모든 행실도 보시고 한 민족의 불행과 고난도 다 보신다고 한다(대하 24:2, 신 26:7). 주님은 한 사람의 일대기를 요람에서 무덤까지 다 보신다고 한다(왕상 15:5). 주님은 태어나기 이전 모태에 있을 때에도 보셨고 모태에 착상되기 이전 수정란의 상태도 보셨고 수정되기 이전에도 알고 계셨다고 한다(렘 1:5). 다윗은 존재의 형질이 마련되기 이전에도 주님은 자기를 보셨다고 고백한다. "내 형질이 생성되기 전에 주의 눈이 보셨으며 나를 위하여 정한 날이 하루도 되기 전에 주의 책에 다 기록이 되었도다"(시 139:16).

그리고 이스라엘 백성이 살아가게 될 약속의 땅에 대해 모세는 다음과 같이 기록한다. "네 하나님 여호와가 돌보아 주시는 땅이라 연초부터 연말까지 네 하나님 여호와의 눈이 항상 그 위에 있느니라"(신 11:12). 약속의 땅은 바로 복음을 믿음으로 말미암아 주어지는 구원이며 그 구원으로 세워진 하나님의 성전 곧 교회를 의미한다. 하나님의 눈은 항상 교회 위에 있어서 CCTV처럼 한 번의 깜박임도 없이 우리를 돌보신다. 이 사실에는 안도감과 두려움이 공존한다. 안도감은 다른 어떤 시선도 도달하지 못하는 마음의 가장 깊은 진실을 주님은 보시기 때문이고, 두려움은 지극히 은밀한 곳에서 꾸민 마음의 악한 도모가 다른 모든 시선들을 피해도 주님의 시선은 피할 수 없기 때문이다. 주님을 사랑하면 주님의 눈에 대해서도 전문가가 된다.

> ¹³그의 뺨은 향품나무 화단 같고 향기들의 망대 같습니다
> 그의 입술은 몰약의 즙이 뚝뚝 떨어지는 백합화 같습니다

이제 여인은 솔로몬의 뺨과 입술을 설명한다. 그의 뺨은 향품나무 화단 같아서 짙은 최고급 향기들이 아주 멀리까지 풍기는 향기들의 "망대"(מִגְדָּל)라고 한다. 뺨에서 향기가 난다는 것은 고매한 인격의 다른 표현이다. 그리고 뺨은 시각적인 얼굴의 부위인데 여인은 후각적인 이미지를 사용하여 다소 몽환적인 분위기를 연출한다. 일반적인 남자의 뺨과는 구별되는 멋을 지닌 솔로몬의 뺨에 여인은 잔뜩 매료되어 있다. 이런 마음의 상태를 다양한 감각의 중첩으로 잘 표현했다. 여인은 솔로몬의 뺨을 관찰도 하고 냄새도 맡았음에 분명하다. 이는 아주 친밀한 관계 속에서만 확인할 수 있는 관찰의 내용이다. 즉 솔로몬의 뺨과 여인의 코와 눈 사이의 간격이 거의 없어야 가능하다. 둘 사이에 빈 공간이 전혀 없는 상태가 사랑이다. 지금 솔로몬의 인상착의 전체를 그녀의 사랑이 설명하고 있다. 사랑해야 상대방을 아주 꼼꼼하게 안다.

입술은 몰약의 즙이 뚝뚝 떨어지는 백합화와 같다. 몰약은 후각적인 향기와 미각적인 맛이 고르게 배합된 물건이다. 백합화는 후각과 시각이 행복하게 동거하는 작품이다. 이처럼 솔로몬의 입술은 아름답고 향기롭고 감

미룹다. 이는 입술과 입술이 만나야만 확인되는 사실이다. 여인은 지금 솔로몬과 나눈 키스의 추억을 떠올리며 설명한다. 우리도 주님과 입맞추며 살아가야 한다. 성경은 하나님의 아들에게 우리의 입을 맞추라고 가르친다(시 2:12). 주님의 입술에서 나오는 아름답고 향기롭고 감미로운 말씀을 날마다 먹으며 내 입술로 옮겨 하나님의 입술로서 살아가야 한다. 그게 사랑이다. 말씀의 향기와 맛이 내 입술에서 떠나지 않도록 주야로 묵상하고 스며들게 하고 실천해야 한다. 그리고 온 천하의 모든 족속에게 그 말씀을 전파하여 주님과 세상의 입맞춤을 주선해야 한다. 그러면 주님의 입술에서 뚝뚝 떨어지는 몰약의 즙이 촉촉한 백합화가 온 세상에서 피어나게 된다.

¹⁴그의 손은 황옥이 가득한 황금 노리개 같습니다
그의 배는 상아 평판에 청옥을 입힌 듯합니다

여인은 솔로몬의 손과 배를 설명한다. 솔로몬의 손은 황옥이 가득한 황금 노리개와 같이 아름답다. 손은 노동을 상징한다. 솔로몬이 손으로 행하는 모든 일들은 여인의 눈에 황금 노리개와 같이 귀하고 아름답다. 사랑하기 때문이다. 성경은 하나님의 손에 대해서도 노래한다. 시인은 온 우주의 공간이 주님의 손으로 이루어진 작품들이 전시된 곳이라고 노래한다(시 19:1). 스데반도 하늘과 땅과 그 가운데에 있는 모든 것들이 하나님의 손으로 이루어진 결과라고 증언한다(행 7:50). 하나님의 손으로 이루어진 모든 만물이 주님 자신의 관점으로 보기에도 아주 좋았다고 성경은 기록한다. 지극히 아름다운 하나님의 손이 지극히 아름다운 세상을 만들었다. 주님을 사랑하면 우리도 시인이나 스데반과 같이 이 사실을 노래하게 된다. 여호와의 손이 아름다운 이유는 은혜로운 보상과 정의로운 징계 때문이다. 예레미야 선지자의 입을 통해 하나님은 자신을 "사랑과 정의와 공의를 땅에 행하는 자"라고 선포한다(렘 9:24). 하나님의 손은 선한 자에게 나타나 보상하고, 악한 자에게도 나타나 징계한다. 태초부터 지금까지 이어진 역사가 이 사실의 물증이다.

솔로몬의 배는 상아 평판에 청옥을 입힌 듯하다고 여인은 설명한다. 오늘날 남성들이 흠모하는 초콜릿 복근과 비교할 수 없는 최고의 매력에 대한 설명이다. "상아 평판"은 살이 쪄서 배가 주체할 수 없을 정도로 불룩하게 나왔거나 굶주려서 배에 불쾌한 곡면이 생긴 상태가 아닌 복부의 건강한 남성미를 잘 표현한다. 여인이 경험한 솔로몬의 배는 청옥을 입힌 것처럼 강하고 아름다운 근육으로 잘 직조된 하나의 작품이다. "배"(מֵעֶה)로 번역된 히브리어 단어는 배의 표면만이 아니라 내장까지 가리킨다. 여인은 솔로몬의 보이지 않는 내면까지 다 파악하고 있다. 굳이 이런 설명이 필요한지 모르겠다. 여인들이 솔로몬을 찾을 때에 복부의 신분증을 확인할 것도 아닌데, 여인은 그 부위까지 설명한다. 여인은 지금 설명 자체보다 솔로몬에 대한 사랑의 늪으로 점점 빠져들고 있음에 분명하다.

15그의 다리는 황금 받침 위에 세워진 대리석 기둥 같습니다
그의 용모는 엄선된 레바논산 백향목들 같습니다

이제 여인의 설명은 솔로몬의 다리로 내려간다. 그의 다리는 황금 받침 위에 세워진 대리석 기둥이다. 강하고 아름답고 든든하다. 결코 넘어지지 않고 그의 품에 안기면 세상이 무너져도 여전히 안전할 것 같은 다리의 모습이다. 주님의 다리에 대한 표현은 성경에 희박하다. 그러나 은은한 암시의 방식으로 신적인 다리의 실체를 묘사한 문구로서, "하늘은 나의 보좌요 땅은 나의 발판"에 불과한 것이라는 표현을 주목하고 싶다(사 66:1). 지구 전체가 주님께서 디디고 계신 발판일 뿐이라는 선언은 주님의 다리가 얼마나 웅

장하고 견고하고 아름다운 것인가를 충분히 짐작하게 한다.

솔로몬의 용모는 준수하다. 레바논산 백향목과 같다. 그 백향목이 홀로 있지 않고 많아서 하나의 아름다운 숲을 형성하고 있다. 하나의 나무가 아니라 숲일 때에 백향목은 더욱 아름답다. 솔로몬의 용모는 백향목 숲이 그 설명이다. 이러한 솔로몬은 다른 사랑과는 확연히 다른 모습이다. 사랑하는 님은 이렇게 구별되기 때문에 예루살렘 여인들이 쉽게 찾을 수 있을 것이라고 여인은 기대한다. 그러나 사랑하지 않으면 결코 인지할 수 없는 용모임에 분명하다. 하나님에 대한 우리의 설명도 때때로 허공에 숨과 문자를 뿌리는 듯한 애매함이 있다. 아무리 설명해도 사랑의 귀로 듣지 않으면 사랑하는 님을 알지 못할 것이기 때문이다. 그래도 여인은 듣든지 말든지, 알든지 모르든지 부지런히 설명한다.

16그의 구강은 달콤함이 가득하니 그의 전부가 흠모할 만합니다
이런 분이 나의 사랑이며 이런 분이 나의 친구라오 예루살렘 딸들이여!

이제 여인은 신체의 마지막 부위로서 솔로몬의 "구강"(חֵךְ)을 설명한다. 그의 구강은 달콤함이 가득하다. 그곳에는 꿀송이와 꿀이 가득하기 때문이다. 구강은 입의 보이지 않는 영역이다. 여인에게 솔로몬은 입의 속까지 아름다운 사람이다. 둘의 관계는 진실로 은밀하고 친밀하다. 우리와 주님의 관계도 그런 차원까지 이르러야 한다. 입 속까지도 훤히 파악하는 친밀함을 이루어야 한다. 성경을 읽을 때에도 문자의 표면적인 의미만이 아니라 문자의 구강에 있는 주님의 의도까지 파악해야 한다. 믿음의 선배들은 계시된 하나님과 감추어진 하나님을 구분했고 그의 의지에 대해서도 동일한 구분을 시도했다. 하나님은 모든 사람들이 구원에 이르기를 원하신다. 그러나 보이지 않는 하나님의 의중에는 온 인류의 전부가 아니라 인간이 알

수 없는 인류의 일부를 택하셨다. 하나님은 우리에게 도둑질을 금하셨다. 그러나 마음 깊은 곳에서는 우리가 가난한 자들에게 나누어줄 것이 있도록 성실하게 일하기를 원하신다. 그래서 주님은 율법 자체를 지키는 것도 중요하나 보다 중요한 것으로서 "정의와 긍휼과 믿음"을 읽어내고 붙들어야 함을 가르친다(마 23:23).

여인은 솔로몬의 존재를 앞에서만 보지 않고 옆에서도 보고 위에서도 보고 뒤에서도 본다. 눈으로만 보지 않고 코도 동원하고 입도 동원하고 귀도 동원하고 손도 동원한다. 입체적인 관찰이다. 그럼에도 불구하고 여인은 아직 사랑하는 님을 다 말하지 못하였다. 그래서 설명의 마침표로 이런 표현을 사용한다. "그의 전부가 흠모할 만합니다." 얼마나 알아야 솔로몬의 "전부"(כל)에 대한 평가가 가능할까? 솔로몬에 대한 여인의 지식은 지금까지 설명한 내용이 서론에 불과할 정도로 방대함이 분명하다. 그래서 솔로몬에 대한 설명을 낱낱이 다 했다가는 밤을 지새워야 하고 솔로몬 찾기를 포기하고 설명 자체가 무덤까지 이어질 정도였다. 여인은 타인에게 사랑하는 님을 설명하며 그를 더 깊이 알아간다. 그리고 더 많이 알고 싶어한다. 그러면서 더 많이 사랑하게 된다. 더 오래 사랑하게 된다. 아가서로 기록된 사랑, 롤랑 바르트의 표현을 빌리자면 기록은 "사랑하는 대상의 불멸화"다. 솔로몬과 여인은 서로 사랑하는 님의 불멸화를 시도한다. 솔로몬에 대한 것이라면 어느 하나라도 남기지 않고 모조리 파악하고 영원히 보존하고 싶어한다. 솔로몬이 여인을 버리고 떠난 것 같은 절망의 상황에서 솔로몬을 어느 때보다 더 많이 알고 더 많이 자랑하고 더 많이 사모하게 되는 것은 설명하기 힘든 역설이다.

솔로몬에 대한 지식이 너무나도 방대한 이 여인처럼 하나님에 대한 방대한 지식의 소유자 중의 한 사람은 바로 요한이다. "예수께서 행하신 일이 이 외에도 많으니 만일 낱낱이 적는다면 이 세상이라도 이 기록된 책을 두기에 부족할 줄 아노라"(요 21:25). 이는 예수께서 행하신 일만 적어도 그 정도의 분량이 나온다는 이야기다. 예수에 대한 요한의 지식을 글로 남긴다면 지구 전체가 도서관이 되어도 다 보관할 수 없을 것이라는 사도의 지적 호탕함에 나의 정신은 몽롱하다.

1917년에 프레드릭 레만(F.Lehman) 목사가 작사하고 작곡한 "그 크신 하나님의 사랑"에는 이런 가사가 기록되어 있다. "하늘을 두루마리 삼고 바다를 먹물 삼아도 한 없는 하나님의 사랑 다 기록할 수 없겠네." 생계가 불가능할 정도로 가난했던 레만은 닥치는 대로 일을 하였고 아내는 도시락을 챙겨 주었다고 한다. 어느 날 아내는 유대인 회당의 한 찬송가 지휘자(Meir Ben Isaac Nehorai)가 1050년에 쓴 시(하다무트 서곡, Haddamut Prelude)를 신문지에 적고 그것으로 도시락을 쌌다. "하늘 전체를 양피지로 펼치고 세상의 모든 갈대와 초목을 펜으로 삼고 바다를 모두 잉크로 채우고, 모든 사람들이 능숙한 필사자가 되더라도 하나님의 크신 영광, 그 기이한 이야기는 다 적지 못하리라." 그 신문지는 레만의 눈물로 흥건하게 된다. 이로 보건대, "물이 바다를 덮음 같이 여호와의 영광을 인정하는 것이 세상에 가득할 것이라"(합 2:14)는 하박국 선지자의 말은 과장이 아니었다.

하나님을 사랑하는 자는 그를 아는 지식에서 자라가야 한다. 하나님의 전문가가 되어 누구를 만나든지, 어디를 가든지 물이 바다를 덮은 것처럼 여호와의 영광을 알고 인정하는 것이 땅끝까지 이르고 세상에 가득하게 되도록 사랑하는 주님에 대하여 설명해야 한다. 우리의 인생은 주님에 대한 한 편의 설명이다. 나는 그 분을 왜곡하지 않고 과장하지 않고 빈약하지 않은 주님의 설명이고 싶다.

6장 깊어진 사랑은 조건을 거부한다

아 6:1-7

¹여자들 가운데에서 어여쁜 자야 네 사랑하는 자가 어디로 갔는가 네 사랑하는 자가 어디로 돌아갔는가 우리가 너와 함께 찾으리라 ²내 사랑하는 자가 자기 동산으로 내려가 향기로운 꽃밭에 이르러서 동산 가운데에서 양 떼를 먹이며 백합화를 꺾는구나 ³나는 내 사랑하는 자에게 속하였고 내 사랑하는 자는 내게 속하였으며 그가 백합화 가운데에서 그 양 떼를 먹이는도다 ⁴내 사랑아 너는 디르사 같이 어여쁘고, 예루살렘 같이 곱고, 깃발을 세운 군대 같이 당당하구나 ⁵네 눈이 나를 놀라게 하니 돌이켜 나를 보지 말라 네 머리털은 길르앗 산 기슭에 누운 염소 떼 같고 ⁶네 이는 목욕하고 나오는 암양 떼 같으니 쌍태를 가졌으며 새끼 없는 것은 하나도 없구나 ⁷너울 속의 네 뺨은 석류 한 쪽 같구나

❖ ❖ ❖

¹(합) 그대의 사랑하는 자는 어디로 갔습니까? 여인들 중에 가장 아름다운 자여 그대의 사랑하는 자는 어디로 돌이킨 것입니까? 우리가 그대와 함께 그를 찾을 것입니다 ²(여) 나의 사랑은 그의 정원으로, 발삼나무 밭으로 내려 갔습니다 그 정원에서 [양들을] 먹이고 백합화를 꺾습니다 ³나는 내 사랑의 것이고 내 사랑은 나의 것입니다 그가 그 백합화들 가운데서 먹입니다 ⁴(남) 그대는 아름답소 나의 여인이여 디르사와 같이, 어여쁘오 예루살렘 같이, 늠름하오 깃발을 올린 군대처럼 ⁵그대의 두 눈을 돌이켜 주십시오 그것들이 나를 어지럽게 만듭니다 그대의 머리털은 길르앗 산에서 내려오는 염소들의 무리 같습니다 ⁶그대의 치아는 씻는 곳에서 올라오는 암양의 무리 같습니다 각각은 쌍으로 되었으며 그것들 중에 빠진 것이 하나도 없습니다 ⁷베일의 뒤에 있는 그대의 뺨은 벌어진 석류 같습니다

12   원숙한 사랑

인생의 성장은 사랑의 성장이다. 사랑도 생물이기 때문에 시간이 흐르면 성장해야 한다. 성장의 비결은 무엇인가? 시간의 길이도 중요하고 지식의 분량도 중요하고 만남의 횟수도 중요하다. 그런데 더 중요한 것은 고난이다. 사랑은 고난을 먹고 성장한다. 고난 속에서 사랑의 근육이 길러진다. 고난 속에 있지 않으면 "모든 것을 참으며 모든 것을 믿으며 모든 것을 바라며 모든 것을 견"딜 필요가 없고 사랑이 자라날 계기도 사라지기 때문이다 (고전 13:7). 술람미 여인은 사랑하는 솔로몬을 거절했고 그 결과로서 그가 떠나갔고 그와의 단절이 주는 캄캄한 절망과 고통을 체험했다. 그런데 이후에 그들의 사랑은 고난 이전의 사랑과 달라졌다. 그들의 사랑은 더 깊어졌고 더 높아졌고 더 길어졌고 더 넓어졌다. 주님과 교회의 사랑도 핍박의 시대를 거치고 고난의 비타민을 먹으면서 성장한다. 고난은 주님께서 자신과의 진실한 사랑에 푹 빠지자고 보내는 무거운 호출이다.

1(합) 그대의 사랑하는 자는 어디로 갔습니까? 여인들 중에 가장 아름다운 자여

그대의 사랑하는 자는 어디로 돌이킨 것입니까?

우리가 그대와 함께 그를 찾을 것입니다

예루살렘 딸들은 솔로몬에 대한 여인의 설명에 감동했다. 이제 여인을 "여인들 중에 가장 아름다운 자"라고 한 그들의 표현은 이전의 냉소적인 어감과는 달리 따뜻하다. 그들은 여인과 함께 그를 찾겠다고 약속한다. 그런데 그들은 솔로몬이 "어디로"(אָנָה) 갔으며 "어디로" 돌아간 것이냐고 여인에게 질문한다. 사실 이 질문은 상식에 어긋난다. 여인은 솔로몬이 간 곳을 모르기 때문에 모든 곳을 헤맸으며 그럼에도 불구하고 그를 만나지 못하여 찾아 달라고 부탁한 것이기 때문이다. 그러나 예루살렘 딸들의 엉뚱한 질문에는 그들이 의도하지 않은 중요한 의미가 암시되어 있다. 진리는 때때로 아무것도 아닌 것처럼 사소한 것 속에 감추어져 있다. 이는 돼지가 진주를 가지는 사태를 방지하는 섭리의 일환이다. 우리에게 너무도 익숙하고 일상적인 말도 우리는 경청해야 한다. 보물찾기 놀이처럼 그 안에 은밀한 진주가 있을지도 모르기 때문이다. 사실 여인들의 질문이 문맥에는 맞지 않지만 본질에는 충실하다. 솔로몬의 아내로서 술람미 여인은 예루살렘 딸들에게 사랑을 찾아 달라고 부탁해야 하는 자가 아니라 그 사랑이 어디에 있는지 알려 주어야 하는 사람이다. 신랑을 가장 잘 아는 신부 이외에 다른 누가 신랑을 찾을 수 있겠는가! 솔로몬의 거처를 아는 유일한 사람은 술람미 여인 자신이다. 여인들의 질문은 이렇게 여인의 정체성을 환기시켜 준다.

예루살렘 딸들의 질문에는 또 하나의 보석 같은 진리가 암시되어 있다. 질문에는 두 개의 동사 즉 "가다"(הָלַךְ)와 "돌아가다"(פָּנָה)가 사용된다. 솔로몬이 어딘가로 가기는 하였으나 "돌아갔다." 그가 돌아간 곳은 어디일까? 그가 돌아간 곳을 아는 사람은 그가 본래 있었던 곳을 아는 사람이다. 그러므로 그곳은 오직 솔로몬과 함께했던 여인만이 안다. 그렇다면 지금 솔로

몬의 거처는 그와 여인이 하나되는 왕궁의 은밀한 침실일 가능성이 높다. 솔로몬은 자신이 있어야 할 곳으로 "돌아갔다." 상식적인 추론이다. 술람미 여인도 자기가 있던 곳, 자기가 있어야 할 곳으로 돌아가야 한다. 그래야 신랑과의 만남이 가능하다. 모든 문제 해결의 첫 단추는 기본과 본질로 돌아감에 있다.

교회도 그러하다. 세상이 교회에 하나님을 찾아주는 것이 아니라 교회가 하나님을 세상에게 전파해야 한다. 하나님이 어디에 계시냐고 세상이 교회에게 질문하는 것은 정상이다. 그런데 교회가 세상을 향해 하나님의 거처를 알아봐 달라고 부탁한다. 그리고 세상은 교회에 하나님이 없다고 생각하고 하나님이 계신 곳은 진실과 정의라고 훈육한다. 지금도 교회의 종아리를 찜질하는 훈육의 회초리가 따끔하다. 부끄럽다. 교회의 회복이 절실하다. 과연 우리의 주님은 어디에 계시는가? 심히 안타까운 주님의 답변이다. "예수께서 이르시되 여우도 굴이 있고 공중의 새도 거처가 있으되 인자는 머리 둘 곳이 없다 하시더라"(마 8:20).

교회가 온 세상을 샅샅이 뒤지며 찾더라도 신랑 되시는 주님을 발견하지 못할 때에는 본질로 돌아가야 한다. 즉 교회가 주님의 성전이다. 주님은 그곳에 거하신다. 즉 교회는 주님께서 유일하게 머리 둘 곳이어야 한다. 교회가 있어야 할 곳으로 돌아가면 우리의 사랑이신 주님을 발견하게 된다. 주님은 우리의 가장 은밀한 영혼 안에 거하시기 때문이다. 그리고 세상이 하나님의 거처를 질문할 때 교회는 당당하게 "여기에 계시다"고 답변해야 한다. 그런데 교회는 어떻게 주님의 머리 둘 곳이 될 수 있겠는가? 비결은 간단하다. "내 안에 거하라 나도 너희 안에 거하리라"(요 15:4). 즉 우리가 주님 안에 거하면 주님도 우리 안에 거하신다. 우리가 그런 주님의 거처가 되는 방법은 무엇인가? 순종이다. "내가 아버지의 계명을 지켜 그의 사랑 안에 거하는 것 같이 너희도 내 계명을 지키면 내 사랑 안에 거하리라"(요 15:10). 주님께서 우리에게 주신 계명은 사랑이다. 사랑의 순종은 우리가 주님 안에 거하는 방법이고 결국 우리가 주님의 거처가 되는 유일한 방법이다. 사랑의 순종은 교회 본연의 모습이다. 주님의 거처에 대한 최고의 설명도 순종이다.

2(여) 나의 사랑은 그의 정원으로, 발삼나무 밭으로 내려 갔습니다
그 정원에서 [양들을] 먹이고 백합화를 꺾습니다

여인은 지혜롭다. 예루살렘 딸들에게 자신의 사랑을 찾아 달라고 하였으나 오히려 이상한 질문을 받았는데, 그 질문에서 놀라운 힌트를 감지했기 때문이다. 여인은 솔로몬이 그의 정원으로, 향기로운 발삼나무 밭으로 갔다고 확신한다. 솔로몬은 그곳으로 돌아갔다. 그녀도 그 정원으로 달려간다. 솔로몬이 소유권을 밝힌 정원은 어디인가? 여인 자신이다. 솔로몬이 돌아간 정원은 밤새도록, 핍박과 고난 속에서도 솔로몬을 찾은 여인 자신을 가리킨다. 여인은 솔로몬이 자신에게 온 것을 확인한다. 찾으면 찾고 구하면 얻고 두드리면 열린다는 약속은 솔로몬 시대에도 유효하다. 그런데 여인이 솔로몬을 찾지 못하고 솔로몬이 여인을 찾아온다. 솔로몬이 여인을 이미 찾아온 것처럼, 주님도 그러하다. 마음의 빗장을 풀고 인생의 문을 열기만 하면 그는 언제든지 우리에게 들어온다. 솔로몬은 여인에게 들어와 양들을 먹이고 백합화를 다듬는다. 그렇게 정원의 영적인 주림과 흐트러진 무질서를 해결한다. 그녀는 스스로를 회복하지 못하고 솔로몬에 의해 회복된다. 솔로몬의 정원이기 때문이다.

교회는 주님께로 돌아가야 한다. 그러면 주님은 교회라는 자신의 정원으로 오셔서 파괴되고 일그러진 모든 부분을 다 고치신다. 교회의 돌이킴을 회개라고 한다. 회개는 회복의 문턱이다. "내 이름으로 일컫는 내 백성이 그들의 악한 길에서 떠나 스스로 낮추고 기도하여 내 얼굴을 찾으면 내가 하늘

에서 듣고 그들의 죄를 사하고 그들의 땅을 고칠지라"(대하 7:14). 주님께로 돌아가는 것은 교회가 이 세상에서 살아가는 최고의 방식이다. 모든 문제는 교회가 스스로 팔을 걷고 세상을 뜯어 고치는 방식으로 해결되지 않고 죄와 악을 떠나 주님께로 돌아갈 때 해결된다. 교회가 문전에서 박대한 주님께로 돌이키지 않으면 아무리 그럴듯한 해결도 속임수에 불과하다.

3나는 내 사랑의 것이고 내 사랑은 나의 것입니다
그가 그 백합화들 가운데서 먹입니다

여인은 결혼하기 전에 솔로몬과 맺은 언약(2:16, 내 사랑하는 님은 나의 것이고 나는 백합화들 가운데서 목양하는 님의 것입니다)을 회복한다. 그들은 서로에게 속하였다. 자신을 자신의 것이라고 주장하지 않고 상대방의 것이라고 고백한다. 그런데 이번에는 고백의 순서가 바뀌었다. 여자가 남자의 것이라는 말이 먼저이고 남자가 여자의 것이라는 말이 나중이다. 이는 사랑의 성장을 보여준다. 고통과 절망의 터널을 지나면 이전에는 알지 못했던 깨달음을 얻고 사랑도 그만큼 깊어진다. 사랑이 미숙할 때에는 내가 무언가를 소유하고 있다는 것이 중요해서 상대방이 나의 소유라는 사실이 의식의 일순위를 차지한다. 그러나 사랑이 성숙하면 소유보다 나눔을, 누림보다 섬김을, 이득보다 희생을 선호하게 된다. 그리고 여인은 사랑의 주도권이 변덕스런 자신에게 있지 않고 변함 없이 자신을 사랑하는 님에게 있다는 사실을 깨닫는다. 내가 사랑하는 님을 가지는 것이 아니라 내가 그에게 속하는 것, 그의 안에 거하는 것, 그에게 나를 온전히 맡기는 것이 진정한 사랑임을 깨닫는다. 서로를 의심하는 사람들 사이에는 좀처럼 발견되지 않는 사랑이다. 그러나 전능하신 왕 안에 있으면 가장 안전하고, 지혜와 지식의 보화이신 왕 안에 있으면 가장 지혜롭고, 사랑 자체이신 왕 안에 거하면 가장 자비롭고, 정의 자체이신 그분 안에 거하면 가장 정의롭기 때문에 어떠한 거짓과 위협과 폭력과 불의에 의해서도 무너지지 않고 가장 행복하고 만족스런 삶을 살아간다.

교회도 주님을 가졌다는 사실보다 주님께 속했다는 사실에서 감격해야 한다. "내가 너를 구속하고 내가 너를 지명하여 불렀나니 너는 내 것이라 네가 물 가운데로 지날 때에 내가 너와 함께 할 것이라 강을 건널 때에 물이 너를 침몰하지 못할 것이며 네가 불 가운데로 지날 때에 타지도 아니할 것이요 불꽃이 너를 사르지도 못하리니"(사 43:1-2). 이것은 모든 사람들이 좋아하는 구절이다. 그런데 대부분의 사람들이 좋아하는 부분은 어디인가? 대체로 강조의 빨강색 밑줄은 이 구절의 뒷부분에 그어진다. 즉 물과 불이 나를 해롭게 하지 못한다는 부분에서 우리는 감격한다. 물은 노아의 시대에 온 인류를 심판한 홍수였고 불은 마지막 날에 임할 심판을 상징한다. 온 인류를 대상으로 삼은 두 심판의 희생물이 되지 않는다는 것은 가슴 터질 것처럼 큰 감격임에 분명하다. 그러나 이것은 사랑의 결과에 불과하다. 성숙한 사람은 사랑의 결과가 아니라 사랑 자체를 사랑한다. 사랑의 핵심은 우리가 보호를 받는다는 것이 아니라 우리가 주님의 것이라는 사실이다. 우리가 주님께 속하였기 때문에 이 세상의 모든 권세만이 아니라 음부의 권세도 우리를 건드릴 수 없는 결과가 뒤따른다. 그분 안에 거하면 저절로 최고의 열매를 풍성하게 맺고 그분 안에 거하지 않으면 필히 밖으로 버려져서 사람들의 발에 밟히고 멸시와 조롱의 대상으로 전락한다(요 15:6). 무엇이 중요한가? 소유가 아니라 소속이다. 바울도 우리가 하나님께 속했다는 "아들"의 신분을 먼저 언급하고 그 결과로서 하나님의 모든 것을 소유하게 되는 "상속자"의 신분을 이후에 언급한다(롬 8:17).

처음에 여인은 솔로몬이 자신의 것이라는 사실을 중심으로 생각하며 사랑했다. 그러나 이제는 솔로몬을 중심으로 자신을 생각하며 사랑한다. 자신이 사랑의 중심이면 솔로몬은 시골 처녀의 남편이다. 솔로몬은 초라한 삶을 살아가던 술람미 여인에게 왕궁의 안락하고 화려한 잠자리를 얻는 수단에 불과했다. 상태의 변화만 일어났다. 그러나 솔로몬이 사랑의 중심이면 시골 처녀는 왕의 아내이다. 이제 여인은 솔로몬이 그녀 안에서 먹고 마시며 누리므로 왕의 영광이 깃든 황실의 정원이다. 존재의 변화가 일어난다. 사랑에서 소유를 고집하면 상대방의 가능성과 권위와 가치를 축소하고 제한하게 된다. 그러나 소속을 강조하면 상대방의 모든 것을 있는 그대로 두고 내가 그 속으로 들어가게 된다. 그러므로 솔로몬을 소유하는 것보다 그에게 소유되는 것은 더 지혜로운 선택이다.

교회도 처음에는 자신을 기준으로 삼고 하나님을 인간의 남편으로 생각하며 사랑한다. 하나님을 자신의 수준으로 낮추는 사랑이다. 이 땅에서의 유익을 얻으려고 하나님을 이용하려 한다. 그러면 교회는 여전히 세상이다. 그러나 사랑이 성숙하면 교회는 하나님을 기준으로 삼고 자신을 하나님의 아내로 생각하며 사랑하게 된다. 자신을 하나님의 수준으로 높이는 사랑이다. 하늘의 유익을 구현하기 위해 하나님이 마음대로 쓰실 수 있도록 나 자신을 그분에게 위탁한다. 이제 교회는 주님께서 거하시는 성전이고 세상이 안식을 누리는 천국이다. 그렇게 하나님께 속한 사람은 생각과 언어와 행실과 자세가 완전히 달라진다. 하나님을 축소하지 않고 제한하지 않고 계신 그대로를 존중하고 그분의 존귀한 곁을 향유하는 비결은 내가 그를 소유하는 것이 아니라 그에게 소유됨에 있다. 그래서 바울은 삶의 방향을 이렇게 설정한다. "내가 이미 얻었다 함도 아니요 온전히 이루었다 함도 아니라 오직 내가 그리스도 예수께 잡힌 바 된 그것을 잡으려고 달려 가노라"(빌 3:12). 바울의 인생은 예수를 소유하는 것이 아니라 예수에게 소유되는 것 자체를 추구한다. 그것이 사랑이다.

4(남) 그대는 아름답소 나의 여인이여 디르사와 같이,
어여쁘오 예루살렘 같이, 늠름하오 깃발을 올린 군대처럼

사랑이 성숙한 여인은 솔로몬의 눈에 너무도 아름답다. 디르사와 같이 아름
답고 예루살렘 같이 어여쁘고 깃발을 올린 군대처럼 늠름하다. "아름다운 혹
은 호감을 갖게 만드는"을 의미하는 "디르사"(תִּרְצָה)는 팔레스틴 지역의 북
부에 위치한 안전하고 아름다운 도시였다. 이 도시는 여호수아 시대에 이스
라엘 영토에 편입된 곳이었다. 이후에 북 이스라엘 왕조를 세운 여로보암 왕
은 디르사를 수도로 선택했다. 나라가 분열되기 전에 솔로몬은 여인의 미모
를 그곳에 비유했다. 지극히 아름다운 자연은 이처럼 사랑하는 여인의 미를
설명하는 수식어에 불과하다. 이는 하늘이 하나님의 보좌이고, 땅이 하나님
의 발판에 불과한 설명의 도구라는 사실과 결부되어 있다.

"예루살렘"(יְרוּשָׁלַם), 그 의미는 "평화의 터전"이다. 이곳은 다윗이 기원전
1,000년에 점령한 지역이다. 시온성, 다윗성, 자유, 하나님의 승리, 거룩한 성
이라는 별명을 가졌으며 나라가 분열된 이후에는 남유다 왕국의 수도였다.
교회의 궁극적인 형태를 의미하는 하늘의 도성을 설명할 때에도 사용되는
이름이다. 이 이름도 거룩하고 아름답고 자유로운 여인의 미를 설명하는 수
단이다. 여기에서 우리는 술람미 여인과 교회, 솔로몬과 주님의 연관성을 생
각하게 된다. 나아가 아가서를 주님과 교회의 사랑 이야기로 간주해도 될
단서를 취득한다. 예루살렘 안에는 많은 여인들이 있다. 그런데 술람미 여
인은 예루살렘 자체와 대등하게 묘사된다. 즉 그녀는 솔로몬 왕에게 다른
어떤 아름다운 여인과도 비교할 수 없는 미의 기준이고 원천이다.

솔로몬은 여인의 특이한 모습을 주목하며 늠름하고 용맹한 군대의 성향
을 언급한다. 이는 미의 역동성과 야성이 느껴지는 대목이다. 여성의 시각
적인 요소가 과장된 오늘날의 미학에 비추어 볼 때에 상당히 낯선 언급이
다. 당시의 아름다운 여성은 외모의 화려함이 아니라 자신에게 주어진 사

명을 능히 감당하고 많은 사람들을 사명의 길로 이끄는 "깃발을 올린 군대"와도 같다. 역동적인 여인의 아름다운 모습을 가장 잘 묘사한 곳은 잠언이다. 거기에서 현숙한 여인, 아름다운 아내는 "양털과 삼을 구하여 부지런히 손으로 일하며 상인의 배와 같아서 먼 데서 양식을 가져 오며 밤이 새기 전에 일어나고…자기의 손으로 번 것을 가지고 포도원을 일구며 힘 있게 허리를 묶으며 자기의 팔을 강하게 하며…밤에 등불을 끄지 아니하며…곤고한 자에게 손을 펴며 궁핍한 자를 위하여 손을 내"미는 사람으로 묘사된다 (잠 31:13-20). 아름다운 교회는 어떠한가? 아름다운 찬양과 아름다운 예배를 드리는 것만이 아니라 때로는 군대와 같이 늠름한 모습도 갖추어야 한다. 이 세상의 그 누구도 감당하지 못하는 죄와 더불어 싸울 때에는 가장 용맹한 투사의 전투적인 기질도 필요하고 온 세상의 죄를 다 짊어지고 가는 든든한 어깨도 필요하다. 흐트러진 세상의 무질서를 모두 평정할 정도의 위엄도 구비해야 한다.

⁵그대의 두 눈을 돌이켜 주십시오 그것들이 나를 어지럽게 만듭니다
그대의 머리털은 길르앗 산에서 내려오는 염소들의 무리 같습니다

솔로몬은 여인에게 눈으로 자신을 응시하지 말고 돌려 달라고 부탁한다. 여인의 눈이 너무도 고결하고 우아해서 어지러울 정도였기 때문이다. 솔로몬을 어지럽게 한 여인의 눈동자가 그렇게도 눈부신 이유는 어디를 가도 사랑하는 님을 만나지 못하고 님의 처소를 아는 사람이 하나도 없었던 그 절망적인 막막함과 처절한 고난의 경험 때문이다.

여인보다 더 끔찍한 절망과 고통을 경험한 사람은 욥이었다. 그는 너그러운 부자였고 자상한 남편이며 멋진 아빠였고 하나님 앞에서는 의로웠다. 그런데 이유를 알 수 없는 재앙이 그를 덮쳐서 집은 무너지고 자식들은 죽

고 종들은 살해되고 가축들은 빼앗기고 아내는 도망갔다. 원인을 모르는 재앙은 인생의 가장 쓰라린 고통이다. 욥에게 이것보다 더 큰 영적인 고통은 주님과의 단절이다. 그는 탄식한다. "내가 앞으로 가도 그가 아니 계시고 뒤로 가도 보이지 아니하며 그가 왼쪽에서 일하시나 내가 만날 수 없고 그가 우편으로 돌이키나 뵈올 수 없구나"(욥 23:9-10). 그럼에도 불구하고 욥은 절망하지 않고 자신의 상황을 이렇게 해석한다. "그러나 내가 가는 길을 그가 아시나니 그가 나를 단련하신 후에는 내가 순금 같이 되어 나오리라"(욥 23:10). 고통을 받고 고난의 훈련이 끝나면 순금처럼 눈부신 사람이 된다고 확신한다. 실제로 고난이 끝난 이후의 욥에게는 갑절의 복이 주어졌다(욥 42:10). 욥이 보여준 것처럼, 그리스도 때문에 당하는 고난 이후에는 그 고난과 족히 비교할 수 없는 하나님의 영광이 반드시 주어진다. 이사야는 그런 하나님의 영광을 눈부신 빛(אור)이라고 묘사한다(사 60:2-3). 고난 이후에 주어지는 하나님의 눈부신 영광으로 말미암아 교회는 세상의 빛으로서 고유한 직무를 완수하게 된다.

뒷부분에 나오는 여인의 머리털에 대한 설명은 4장 1절 뒷부분의 반복이다.

6그대의 치아는 씻는 곳에서 올라오는 암양의 무리 같습니다
각각은 쌍으로 되었으며 그것들 중에 빠진 것이 하나도 없습니다
7베일의 뒤에 있는 그대의 뺨은 벌어진 석류 같습니다

여인의 치아에 대해 표현하는 6절은 노래의 후렴구와 같은 4장 2절의 반복이고, 여인의 뺨에 대해 묘사하는 7절은 4장 3절의 반복이다. 반복은 소통의 요긴한 방식이다. 여인의 머리털과 치아와 뺨에 대한 고백의 반복을 통해 솔로몬은 자신의 사랑이 변하지 않았다는 사실을 그녀에게 확인시켜 준다. 아니, 그의 사랑은 더 깊어졌다. 비록 여인의 눈과 머리털과 치아와 뺨에

대한 표현은 같지만 그 표현에 담긴 의미의 깊이는 깊어진 사랑만큼 심오하다. 사랑은 특이하다. 겉으로는 아무런 변화가 없어 보이지만 속으로는 꾸준히 달라진다. 성경을 이해할 때에도 사랑의 특성이 작용한다. 성경 텍스트는 모든 시대에 모든 곳에서 모든 사람에게 동일하다. 그러나 사랑의 크기에 따라 성경에 담긴 의미의 크기가 달라진다. 사람들은 성경의 동일한 텍스트를 읽고서도 각자 다르게 해석한다. 해석의 차이가 발생하는 이유는 사랑의 크기가 다르기 때문이다. 하나님은 성경에 계시되어 있다. 그런데 성경을 읽어도 하나님을 알지 못하거나 다르게 아는 이유는 무엇인가? 요한의 답변이다. "사랑하지 아니하는 자는 하나님을 알지 못하나니 이는 하나님이 사랑이기 때문이라"(요일 4:8). 사랑이 없으면 성경의 궁극적인 의미인 하나님을 알지 못한다고 한다. 사랑이 해석의 심장이다. 사랑이 없으면 해석의 심장은 마비된다. 사랑의 변화 때문에 동일한 성경도 처음에 읽을 때의 의미와 두번째 읽을 때의 의미가 동일하지 않다. 동일한 구절이라 할지라도 읽을 때마다 새롭게 느껴지는 이유는 무엇인가? 나는 사랑의 변화가 그 이유라고 생각한다. 의미도 생물처럼 사랑을 따라 꾸준히 성장한다.

사랑은 모든 것을 바꾸는 놀라운 능력이다. 텍스트의 해석만이 아니라 어떤 사람을 이해할 때에도 사랑의 여부와 크기가 작용한다. 사랑이 있고 그 사랑이 크면 원수도 사랑의 대상으로 이해한다. 그러나 사랑이 없으면 아무리 아름답고 존귀한 사람에 대해서도 미움과 무례함과 공격의 발톱을 드러낸다. 사람만이 아니라 어떤 행동에 대해서도 사랑에 따라 다르게 해석된다. 사랑하면 실수와 허물도 귀엽게 여기며 덮어준다. 그러나 사랑이 없으면 선행에 대해서도 악한 의도가 배후에 있다는 의심에 휩싸인다. 잘못과 실수에 대해서는 지극히 사소한 것이라고 할지라도 그냥 넘어가지 않고 반드시 추궁하고 눈물이 쏙 빠지도록 비난하고 정죄한다. 지혜자의 뾰족한 지적이다. "허물을 덮어 주는 자는 사랑을 구하는 자요 그것을 거듭 말하는 자는 친한 벗을 이간하는 자니라"(잠 17:9). 사랑하면 타인의 잘못에 대해 아는 마지막 사람이 되지만, 사랑이 없으면 타인의 잘못을 동네방네 떠벌리며 떠들썩한 소문의 진원지가 된다. 그는 듣는 사람마다 그 타인을 미워하게 만드는 이간질의 원흉이다. 그렇다고 타인의 잘못이 곪아 터지도록 무작정 덮기만 하는 태도도 올바르지 않다. 타인의 잘못은 건설적인 책망을 통해 그 타인에게 알려서 그의 성장을 도모해야 한다. "면책은 숨은 사랑보다 나으니라"(잠 27:5). 친구의 진실한 꾸지람은 마음을 즐겁게 하는 향기처럼 아름답다.

여인은 비록 솔로몬의 입술에서 동일한 고백을 들었지만 고통을 지나서 한결 성숙해진 사랑의 귀로 들어온 그 고백의 의미는 훨씬 풍성하고 감미롭다. 이는 자신을 향해 변하지 않는 솔로몬의 사랑을 확인했고 그 사랑이 더 깊어지고 높아지고 넓어지고 길어졌기 때문이다. 교회도 사랑에 있어서 성장해야 한다. 바울은 교회를 향한 그리스도 예수의 사랑에 대한 우리의 깨달음과 누림을 위해 이렇게 기도한다. "그 너비와 길이와 높이와 깊이가 어떠함을 깨달아 하나님의 모든 충만하신 것으로 너희에게 충만하게 하시기를 구하노라"(엡 3:19). 사랑도 다양한 차원에서 성장해야 한다. 더 많은 사람을 사랑하고 더 오래 영원히 사랑하고 높으신 하나님의 더 고결한 사랑을 추구하고 뿌리가 깊어서 흔들림도 없고 변함도 없이 사랑해야 한다. 바울은 우리가 구하고 생각하는 것보다 훨씬 풍성하게 응답하실 하나님을 신뢰하고 있다. 이 시대의 교회에도 그렇게 응답하실 것을 확신한다.

8왕비가 육십 명이요 후궁이 팔십 명이요 시녀가 무수하되 9내 비둘기, 내 완전한 자는 하나뿐이로구나 그는 그의 어머니의 외딸이요 그 낳은 자가 귀중하게 여기는 자로구나 여자들이 그를 보고 복된 자라 하고 왕비와 후궁들도 그를 칭찬하는구나 10아침 빛 같이 뚜렷하고 달 같이 아름답고 해 같이 맑고 깃발을 세운 군대 같이 당당한 여자가 누구인가 11골짜기의 푸른 초목을 보려고 포도나무가 순이 났는가 석류나무가 꽃이 피었는가 알려고 내가 호도 동산으로 내려갔을 때에 12부지중에 내 마음이 나를 내 귀한 백성의 수레 가운데에 이르게 하였구나 13돌아오고 돌아오라 술람미 여자야 돌아오고 돌아오라 우리가 너를 보게 하라 너희가 어찌하여 마하나임에서 춤추는 것을 보는 것처럼 술람미 여자를 보려느냐

❖ ❖ ❖

8(남) 육십의 왕비들, 팔십의 후궁들, 무수한 처녀들이 있다 9[그러나] 그녀 하나만이 나의 비둘기, 나의 완전한 여인이다 그녀만이 그녀 어머니의 유일한 딸이며 그녀만이 그 낳은 자가 선택한 사람이다 딸들이 그녀를 보고 복되다고 한다 왕비들과 후궁들도 그녀를 칭찬하며 [말하기를] 10(합) "새벽 별처럼 내려다 보고, 달처럼 아름답고, 태양처럼 순결하고, 깃발을 세운 군대처럼 위엄이 있는 이 사람은 누군가요?" 11(여) 하천의 신선한 초목을 보기 위하여, 포도나무 순이 나왔는지, 석류나무 꽃은 피었는지 보려고 호두 동산으로 내려 갔습니다 12나 자신도 알지 못하는 사이에 내 마음이 나를 귀한 백성의 수레들 가운데에 두었군요 13(합) 돌아오라 돌아오라 술람미 여인이여 돌아오라 돌아오라 우리가 그대를 보도록! (남) 어찌하여 너희가 군부대의 무희처럼 술람미 여인을 보려는가

13 무의식적 사랑의 경지

사랑의 독특한 속성 중의 하나는 의식의 생략이다. 무의식 중에 이미 행동으로 뛰어든 사랑이 바로 그것이다. 의식의 과정을 거치지 않고 이미 행동이 되는 것은 원숙한 사랑의 특징이다. 술람미 여인은 솔로몬의 칭찬, 어머니의 칭찬, 그리고 다양한 여인들의 칭찬을 듣고 자신의 정체성을 돌아본다. 그리고 깊은 사랑에 빠져 무의식 중에 행동으로 표출되는 그 사랑을 경험한다. 계산이 없고 대가를 고려하지 않은 이런 무의식적 사랑은 아름답고 향기롭다.

8(남) 육십의 왕비들, 팔십의 후궁들, 무수한 처녀들이 있다
9a[그러나] 그녀 하나만이 나의 비둘기, 나의 완전한 여인이다

솔로몬은 인류의 역사에서 아내를 가장 많이 둔 왕으로 추정된다. 본문에는 아내가 왕비들 60명과 후궁들 80명을 합하여 140명인 것으로 기록되어

있으나 그것은 술람미 여인을 만나기 전까지의 수효일 가능성이 높다. 그의 인생 전체를 보면 아내가 300명이고 후궁들이 700명이었다. 솔로몬은 이전에 140명과 결혼을 하였고 이후에도 859명과 결혼을 하였으나 이는 진실하고 온전한 사랑이 아닌 다른 의도가 시킨 일이었다. 그러나 술람미 여인은 솔로몬이 가장 순수하고 진실한 사랑 때문에 결혼한 여인이다. 그래서 솔로몬은 술람미 여인만이 자신의 비둘기, 자신에게 완전한(תַּם) 자라고 노래한다. 솔로몬의 유일한 사랑은 이 여인이다. 결혼을 했다는 것이 사랑을 보증하는 것이 아닌 것은 대부분의 결혼이 완전한 사랑에 근거한 것이 아니기 때문이다.

비록 여러 번 결혼하여 많은 아내나 남편이 있더라도 그들 중에서 나의 전부를 주는 진실하고 완전한 사랑의 대상은 한 사람이다. 최근에 가장 많은 아내를 둔 사람은 나이지리아의 모하메드 벨로 아부바카르(Mohammed Bello Abubakar)이다. 93세로 2017년에 사망한 그는 130명의 아내를 두었고 203명의 자녀를 가진 사람이다. 그는 결혼을 사랑 자체보다 신이 주신 사명으로 생각하여 생전에 계속해서 결혼할 것이라고 공언한 사람이다. 130명과의 결혼은 사랑이 아닌 자신의 자의적인 사명이 시킨 일이었다. 그런데 그가 말하는 신의 사명은 욕망의 가면일 가능성이 높다. 아내들이 스스로 그 사명을 느껴서 그에게 결혼한 것이 아니라 그가 신의 뜻이라고 했기 때문에 결혼을 거부할 수 없었다고 한다. 진실한 사랑이 아닌 다른 이유로 이루어진 결혼은 불행하다. 결혼과 사랑이 서로의 어깨를 걸지 않는 오늘날의 실상은 가장 기본적인 관계의 심각한 무질서다.

인간은 무한하지 않다. 그의 전부를 사랑의 어떤 대상에게 주면 다른 대상에게 줄 사랑의 잉여가 그에게는 없다. 사랑을 분할하여 몇 조각을 주는 것은 사랑이 아니며, 온전한 부부의 사랑은 아내나 남편이 상대에게 자신의 전부를 주는 것이기 때문이다. 그래서 사랑은 신비로운 배타성을 띤다. 루터는 남편이 자기 아내를 지구상에 유일한 여인으로, 아내가 자기 남편을 지구상에 유일한 남자로 바라볼 때 어떠한 왕도, 어떠한 여왕도, 심지어 태양 자체도 자신의 남편이나 아내보다 더 밝게 반짝이지 않는다고 확신한다. 이 배타성은 불의하고 편파적인 차별과는 구별된다. 진실한 사랑의 대상이 하나일 수밖에 없다는 것은 인간의 본래적인 속성이다. 주님께서 인간을 그렇게 지으셨다. 그렇기 때문에 하신 예수의 말씀이다. "집 하인이 두 주인을 섬길 수 없나니 혹 이를 미워하고 저를 사랑하고 혹 이를 중히 여기고 저를 경히 여길 것임이라 너희는 하나님과 재물을 겸하여 섬길 수 없느니라"(눅 16:13). 주인이 둘이거나, 배우자가 둘이거나, 사랑의 대상이 둘일 수는 없다는 이야기다. 인간은 무한하지 않기 때문에 어떤 것을 사랑하고 중히 여기면 다른 것을 동일한 무게로 사랑하고 중히 여기는 일이 가능하지 않다. 사랑의 총량은 제한되어 있기 때문에 어떤 사람에게 많은 사랑을 주면 다른 사람에게 가는 사랑의 분량은 반드시 줄어든다.

그런데 인간 자체로는 불가능한 일도 주님과 함께하면 가능하다. 하나님을 사랑하면 다른 모든 참되고 선하고 아름다운 것 즉 모든 종류의 진선미를 사랑하게 된다. 하나님 사랑이 일으키는 기적이다. 사랑이 가진 본질적인 배타성의 부작용도 극복된다. 하나님을 우리의 전부로, 100%의 사랑으로, 목숨과 마음과 뜻과 힘을 다하여 사랑하면 남는 게 없어서 다른 인간과 자연은 사랑할 수 없을 것 같은데 그렇지가 않다. 하나님을 신으로서 먼저 사랑하면 인간을 인간으로, 자연을 자연으로 사랑하게 된다. 하나님에 대한 우리의 초라한 사랑에 하나님은 무한한 사랑으로 반응하며 무한한 분량의 사랑을 베푸신다. 우리가 목숨과 마음과 뜻과 힘을 다 쏟는다고 할지라도 그게 하나님께 얼마나 되겠는가! 심히 초라하다. 그런데도 하나님은 자신의 무한한 전부를 주시기 때문에 인간의 존재와 능력을 초월하는 사랑으로 우리가 온 인류와 온 우주를 사랑하는 것이 가능하게 된다.

이처럼 사랑은 순서가 중요하고 질서가 중요하다. 주님을 진실로 사랑하는 자는 원수도 사랑하라 하신 말씀을 따라 원수도 사랑하게 된다. "사람의 행위가 여호와를 기쁘시게 하면 그 사람의 원수라도 그와 더불어 화목하게 하시"(잠 16:7)기 때문이다. 하나님은 우리로 하여금 이웃을 사랑하고 원수를 사랑하게 만드는 분이시다.

> 9b그녀만이 그녀 어머니의 유일한 딸이며 그녀만이 그 낳은 자가
> 선택한 사람이다 딸들이 그녀를 보고 복되다고 한다
> 왕비들과 후궁들도 그녀를 칭찬하며 [말하기를]

술람미 여인은 어머니의 유일한 딸이며 그녀의 유일한 선택을 받았다고 한다. 나의 개인적인 번역에서 "바라"(בָּרָה)를 "순결한 자"가 아니라 "선택된 자"로 번역한 이유는 70인경의 헬라어 대역어가 "에클렉테"(ἐκλεκτή) 즉 "선택된 자"이기 때문이다. 술람미 여인은 어머니의 유일한 딸이라고 할 정도로 소중하다. 무엇 때문인가? 여인이 가진 조건 때문인가? 여기에 제시된 유일한 이유는 어머니의 선택 때문이다. 어머니는 딸을 가장 잘 아는 사람이기 때문에 어머니의 객관적인 선택에 이의를 제기할 수 있는 외부인은 없다. 딸의 가치는 어머니의 선택을 통해 확인된다. 여기에는 솔로몬이 무수히 많은 여인들 중에 유독 술람미 여인만을 유일한 사랑의 대상으로 지목하고 자신의 유일한 비둘기와 자신의 완전한 자로 여긴 이유가 암시되어 있다. 그 이유는 솔로몬이 그녀를 선택했기 때문이다.

사실 어머니가 여인을 유일한 딸이며 선택한 딸이라고 칭찬한 이유도 솔로몬의 선택에 근거한다. 왕이 선택하면 선택된 대상의 가치는 완전히 달라진다. 그러므로 여인의 궁극적인 가치와 의미는 솔로몬의 선택에 의존하고 있다. 어떤 해석에 따르면, 여기에 언급된 딸은 교회를 가리키고 어머니는 교회의 모체인 구약의 이스라엘 백성을 가리킨다. 교회가 어머니의 칭찬을 받는 근거, 혹은 이스라엘 백성의 흠모를 받는 근거는 주님의 선택

이다. 주님의 선택으로 말미암은 교회의 궁극적인 가치와 의미 때문이다. 그분이 우리를 택하시고 사랑을 베푸셨기 때문에 우리는 하나님의 백성과 자녀라는 고귀한 신분을 소유하고 그 신분에 따르는 무한한 특권을 구가한다. 이방인이 하나님을 주님으로, 남편으로 고백하며 부부의 사랑에 빠지는 것을 보면 이스라엘 백성은 시기하게 되고 결국에는 주님께로 돌아와 감사하게 된다. 이는 바울이 이방인의 사도 직분을 영광으로 여기는 까닭이다(롬 11:13-14).

"선택"은 "이유"나 "조건"과는 달리 존재의 의미나 가치가 선택되는 대상에게 있지 않고 선택하는 주체에게 있음을 가르친다. 술람미 여인의 가치는 자신이 가장 아름다운 침실에서 가장 안락한 잠자리를 취하는 것에 의해서 높아지지 않고 솔로몬과 맺은 관계의 거리 좁히기를 통해 높아진다. 우리의 가치와 존재감의 크기 변화도 이와 동일하다. 세상적인 조건의 구비에서 오지 않고 우리를 택하신 주님과의 영적인 밀착에서 온다. "하나님을 가까이 함이 내게 복이라"(시 73:28)고 한 아삽의 고백은 모든 사람에게 진실이다. 인간의 진정한 가치는 돈이 많아지고, 지위가 높아지고, 외모가 예뻐지고, 근육이 강해지고, 월급이 올라가는 것에서 높아지지 않고 하나님의 형상 즉 그리스도 예수의 인격과 삶을 닮아갈 때에 높아진다. "많은 재물보다 명예를 택할 것이요 은이나 금보다 은총을 더욱 택할 것이니라"(잠 22:1). 이는 우리가 인생의 자원을 어디에 소비해야 할 것인지를 가르친다. 재물보다 명예가, 금은보다 은총이 우선이다.

솔로몬이 유일하게 자신의 비둘기와 완전한 자로서 선택하고 어머니가 유일한 딸로서 선택한 이 여인은 다른 여인들의 칭찬과 존경의 대상으로 여겨진다. 사실 여인들은 솔로몬의 여인을 시기하고 질투해야 정상이다. 그런데 예루살렘 딸들만이 아니라 왕비들과 후궁들도 그녀를 칭찬한다. 왜 그러는가? 솔로몬의 선택 때문이다. 왕의 택함을 받았다는 사실 이외에 무수한 여인들이 술람미 여인을 칭찬해야 할 무슨 다른 이유가 있겠는가! 교회가 온 세상의 모든 민족에게 칭찬을 받는 비결도 동일하다. 무조건적 사랑에 근거한 하나님의 선택과 그와의 연합만이 온 세상으로 하여금 교회를 칭찬하게 한다. 하나님과 그의 백성은 명령과 순종으로 연합한다. "너희는 지켜 행하라 이것이 여러 민족 앞에서 너희의 지혜요 너희의 지식이라 그들이 이 모든 규례를 듣고 이르기를 이 큰 나라 사람은 과연 지혜와 지식이 있는 백성이라"(신 4:6). 이러한 하나님의 선택과 모든 민족의 칭찬이 이스라엘 백성에게 근거한 것이라는 오해를 하나님은 다음과 같은 말씀으로 막으신다. "너희를 택하심은 너희가 다른 민족보다 수효가 많기 때문이 아니라 너희는 오히려 모든 민족 중에 가장 적으니라"(신 7:7). 모든 민족 중에 가장 적은 백성이 "큰 나라"라는 열방의 평가를 받게 만드시는 하나님의 택하심은 그 백성의 어떤 조건에 근거하지 않고 하나님의 사랑에 근거한다. 가장 초라하고 작은 사람도 하나님의 사랑과 선택을 받고 그의 말씀에 순종하면 하나님의 칭찬만이 아니라 모든 민족에게 칭찬을 받으며 높아진다.

주변에서 나를 무시하고 홀대하면 무엇 때문인가? 주변 사람들의 문제인가? 아니면 나 자신의 문제인가? 대접을 하지 않고 받으려는 일반적인 경향 때문에 대부분의 사람들은 자신에 대한 주변 사람들의 부실한 대접이 문제라고 생각한다. 이와는 달리, 대접을 하려는 사람들은 주변 사람들에 대한 나 자신의 빈약한 대접이 문제라고 생각한다. 모든 문제의 근원은 나 자신이다. 더 사랑하지 못하고 더 배려하지 못하고 더 양보하지 못하고 더 인내하지 못하고 더 존중하지 못하고 더 칭찬하지 못하고 더 신뢰하지 않았다는 문제의 막대한 지분이 나에게 있음을 인정하고 성찰해야 한다. 실제로는 사람들에 대한 나의 잘못보다 하나님에 대한 나의 잘못이 선행한다. 그런데 그 잘못이 다른 무엇보다 더 심각하다. 궁극적인 문제는 내가 하나님께 더 가까이 나아가지 않고 그분 안에 거하지 않고 그분의 말씀에 더 순종하지 않았기 때문이다.

¹⁰(합) "새벽 별처럼 내려다 보고, 달처럼 아름답고, 태양처럼 순결하고,
깃발을 세운 군대처럼 위엄이 있는 이 사람은 누군가요?"

여인들이 술람미 여인에 대해 칭찬하는 내용은 무엇인가? 그들은 여인의 진가를 설명하기 위해 천문학을 동원한다. 그들로 하여금 칭찬의 입을 벌리게 한 이유는 하늘에서 반짝이는, 새벽이라 더욱 밝고 눈부신 별들, 그 수많은 눈동자가 어둠에 덮인 온 땅을 내려보는(שָׁקַף) 듯한 그녀의 기품이다. 이는 별과는 비교할 수 없을 정도로 웅장한 빛의 관리자인 달처럼 아름다운 그녀의 모습이다. 그녀는 계속 응시해도 시선이 피곤하지 않을 정도로 은은한 달빛의 여인이다. 너무도 뜨거워서 지극히 작은 하나의 불순물도 다 태워버릴 태양의 순도처럼 순수하고 깨끗한 여인의 모습이다. 주변 여인들의 시선이 닿으면 그것이 불순물로 여겨질 정도로 티 없이 맑으며 정면으로 응시할 수 없을 정도로 눈부신 여인이다. 그리고 여인은 솔로몬이 표현한 것처럼 역동적인 승리를 쟁취할 기세가 우뚝 세워진 군대의 위엄을 가진 사람이다. 여인들의 칭찬에서 솔로몬의 평가는 기준과 관점으로 작용한다.

요한은 교회를 이와 비슷하게 묘사한다. "하늘에 큰 이적이 보이니 해를 옷 입은 한 여자가 있는데 그 발 아래에는 달이 있고 그 머리에는 열두 별의 관을 썼더라"(계 12:1). 눈부신 해는 교회의 옷이어야 한다. 달은 정화수를 떠 놓고 빌어야 할 신앙의 대상이 아니라 교회의 발 아래에서 은은하게 비추며 존재를 알리는 등불이다. 별들은 교회의 머리를 꾸미는 장신구와 같다. 별들이 아래로 내려보는 것은 하나님의 섭리를 가리킨다. 교회는 별이 하늘에서 땅을 내려보는 것처럼 하나님의 다스림을 나타내야 한다. 머리에 씌어진 별의 관은 교회가 하나님의 통치를 대변해야 하는 기관임을 의미한다. 여인에 대한 여인들의 칭찬을 통해 우리는 하늘의 모든 광명체

가 주님의 여인인 교회의 수식어로 동원되고 있음을 확인한다. 해와 달과 별은 빛을 관리하는 직무를 수행한다. 교회도 하늘의 빛이 땅끝까지 비치도록 관리해야 한다. 이처럼 성경이 가진 세계관은 장엄하다. 하나님은 당신의 백성을 중심으로 온 세상을 6일 동안 지으시고 지금까지 이끄신다. 이런 주님의 섭리에서 각각의 피조물은 존재 자체로 교회에게 무언으로 하나님의 메시지를 전달하는 도구로 사용된다.

여인들은 여인을 남성보다 더 촘촘하게 관찰하고 미모의 은밀한 거품도 예리하게 감지한다. 대충 보더라도 태생적인 미와 가공된 미를 능히 식별한다. 그런 여인들이 지금 술람미 여인을 보고 감탄하며 칭찬한다. 이는 가식적인 아부가 아니라 그 여인이 진짜로 아름답기 때문이다. 솔로몬의 칭찬과 여인들의 칭찬이 유사하다. 왕의 평가는 세상의 판단을 지배한다. 교회를 바라보는 하나님의 시선도 세상에 고스란히 전염된다. 교회가 하나님이 보시기에 괜찮으면 세상의 칭찬과 존경도 교회에 쏟아진다. 세상이 짓밟고 능욕하는 것은 때때로 교회가 하나님 앞에서 의롭지 못하다는 사실의 반증이다. 하나님을 탓하지도 말고 세상을 탓하지도 말라. 아름다운 별과 은은한 달과 강렬한 태양과 늠름한 군대에게 주어지는 화려한 칭찬을 세상에 구걸하지 말라. 부끄럽고 비참하다. 교회가 추구해야 하는 유일한 처신은 교회다움 회복이다. 주님의 신부다움 구현이다. 온 세상에 대한 제사장 나라 직분의 충실한 실현이다.

11(여) 하천의 신선한 초목을 보기 위하여, 포도나무 순이 나왔는지,
석류나무 꽃은 피었는지 보려고 호두 동산으로 내려 갔습니다

솔로몬과 어머니와 여인들의 칭찬을 받은 술람미 여인은 호두 동산으로 내려간다. 반복되는 말이지만, 여기서도 "동산"은 여인 자신을 가리킨다. 여

기에서 여인은 솔로몬이 자신의 동산을 언급할 때 사용된 "간"(גַּן)의 여성형 단어 "긴나"(גַּנָּה)를 사용한다. 여인은 자신을 돌아본다. 칭찬을 받으면 대부분의 사람들은 그 맛에 취하여 마음에는 거품이 들어가고 말과 행동의 어깨에는 힘이 들어간다. 더 크고 더 많은 칭찬을 받으려고 심혈을 기울인다. 그런데 여인은 그런 관심사가 전혀 없이 자신만을 성찰한다. 이로써 칭찬의 시험을 통과한다. 그녀는 자신이 더 많은 칭찬을 취하기 위함이 아니라 솔로몬과 그의 백성을 사랑하기 위한 준비가 되어 있는지를 점검한다. 하천의 신선한 초목, 포도나무 순, 석류나무 꽃은 인생에 행복과 소망을 제공하는 것들이다. 이 모든 것들은 솔로몬과 온 백성을 사랑하기 위한 여인의 성품과 삶의 상태를 상징한다.

받으려고 하지 않고 주려고 자신을 살피는 여인의 이런 모습에서 하나님과 세상을 향한 교회의 도리를 발견한다. 교회가 지혜와 지식이 뛰어난 공동체로 칭찬을 받는 것도 좋은 일이지만, 교회는 주어진 모든 것을 다 동원하여 하나님과 이웃을 사랑하는 더 좋은 일에 매진해야 한다. 칭찬은 교회를 단련하는 수단이다. 칭찬의 노예가 되거나 칭찬의 눈치를 보면 칭찬에 중독된 것이고 칭찬의 코뚜레에 꿰어 칭찬의 주체에게 늘 휘둘리게 된다. 교회가 이 세상에 존재하는 이유는 무엇인가? 칭찬 챙기기가 아니라 이웃 사랑과 나눔과 베풂과 섬김이다. 바울의 진솔한 고백이다. "차라리 세상을 떠나서 그리스도와 함께 있는 것이 훨씬 더 좋은 일이라 그렇게 하고 싶으나 내가 육신으로 있는 것이 너희를 위하여 더 유익할 것이라"(빌 1:23-24). 나 자신을 위한다면 세상을 떠나야 하고 이웃을 위한다면 세상에 머물러야 한다. 그런데 우리는 질문해야 한다. 나는 이 세상에 사는 것보다 이곳을 떠나 주님과 함께 있는 것을 훨씬 좋은 일이라고 여기는가? 그리고 내가 이 세상에 남는다면 과연 이웃에게 유익을 주는 존재인가? 우리는 죽어도 주님과 이웃을 위한, 살아도 주님과 이웃을 위한 존재여야 한다. 교회는 늘 세상의 유익이 되고 있는지를 점검해야 한다. 이 유익을 위해 신선한 초목과 포도나무 순과 석류나무 꽃의 신선도를 확인하고 베푸는 사랑을 위해 잘 가꾸어야 한다.

12나 자신도 알지 못하는 사이에

내 마음이 나를 귀한 백성의 수레들 가운데에 두었군요

여인의 몸은 자신도 알지 못하는(לֹא יָדַעְתִּי) 사이에 이미 귀한 백성과 동행한다. 이는 사랑의 마음이 시킨 일이었다. 솔로몬 왕을 진실로 사랑하면 그의 백성도 고귀하게(נָדִיב) 보이고 필히 사랑하게 된다. 우리도 주님을 진실로 사랑하면 그의 백성인 교회를 존귀하게 생각하고 사랑하게 된다. 이는 아버지를 사랑하면 그의 자녀를 사랑하는 것이 당연한 일이기 때문이다(요일 5:1). 하나님의 백성을 사랑하지 않는 사람은 하나님도 사랑하지 않는 사람이다. "보는 바 그 형제를 사랑하지 아니하는 자는 보지 못하는 바 하나님을 사랑할 수 없느니라"(요일 4:20).

고귀한 백성의 수레에 자신을 태운 여인의 행동은 부지불식 중에 일어났다. 대체로 의지의 작용과 행위는 의식의 검열대를 거치지만 여인의 행위는 의식의 과정을 생략했다. 의식의 과정을 거치지 않고 계산되지 않은 행위로 즉각 표출되는 것은 사랑의 아주 중요한 속성이다. 진실한 사랑은 인간의 마음과 몸에 본래적인 질서이기 때문에 의식과 분석과 판단의 과정이 필요하지 않다. 그래야 사랑이다. 사랑이 시키는 대로 생각하고, 사랑이 원하는 대로 행동하면 된다. 물이 흐르듯이 사랑하면 된다. 이런 사랑의 질서에는 신중한 의식의 개입이 필요하지 않다. 이렇게 의식의 꾸밈이 없는 사랑은 향기롭다. 조건과 이유가 적을수록 사랑은 순수하다. 무의식적 사랑은 완전한 사랑이다. 사랑이 부지불식 간에 행동이 되어 있다면, 이는 완전한 사랑의 증명이다. 하나님은 우리에게 왜 독생자의 생명을 비용으로 지불하는 사랑을 하셨는가? 하나님 이외에는 아무도 모르고 답할 수도 없는 물음이다. 사실 사랑에 대하여 "왜"라는 이유의 의문사를 붙이는 것 자체가 모멸이다.

학문도 전제나 조건이 적을수록 객관성과 보편성은 높아진다. 교회의 신앙과 경건과 사랑도 조건과 이유가 적을수록 더 순수하고 아름답다. 욥은 신앙도 좋고 경건하고 사랑도 많은 사람이다. 그런 욥을 하나님은 사탄에게 자랑했다. 이에 사탄은 욥의 경건이 순수하지 않다는 이의를 제기한다. "욥이 어찌 까닭 없이 하나님을 경외하는 것입니까 주께서 그와 그의 집과 그의 모든 소유물을 울타리로 두르심 때문이 아닙니까"(욥 1:9-10). 이러한 주장에 대해 하나님은 욥의 생명 이외에 사탄이 언급한 경건의 모든 까닭들을 제거해도 좋다고 허락한다. 이는 신앙의 껍데기 조건을 벗기시는 하나님의 섭리를 잘 보여준다. 조건에 근거한 신앙과 경건과 사랑은 순수하지 않고 그 조건이 제거되면 쉽게 무너진다. 그러나 사랑이 성숙하면 그 사랑을 지탱하던 조건들이 하나 둘씩 소멸된다. 그런데도 그 사랑은 흔들림이 없다. 나에게 돈과 명예와 건강과 장수를 주시면 하나님께 감사하고 그분을 존중하고 사랑하는 것은 계산된 조건부 사랑이다. 그런데 고난과 절망은 그런 조건적인 사랑의 은밀한 실상을 드러내는 고발의 수단이고 동시에 우리를 까닭 없는 최고의 사랑으로 데려가는 안내자다. 우리의 사랑은 역경과 좌절의 태풍이 지나가면 겨우 조금 변화된다.

13(합) 돌아오라 돌아오라 술람미 여인이여 돌아오라 돌아오라 우리가 그대를
　　보도록! (남) 어찌하여 너희가 군부대의 무희처럼 술람미 여인을 보려는가

여인들은 솔로몬의 여인을 "술람미트"(שׁוּלַמִּית)로 호명한다. 이곳에서 유일하게 사용되는 이 호칭의 의미는 간단하지 않다. 지리적인 의미에서 본

다면, 술람 혹은 술람미 출신의 여인이다. 그러나 어원적인 의미는 "완전한 혹은 평화로운 혹은 흠 없는 여인"이다. 이 호칭은 "평화"라는 의미를 가진 솔로몬의 이름(שְׁלֹמֹה)과 잘 어울린다. 이처럼 술람미 여인은 어감에 있어서도 솔로몬의 여인이다. 그래서 주변의 여인들이 그녀를 "술람미 여인"으로 명명한다. 솔로몬 의존적인 정체성, 즉 "평화로운 여인"이 그녀에 대한 설명이다. 이 호칭이 자신의 입술이 아니라 다른 여인들의 입술에서 나왔다는 사실이 중요하다. 솔로몬의 여자라는 사실은 자신이 증명하지 않고 타인의 설명에 의해 증명된다. 사랑하면 닮아간다. 평화를 사랑하면 평화롭게 된다. 서로 사랑하면 닮음의 티는 타인에게 발산되고 타인의 입술에서 확인된다. 마치 안디옥 사람들이 예수의 제자들을 그리스도인이라고 칭한 것과 유사하다(행 11:26). 예수를 진실로 사랑하는 사람은 그를 닮게 되어 세상에 의해 그리스도 같은 사람 즉 "그리스도인"(Χριστιανός)이라고 불려진다.

솔로몬과 하나가 된 술람미 여인의 사랑이 아무리 순수해도 세상은 얼마든지 오해하고 오용한다. 여인들은 술람미 여인을 환영한다. 그녀를 만나려고 한다. 호의적인 모습이다. 그러나 세상의 환영과 만남은 이에 대한 여인의 긍정적인 이해와 다르기 때문에 솔로몬은 이렇게 여인들을 꾸짖는다. "어찌하여 너희가 군부대의 무희처럼 술람미 여인을 보려는가!" 이 말은 왕비들과 후궁들과 예루살렘 딸들의 의도가 순수하지 않음을 드러낸다. 그들은 사랑하는 여인을 사랑으로 대하지 않고 화려한 군무의 유희를 제공할 볼거리의 하나로서 환영하고 기대한다. 이들의 불순한 의도를 간파한 사람은 여인이 아니라 솔로몬 왕이었다. 그가 친히 입을 열어서 여인들을 꾸짖었다. 술람미 여인의 가치와 의무에 대한 그들의 왜곡을 왕이 친히 수정했다. 여인은 세상을 대할 때에 솔로몬의 견해에 주의해야 한다. 솔로몬은 여인의 가치를 아는 유일한 사람이기 때문에 그의 말에서 우리는 진실을 확인한다. 이와 동일하게, 하나님은 교회의 가치를 결정하고 아는 유일한 분이시기 때문에 교회도 하나님의 말씀에서 자신의 정체성을 확인해야 한다.

세상에 대한 교회의 순수한 사랑은 어떠한가? 때로는 왜곡되고 때로는 오용된다. 이는 교회가 세상에 주고자 하는 것과 세상이 교회에 기대하는 바의 초점이 어긋나기 때문이다. 세상은 주님께 자신의 세속적인 임금이 되어 달라고 요구한다(요 6:15). 세상은 주님께 먹을 것과 마실 것과 입을 것을 달라고 요구한다(마 6:31-32). 세상은 주님께 자기 자신을 구원해 보라고 요구한다(눅 23:35). 세상은 주님께 자신이 하나님의 아들이란 사실을 증명하고 돌을 떡으로 만들고 높은 곳에서 낙하하고 천하의 만국과 그 영광을 얻으라고 요구한다(마 4:3-9). 세상은 주님께 자신을 온 세상에 드러낼 것을 요구한다(요 7:4). 물론 세상에서 주님은 질병을 고치시고 먹을 것을 나누시고 영혼의 추위를 따뜻하게 덮으셨다. 그러나 세상은 자신의 궁극적인 필요가 무엇인지 알지 못하기 때문에 주님은 세상의 세속적인 요구에 부응하지 않으셨다. 대신에 세상이 필요를 알지도 못하고 구하지도 않아서 당연히 기대도 하지 않은 죄 사함과 영원한 생명을 베푸셨다.

교회에 대한 세상의 요구도 주님께 전달된 요구와 비슷하다. 주님처럼 교회가 세상에 주어야 할 선물도 하나님 자신과 그분의 사랑이다. 그러나 세상은 이 땅에서의 행복과 기쁨과 안전을 요구한다. 물론 그런 기대를 무시하는 것은 올바르지 않다. 그러나 세속적인 필요를 채워 줄 때에 교회가 그런 필요의 창살에 갇혀 세상에 대한 교회의 본분을 망각하지 않도록 주의해야 한다. 그런 외형적인 섬김을 계기로 하여 궁극적인 선물을 세상에 주어야 하는 교회의 도리를 늘 기억해야 한다. 세상의 표면적인 필요에 집착하지 말고 그 너머의 궁극적인 신음을 읽어내고 거기에 부응해야 한다. 그 이전에 무엇보다 우리는 세상을 향한 교회의 사랑이 순수하지 않다는 이 부끄러운 현실부터 직시하고 극복해야 한다.

7장 참된 사랑에는 국경선이 없다

아 7:1-6

¹귀한 자의 딸아 신을 신은 네 발이 어찌 그리 아름다운가 네 넓적다리는 둥글어서 숙련공의 손이 만든 구슬 꿰미 같구나 ²배꼽은 섞은 포도주를 가득히 부은 둥근 잔 같고 허리는 백합화로 두른 밀단 같구나 ³두 유방은 암사슴의 쌍태 새끼 같고 ⁴목은 상아 망대 같구나 눈은 헤스본 바드랍빔 문 곁에 있는 연못 같고 코는 다메섹을 향한 레바논 망대 같구나 ⁵머리는 갈멜 산 같고 드리운 머리털은 자주 빛이 있으니 왕이 그 머리카락에 매이었구나 ⁶사랑아 네가 어찌 그리 아름다운지, 어찌 그리 화창한지 즐겁게 하는구나

◆ ◆ ◆

¹(남) 신발을 신은 그대의 발은 어찌 그리 어여쁜지! 왕자의 딸이여 그대의 허벅지 곡선은 명인의 손으로 빚은 고귀한 장신구 같습니다 ²그대의 배꼽은 혼합된 포도주가 끊이지 않을 둥근 그릇이며 그대의 배는 백합화가 두른 한 더미의 밀입니다 ³그대의 두 가슴은 새끼 사슴 두 마리이며 쌍둥이 암노루와 같습니다 ⁴그대의 목은 상아로 된 망대와 같고 그대의 눈은 밧드라빔 입구에 있는 헤스본 저수지와 같고 그대의 코는 다메섹의 지표면을 주시하는 레바논의 망대와 같습니다 ⁵그대의 상부에 있는 머리는 갈멜산 같고 그대의 흘러내린 머릿결은 자주색 천 같으며 왕은 머리 타래에 사로잡혀 있습니다 ⁶어찌 그리 눈부시고 어찌 그리 즐거운지, 희락에 깃든 사랑이여

14 사랑의 변혁

7장의 앞부분은 다양한 은유로 사랑하는 자의 신체를 묘사하는 표현법(와 쯔프)의 네번째에 해당한다. 앞에서는 주로 위에서 아래로 내려가는 하향식 묘사였고, 이번에는 아래에서 위로 올라가는 상향식 설명이다. 솔로몬은 여인의 발과 허벅지와 배꼽과 배와 가슴과 목과 입과 코와 눈과 머리와 머릿결을 다양한 은유적 도구로 묘사한다. 이 와쯔프의 등장은 여인들이 술람미 여인을 군부대의 무희처럼 여겼기 때문이다. 그래서 솔로몬은 그녀를 아주 존귀한 여인으로 묘사한다. 여인의 몸 전체에 대한 설명에 만족하지 않고 몸의 각 지체들을 설명하는 이유는 무엇인가? 사랑은 상대방을 숲의 전체적인 관점과 나무의 구체적인 관점으로 동시에 볼 것을 요구하기 때문이다. 이는 하나님의 섭리를 잘 보여준다. 하나님은 우주와 역사 전부를 주관하는 분이시다. 그런데 동시에 그 우주의 개별적인 사물과 역사의 구체적인 순간도 살피신다. 침 삼킬 동안에도 하나님은 우리를 향한 사랑의 관심을 멈추지 않으신다. 동시에 천년을 하루처럼 여기시며 긴 호흡으로 역사의 고삐를 잡고 우주를 이끄신다. 이처럼 이 세상은 다양한 차원의 섭리가 겹을 이루며 경영되고 있다. 이것을 우리가 이해하기 위해서는 시야를 넓히기도 하고 좁히기도 하는 안목의 유연성이 필요하다. 여인에 대한 솔로몬의 설명에서 우리는 하나님의 다층적인 사랑을 경험한다.

> 1(남) 신발을 신은 그대의 발은 어찌 그리 어여쁜지! 왕자의 딸이여
> 그대의 허벅지 곡선은 명인의 손으로 빚은 고귀한 장신구 같습니다

사람들은 대체로 자신의 유익을 기준으로 타인을 평가한다. 그 유익에 대한 기여도의 크기를 따라 존재의 등급을 매기고 타인의 가치와 의미를 규정한다. 아무리 훌륭한 타인이라 하더라도 나 자신에게 어떤 유익을 주느냐가 평가의 주도권을 행사한다. 무희의 춤사위가 주는 희락의 크기로 자신의 여인을 평가한 예루살렘 여인들에 대해 솔로몬은 불쾌함을 드러내며 자기 여인의 고귀한 가치를 설명한다. 먼저 그는 여인을 "고귀한 딸, 고귀한 자의 딸, 왕자의 딸"(בַּת־נָדִיב)이라고 규정한다. 이는 솔로몬의 여인을 묘사하는 애칭이며 여인에 대한 솔로몬의 총평이다. 여인의 가치는 자기 자신에게 의존하지 않고 그녀가 속한 자에게 의존한다. 여인의 고귀함은 다윗왕의 아들 솔로몬과 결부되어 있다. 솔로몬의 여인이 된 그녀는 이제 왕족으로 분류된다. 비록 외모는 허름한 시골의 딸이지만 이제 솔로몬을 만나 그와 하나가 됨으로써 신분과 가치가 완전히 달라졌기 때문이다.

여인의 보이는 외모는 동일하다. 그러나 여인의 보이지 않는 신분은 이제 왕족이다. 사람들은 신분이 바뀌면 외모도 달라져야 한다고 생각한다. 그러나 고대에는 성형술이 발달되지 않았으며 외모의 인위적인 변화는 주로 장신구에 의존했다. 그러나 술람미 여인은 장신구로 꾸지 않았음을 우리는 솔로몬의 설명에서 확인한다. 그녀 안에 본래의 모습과 왕족의 신분이 공존하는 것은 중요한 것을 시사한다.

우리도 예수 그리스도 때문에 존귀하다. 인간의 궁극적인 가치는 오직 하나님의 아들 즉 예수와의 관계가 좌우한다. 인간의 존귀함에 대한 평가는 이 땅에서의 신분과 성별과 빈부와 귀천과 무관하다. 인간의 가치에 대한 평가는 그를 창조하신 하나님의 고유한 주권이기 때문이다. 성자 하나님인 예수의 교회는 이제 "왕자의 딸"처럼 존귀하다. 시인은 인간에 대한 하나님의 평가를 이렇게 노래한다. "땅에 있는 성도들은 존귀한 자들이니 나의 모든 즐거움이 그들에게 있도다"(시 16:3). 이는 우리가 감당할 수 없는 격찬이다. 우리에 대한 하나님의 이런 평가를 믿는다면 우리의 반응은 어떠해야 하나? 주님보다 더 크게 기뻐하고 감격하는 것이 마땅하다. 그 기쁨은 슬픔과 절망과 아픔의 자리에서 벌떡 일어나게 만들 정도로 막대해야 한다. 주변 여인들의 평가에 휘둘려 무희가 되지 말고 솔로몬의 평가에 감격하며 기쁨과 행복을 만끽하는 술람미 여인처럼 왕자의 딸로서 반응해야 한다. 동시에 우리는 예수를 믿어도 보이는 삶의 모습에는 큰 변화가 없다는 사실을 경험한다. 우리의 보이지 않는 영적 신분은 하나님의 자녀라는 변화가 있지만 그 신분에 걸맞은 삶의 천상적인 화려함은 없다. 여전히 가난하고 여전히 고달프다. 하늘의 고귀한 신분과 땅의 고단한 현실은 그렇게 공존한다. 이는 하나님의 특별한 섭리라고 생각한다. 이런 섭리를 따라 우리는 비록 가장 존귀한 신분을 누리면서 동시에 늘 겸손해야 한다.

솔로몬은 신을 신은 여인의 발을 주목한다. 그의 눈에는 발조차도 너무나 어여쁘다. 발은 머리가 원하는 곳이라면 어떠한 반론이나 불평도 없이 육중한 몸을 짊어지고 어디든지 이동한다. 가장 힘든 일을 하면서도 눈에서 가장 먼 곳에 유배되어 있어 외면당하는 기관이다. 그런데 솔로몬은 죽을 때까지 짐꾼으로 살아가는 발의 무거운 일생, 아무도 주목하지 않는 발의 고달픈 신세를 이해한다. 여인의 신체에서 발을 가장 먼저 언급한 이유는 무엇일까? 여인의 가장 소외된 부위부터 챙기는 솔로몬의 진실한 사랑 때문이다. 그리고 여인의 전 존재가 고귀한데 존재의 끝에 매달린 발도 예외가 아님을 강조하기 위함이다. 교회 안에서도 가장 우선적인 돌봄의 대상은 가장 약하고 소외된 분이어야 한다. 입이 없어서 말도 못하고 손이 없어서 더 가지지도 못하는 발처럼 교회의 보이지 않는 토대를 떠받치는 분들을 일 순위로 존중해야 한다. 이런 공동체의 질서에 대한 바울의 교훈이다. "더 약하게 보이는 몸의 지체가 도리어 요긴하고 우리가 몸의 덜 귀히 여기는 그것들을 더욱 귀한 것들로 입혀 주며 우리의 아름답지 못한 지체는 더욱 아름다운 것을 얻느니라"(고전 12:22-23).

그녀의 발은 신(נְעָלִים)을 신었다고 한다. 고대근동 시대의 신은 귀족이나 사제와 같은 존귀한 신분을 나타내는 도구였다. 술람미 여인이 신을 신었다는 것은 그녀의 존귀함을 입증한다. 신발의 영적인 의미는 무엇인가? "좋은 소식을 전하며 평화를 공포하며 복된 좋은 소식을 가져오며 구원을 공포하며 시온을 향하여 이르기를 네 하나님이 통치하신다 하는 자의 산을 넘는 발이 어찌 그리 아름다운가"(사 52:7). 이사야가 생각하는 신발은 복음이다. 신체를 운반하는 발보다 복음을 전하는 발이 더 아름답다. 복음의 선포(좋은 소식, 평화, 복된 소식, 구원의 공포)를 가능하게 만드는 것은 발의 본분이다. 신발에 대한 구약의 이러한 이해를 그대로 수용한 바울은 성도가 어디를 가든지 "평화의 복음"(εὐαγγέλιον τῆς εἰρήνης, 엡 6:15)을 신발로 신고 이동해야 한다고 가르친다.

이제 솔로몬의 시선은 여인의 허벅지 곡선(חמוק)으로 이동한다. 허벅지 자체가 그의 눈에는 너무도 아름다워, 마치 뛰어난 명인의 손에서 빚어진 고귀한 장신구와 같다. 우아한 곡선을 가진 그녀의 허벅지는 그 자체로 예술이다. 이처럼 그녀는 사람들의 시선이 대체로 빗겨가는 허벅지도 다른 귀금속에 의한 장식이 필요하지 않을 정도로 아름답다. 어떤 사람은 솔로몬의 이런 표현을 꼼수로 간주한다. 자신의 보석이 여인의 몸을 치장하는 도구로 쓰일까봐 아까워서 칭찬으로 때우려는 구두쇠 기질의 발동으로 이해한다. 그러나 여인의 고귀함을 노래하는 솔로몬의 문장은 사랑의 붓이

지나간 자국이다. 사랑은 아무리 초라한 사람도 존귀한 보석으로 바꾸는 능력이다. 미학은 본래 사랑에 의존한다. 사랑은 미의 표면이 아니라 미의 본질을 비추는 태양이다. 지저분한 표면을 뚫고 들어가 본질의 뽀얀 속살을 감지한다. 만물의 아름다운 본질은 그렇게 사랑의 빛으로 드러난다. 우리가 하나님을 사랑하면 이 세상의 모든 만물에서 하나님의 아름다운 신성과 놀라운 권능을 목격하게 된다. 자연 만물만이 아니라 성경을 아무리 연구해도 성경의 본질인 예수를 만나지 못하는 이유는 무엇인가? 사랑하지 않기 때문이다. "하나님을 사랑하는 것이 너희 속에 없음을 알았노라" (요 5:42). 사랑하지 않으면 하나님을 알지 못하고 미학의 근원이신 하나님을 모르면 미의 신적인 차원까지 이르지 못하기에 무엇을 봐도 아름답지 않다. 처음 볼 때에는 아름다운 듯하나 금새 익숙해져 눈의 즐거움이 사라진다. 평범한 일상의 지루한 반복이 그 즐거움을 무뎌지게 하기 때문이다.

²그대의 배꼽은 혼합된 포도주가 끊이지 않을 둥근 그릇이며
그대의 배는 백합화가 두른 한 더미의 밀입니다

솔로몬의 시선은 여인의 배꼽으로 이동한다. "배꼽"의 히브리어 단어 "쇼레르"(שֹׁרֶר)가 사용된 경우는 이곳이 유일하다. 배꼽은 인간이 스스로 존재하지 않고 생명이 외부에 연결되어 있었다는 사실을 상기시켜 주는 증인이다. 이처럼 배꼽은 생명의 근원을 보여주는 곳이어서 예로부터 노출을 꺼려했다. 지구의 배꼽도 노출을 싫어한다. 지구의 배꼽으로 불리는 호주의 울룰루는 관광지로 개방이 되었다가 종교적인 신성함이 있는 곳이라고 여겨 그곳의 주민들은 2019년부터 폐쇄를 결정했다. 지구의 배꼽과는 달리, 인간의 배꼽은 피부가 움푹 파인 곳이고 먼지와 이물질이 많이 고여서 악취를 풍기기 때문에 외관과 냄새에 있어서 결코 아름답지 않다. 그러나 솔로몬이 보

기에 여인은 배꼽조차 "혼합된 포도주가 끊이지 않을 둥근 그릇"처럼 항구적인 즐거움을 주는 사람이다.

퍼주고 또 퍼주어도 포도주가 마르지 않는 여인의 배꼽은 가나의 혼인 잔치에서 예수님이 행하신 포도주 기적을 떠올리게 한다. 술람미 여인처럼 교회는 예수님 때문에 가장 은밀하게 가리고 싶은 부위까지 온 세상에 영원한 즐거움을 공급하는 공동체다. 그런데 요즈음 교회가 가장 당당하게 드러내는 예배마저 악취의 온상이 되어 세상의 이맛살을 찌푸리게 만들고 있지는 않은지, 의문이다. 본래 교회는 모든 공동체의 은밀한 배꼽과 같은 회계 서류에 있어서도 온 세상을 감동과 기쁨으로 취하게 할 포도주의 향이 진동해야 한다. 노출을 극도로 꺼리는 회계 장부를 갑자기 들추어 봐도 전혀 악취가 풍기지 않는 위엄이 교회의 자태여야 한다. 기관이든 개인이든 지갑이 깨끗해야 한다. 생명의 근원이 하나님이 아니라 돈이라고 생각하는 교회의 배꼽은 냄새가 지독하다. 그러나 하나님을 생명의 근원으로 삼은 교회의 배꼽에는 온 세상을 기쁨으로 취하게 만들 포도주가 가득하다.

이제 솔로몬은 여인의 배(בֶּטֶן)를 "백합화가 두른 한 더미의 밀"이라고 한다. 어떤 사람은 이런 표현에서 살이 쪄서 뚱뚱하고 배가 둥글게 부풀어 오른 여인의 비만을 연상한다. 그러나 이 표현에는 아름다운 꽃의 향기와 풍성한 곡식의 배부름이 어우러져 있다. 여인의 이러한 배는 교회의 배가 어떠해야 함을 잘 가르친다. 아름답고 향기가 진동하고 양식이 가득한 배의 의미는 타인의 주린 배를 채우는 구제라고 나는 생각한다. 교회는 자신의 위장을 챙기는 곳이 아니라 타인의 위장을 살피고 텅 빈 필요를 채워주는 구제 공동체다. 온 인류의 위장을 다 채우고도 남을 사랑의 풍부함이 교회에는 있다. 무한한 사랑의 주님 때문이다. 여인의 뱃속은 새로운 생명이 시작되는 곳이면서 그 생명이 일정기간 머무는 곳이기도 하다. 교회는 여인의 배처럼 새로운 생명의 잉태와 양육에 기여해야 한다. 성도를 온전하게 만들기 위해 복음을 전파하고 진리를 가르치는 곳이어야 한다. 교회는 이처럼 구제와 복음의 두 기둥으로 세워져서 온 세상에 대하여 향기롭고 풍요로운 곳이어야 한다.

> ³그대의 두 가슴은 새끼 사슴 두 마리이며 쌍둥이 암노루와 같습니다

이제 솔로몬은 여인의 가슴을 "새끼 사슴 두 마리이며 쌍둥이 암노루"로 묘사한다. 이 묘사는 4장 5절의 반복이다. 이것의 의미에 대해서는 그 구절의 설명을 참조하라.

> ⁴그대의 목은 상아로 된 망대와 같고
> 그대의 눈은 밧드라빔 입구에 있는 헤스본 저수지와 같고
> 그대의 코는 다메섹의 지표면을 주시하는 레바논의 망대와 같습니다

이 구절은 목과 눈과 코에 대한 설명이다. 솔로몬은 여인의 목을 "상아로 된 망대"에 비유한다. "상아 망대"는 여인이 솔로몬에 대하여 묘사한 "다윗의 망대"와 대응된다. "상아 망대"는 목이 휘거나 더럽지 않고 깨끗하고 아름답고 반듯하게 쭉 빠진 이미지를, "다윗의 망대"는 견고하고 위엄 있는 왕의 이미지를 잘 묘사한다. 목은 머리와 몸을 연결한다. 주님과 교회를 연결하는 목은 무엇인가? 박윤선 박사는 성도의 믿음이 바로 교회의 목이라고 한다. 상아처럼 순수하고 망대처럼 견고한 신앙을 가지면 교회는 하나님과 연결되어 결코 분리됨이 없다. "망대"(מִגְדָּל)의 일차적인 기능은 적군과 아군 진영에 대한 관찰이다. 세상도 살피고 교회도 돌아보기 위해 목이 필요하다. 목의 성실한 기능을 통해 교회는 온 세상을 주님의 관점으로 살피며 시대의 표적을 감지하고 지혜롭게 대응해야 한다. 동시에 방황하는 세상이 길을 찾

을 수 있도록 안내하는 높은 망대여야 한다.

여인의 눈은 "밧드라빔 입구에 있는 헤스본 저수지와 같다." 눈은 영혼의 창문이다. 솔로몬이 본 여인의 영혼은 촉촉하다. 깨끗하고 고요한 저수지와 같다. 여인은 아무리 메마른 감정도 촉촉하게 적시는 사랑의 물기가 흥건한 영혼, 사람들의 기근과 갈증을 해결하는 비옥한 영혼의 소유자다. 솔로몬은 저수지(בְּרֵכָה)와 그것의 용도를 잘 아는 사람이다. 그는 수목원에 용수를 공급하기 위해 저수지를 팠기 때문이다(전 2:6). 이 저수지는 자신을 위한(לְ) 것이었다. 그런데 여인의 눈은 자신이 판 연못보다 더 아름다운 헤스본 저수지와 같다. 솔로몬을 위한 최고의 저수지는 바로 술람미여인 자신이다. 여인의 눈이 그것을 입증한다. 사랑하는 사람만 곁에 있으면 모든 기근과 기갈이 해소된다. 사랑하는 이의 눈동자만 보이면 아무리 힘들어도 능히 이겨낸다. 눈동자에 고인 사랑의 물기로 조금만 축여도 살아갈 새로운 용기가 솟아나기 때문이다. 교회는 온 세상이 어떠한 절망과 슬픔에 빠져 있더라도 저수지와 같이 충분한 회복의 수분을 공급하는 저수지와 같다. 교회의 눈동자만 보아도 땅에서의 모든 문제가 해소되는 복을 교회는 세상에 공급해야 한다.

솔로몬은 여인의 코를 "다메섹의 지표면을 주시하는 레바논의 망대"에 비유한다. 레바논의 망대는 다메섹의 지표면을 바라본다. 적들의 이동과 침투의 여부를 확인하는 높은 지점이다. 여인의 코는 이런 망대처럼 오뚝하다. 코의 히브리어 단어 "아프"(אַף)는 "분노"도 의미한다. 적들이 불의하고 불법적인 행위를 취한다면 그들은 의로운 분노를 각오해야 한다. 솔로몬은 여인의 코를 예리한 관찰과 의로운 분노의 망대로 묘사한다. 앞에서 솔로몬은 여인을 "바로의 병거를 끄는 암말"(1:9), "깃발을 올린 군대"로 묘사하고 이번에는 "레바논의 망대"로 표현한 것처럼 술람미 여인의 존귀함은 결코 온순하고 부드럽고 따뜻하고 아름다운 것만이 아니라 강하고 의롭고 분명한 판단과 처신의 요소까지 포괄한다. 아무나 건드리는 쉬운 여자가 아니라는 것을 제대로 보여주는 코의 요소가 필요하다.

솔로몬의 여인은 그와 관계된 것만이 아니라 그의 백성과도 관계되어 있다. 솔로몬의 백성을 올바르게 섬기기 위해서는 사랑으로 품는 온기만이 아니라 진리로 분명한 선을 그어주는 냉기도 필요하다. 교회도 적당한 온기와 적당한 냉기의 적절한 조합이 필요하다. 세상에 대하여 모든 허물을 덮어주는 따뜻한 사랑만이 아니라 지극히 사소한 잘못도 그냥 지나가지 않는 엄격한 정의까지 교회는 구현해야 한다. 하나님의 통치가 펼쳐지는 온 세상의 모든 표면에서 일어나는 모든 일들을 관찰하며 아픈 곳은 감싸주고 불의한 곳은 의로운 손을 뻗어 꼬집어야 한다. 그런 방식으로 하나님의 긍휼과 공의의 섭리를 나타내야 한다. 이러한 교회의 경건한 콧대는 좀 높아져도 된다. 세상이 교회를 핫바지로 보지 않도록! 그런데 오늘날의 우리 교회는 세상이 핫바지로 봐도 항변의 입을 열지 못할 정도로 심각한 정체성의 변질을 보여주고 있다.

⁵그대의 상부에 있는 머리는 갈멜산 같고 그대의 흘러내린 머릿결은
자주색 천 같으며 왕은 머리 타래에 사로잡혀 있습니다

여인의 상체 위에 있는 머리는 갈멜산과 같다. 어떤 사람은 "머리"(ראשׁ)를 왕관으로 해석한다. 이 단어가 "꼭대기"를 뜻하고, 또한 왕관의 모양이 산의 굴곡과 유사해서 나온 해석이다. 그러나 지금 솔로몬이 신체에 부착된 장신구를 설명하지 않고 여인의 신체 자체를 설명하고 있는 문맥에 비추어 보면 왕관이 아니라 머리를 의미한다. 왕관이 없어도 여인의 머리는 너무도 아름다운 천연 왕관이다. 꾸미지 않아도 아름다운 것이 진짜 아름답다. "정원의 땅"이라는 의미를 가진 갈멜산은 아름다운 산을 대표한다(사 35:2). 정원처럼 아름다운 갈멜산은 꾸며지지 않은 미의 대명사다. 그리고 500미터 높이의

갈멜산이 2,500미터에 육박하는 레바논의 산들에 비하면 낮지만, 사람의 머리가 산이라면 이야기가 달라진다. 갈멜산과 같은 여인의 머리는 다른 여인들과 비교할 수 없을 정도로 고고(高古)하다.

교회의 머리는 어떠한가? 지극히 고고하다. 이 세상에서 가장 높은 산과도 비교할 수 없는 이유는 교회의 머리가 지극히 높으신 분의 아들이기 때문이다. 그러므로 교회는 단순히 뻣뻣함이 아니라 갈멜산 이상의 도덕적 고고함을 유지해야 한다. 교회의 머리이신 주님은 하늘로 올려져 아버지 하나님의 보좌 우편에 앉으셨다. 교회의 언어와 행실은 그런 머리의 위엄을 갖추어야 한다. 경박하고 가증하고 거짓되고 변덕스런 모습이 아니라 하늘이 입을 열어 말하는 것처럼 말하고 하늘이 거동하는 것처럼 움직여야 한다. 세상이 아무리 불의하고 음란하고 폭력적인 분위기로 가더라도 교회는 그것을 거스르고 세상이 되돌아와 믿고 기댈 수 있는 든든한 산이어야 한다.

여인의 흘러내린 머릿결은 고급스런 "자주색 천"(אַרְגָּמָן)처럼 우아하다. 고대근동 시대에 두로 사람들은 염색의 달인이다. 자주색 염색의 비법도 그들이 독점했다. 두로 사람들이 포함된 페니키아 사람들(Φοινίκη)의 헬라어 의미는 "자주색 염료를 가지고 일하는 사람"이다. 자주색 염료는 지중해 해변에서 잡을 수 있는 뿔 고둥 달팽이(murex snail)의 하부 기관지 선에서 축출하기 때문에 희귀하다. 그것으로 염색하는 공정도 복잡하고 당연히 물량도 적어서 자주색 천은 고가에 판매되기 때문에 주로 왕족들과 귀족들이 이용한다. 그래서 천의 색깔만 봐도 신분이 확인된다. 바울에게 전도의 동역자가 된 자주 장사 루디아는 주로 상위 3%의 귀족층과 거래한 상인으로 보아도 무방하다.

술람미 여인은 그런 고가의 고급 자주색 천으로 자신을 치장하지 않아도 이미 머릿결이 자주색 천과 같다고 솔로몬은 평가한다. 그녀는 꾸며지지 않은 머릿결 자체가 이미 왕족이고 귀족이다. 교회도 그러하다. 권력자나 부자와의 자주색 인맥을 머리에 두르지 않더라도 교회는 그 자체로 왕족과 귀족의 자태를 유지해야 한다. 그러나 오늘날의 교회는 권력이나 자본과의 결탁에서 자유롭지 않다. 권력자나 재벌과 악수하고 인증샷을 찍어 교회의 사회적 신분을 높이려고 한다. 그러나 그러면 그럴수록 교회의 영적 위상은 추락한다. 사람들도 권력과 돈에 빌붙은 교회를 비루한 공동체로 여기며 배척한다. 하나님과 사람 모두에게 버림을 받고 동시에 교회는 내부적인 부패와 분열의 단계로 접어든다. 칼로 일어선 자는 칼로 망하듯이, 권력과 돈으로 부풀려진 교회의 운명은 바로 그것에 의해 소멸된다. 믿는 도끼에 발등 찍힌다는 말은 지금도 유효하다.

여인의 그런 머릿결에 솔로몬 왕은 지금 사로잡혀 있다(אָסוּר). 사랑의 머리 타래(רְהָט)가 솔로몬의 몸을 결박하고 있다. 이는 삼손을 떠올리게 하는 대목이다. 그는 사랑에 속아서 머리털이 깎이고 힘을 잃어서 블레셋 사람들의 조롱을 당한 사사였다. 그러나 솔로몬은 여인의 머리털에 사로잡혀 있다. 그런데 그에게는 벗어나고 싶어하는 기색이 안 보인다. 그녀에게 속박되는 것이 그에게는 불행이 아니라 행복이다. 사랑은 이상하다. 사랑하는 연인 사이에는 결박도 행복의 수단이다. 주님과 우리의 사랑도 이와 비슷하다. 주님이 내 안에, 내가 주님 안에 거하는 쌍방적인 속박은 사랑의 극치를 묘사한다. 사랑하면 할수록 서로에게 구속되고 싶어진다. 그래서 바울에게 인생의 목적은 "오직 내가 그리스도 예수께 잡힌 바 된 그것"을 잡는 것이었다(빌 3:12). 다윗이 추구했던 성전의 문지기 직분도 주님에 의한 결박과 무관하지 않다. 하나님을 사랑하면 하나님의 말씀에 결박되고 싶어진다. 613가지의 율법이 내 인생의 쇠창살이 되면 좋겠다고 생각한다. 사랑하는 자에게는 율법이 의무나 강요가 아니라 자발적인 소원으로 승화된다. 바울은 사랑하면 율법을 다 이루는 것이라고 했다(롬 13:8). 사랑하면 율법을 다 이루는 방향으로 살아가고 싶어진다. 또한 사랑은 율법의 자발적인 순종을 가능하게 하는 능력이다. 담배나 술이나 방탕이나 음란이나

도박의 세상적인 쾌락이 박탈되는 자유롭지 못한 인생을 기꺼이 선택하는 것도 주님을 사랑하기 때문이다.

> 6어찌 그리 눈부시고 어찌 그리 즐거운지, 희락에 깃든 사랑이여

여인의 몸 전체를 바라보고 있는 솔로몬의 눈은 황홀하다. 그는 지금 눈부시고 유쾌하다. 솔로몬이 누리는 사랑은 이처럼 "희락에 깃든 사랑"(אַהֲבָה בַּתַּעֲנוּגִים)이다. 대체로 사랑은 아픔을 수반한다. 사랑은 모든 것을 참고 믿고 견디는 것이기 때문이다. 그러나 황홀하고 유쾌하고 낭만적인 사랑도 가능하다. 너무도 사랑하면 사랑의 즐거움이 사랑의 비용인 고통과 슬픔과 절망도 압도하기 때문이다. 사랑하면 다양한 역전을 경험하게 된다. 바울이 열거한 것처럼, 무명한 사람인데 유명하고 가난한 사람인데 풍요롭고 근심하는 것 같은데 늘 기뻐한다(고후 6:8-10). 사랑하면 인생에 다른 질서가 작용한다. 그 질서에 입각한 감정이 주어진다. 눈에 보이는 현실은 동일해도!

⁷네 키는 종려나무 같고 네 유방은 그 열매송이 같구나 ⁸내가 말하기를 종려나무에 올라가서 그 가지를 잡으리라 하였나니 네 유방은 포도송이 같고 네 콧김은 사과 냄새 같고 ⁹네 입은 좋은 포도주 같을 것이니라 이 포도주는 내 사랑하는 자를 위하여 미끄럽게 흘러내려서 자는 자의 입을 움직이게 하느니라 ¹⁰나는 내 사랑하는 자에게 속하였도다 그가 나를 사모하는구나 ¹¹내 사랑하는 자야 우리가 함께 들로 가서 동네에서 유숙하자 ¹²우리가 일찍이 일어나서 포도원으로 가서 포도 움이 돋았는지, 꽃술이 퍼졌는지, 석류 꽃이 피었는지 보자 거기에서 내가 내 사랑을 네게 주리라 ¹³합환채가 향기를 뿜어내고 우리의 문 앞에는 여러 가지 귀한 열매가 새 것, 묵은 것으로 마련되었구나 내가 내 사랑하는 자 너를 위하여 쌓아 둔 것이로다

❖ ❖ ❖

⁷지금 그대의 키는 종려나무 같고 그대의 가슴은 대추야자 송이 같습니다 ⁸내가 말하기를 "종려나무에 올라가서 그 가지들을 잡으리라" 하였는데 이제 그대의 가슴은 포도송이 같고 그대의 코에서 나는 향기는 사과 같고 ⁹그대의 구강은 나의 사랑하는 자를 위하여 균일하게 흐르고 잠자는 자들의 입으로 서서히 움직이는 최고급 포도주 같습니다 ¹⁰(여) 나는 내 사랑의 것이고 님의 소원은 내 위에 있습니다 ¹¹나오시오 내 사랑하는 님이여 우리 들판으로 나갑시다 촌락에서 밤을 보냅시다 ¹²우리가 일찍 일어나 포도원으로 가서 포도나무 움이 돋았는지, 포도나무 꽃술은 퍼졌는지, 석류나무 꽃은 피었는지 보십시다 거기에서 내가 그대에게 나의 사랑을 드릴 것입니다 ¹³합환채가 향기를 풍깁니다 새로운 것과 묵은 것, 온갖 극상품이 우리의 방문 곁에 있습니다 나의 사랑하는 자여 그대를 위하여 저장해 둔 것입니다

15 세상을 품은 사랑

솔로몬은 사랑하는 여인에게 점점 가까이 다가간다. 여인의 진가가 짙어진다. 솔로몬은 그녀를 최고급 포도주에 비유한다. 그녀는 솔로몬의 포도주다. 그 포도주에 취하고 싶은 솔로몬의 소원을 여인은 감지한다. 그래서 자신의 모든 사랑을 그에게만 주겠다고 한다. 그에게만 주어진 사랑은 결국 그의 왕국을 품은 사랑으로 확대된다. 여기에서 우리는 주님에 대한 교회의 사랑, 교회에 대한 주님의 소원을 생각하게 된다. 그 사랑은 바로 세상을 품은 사랑이다. 여인은 솔로몬의 소원에 부응하기 위해 사랑에 필요한 모든 수단들을 아주 꼼꼼하게 준비한다. 주님을 향한 교회의 사랑이 세상을 품기 위해서는 막연한 관념에 그치지 않고 치밀하게 준비해야 한다.

7지금 그대의 키는 종려나무 같고 그대의 가슴은 대추야자 송이 같습니다

솔로몬은 여인의 키를 노래한다. 여기에서 키는 신체의 길이를 의미하지

않고 인격의 크기를 의미한다. 그래서 70인경 헬라어 역본은 "키"를 의미하는 히브리어 단어 "코마"(קוֹמָה)를 "위대함 혹은 광대함"(μέγεθός)으로 번역했다. 술람미 여인의 인격은 이전과 달라졌다. 사랑의 사계절을 지나왔기 때문이다. 여인은 솔로몬을 처음 만나서 사랑에 빠져 그 사랑이 결혼으로 이어지나 이후에 그 사랑과 결혼이 절망적인 위기에 빠졌다가 지금은 극적인 회복을 경험하고 있다. 연단을 받은 그녀의 인격은 종려나무(תָּמָר) 같다. 이 나무는 야자수를 가리키며 보다 구체적인 이름은 대추야자 나무다. 키가 크고 반듯한 식물이다(중간 크기의 나무가 15-25미터이다). 성경에서 종려나무 관련 표현은 시인의 글에서도 확인된다. "의인은 종려나무 같이 번성하며"(시 92:12). 진정한 번성은 의로운 인격의 번성이다. 이와 관련해서 보면, 여인의 인격은 솔로몬이 보기에 더 올바른 상태로 성숙했기 때문에 여인의 키가 종려나무 같다고 노래했다.

세월의 나이테가 한 겹씩 쌓여도 인격의 키는 늘 제자리를 맴도는 사람들이 많다. 교회도 그러하다. 믿음의 연수가 오랠수록 생각도 깊어지고 관심의 폭도 넓어지고 사랑의 대상도 확대되고 언어의 품격도 좋아지고 섬김과 배려의 키도 자라야 하는데 오히려 그 키가 줄어드는 느낌이다. 교회가 가진 것이 많아서 그런지, 그것을 지키려는 일에 골몰한다. 많이 가졌으면 더 나누는 섬김의 성장을 도모하면 되는데 잃지 않으려고 옹졸한 발버둥을 친다. 흩어 구제하면 더욱 부하게 되고 바들바들 떨면서 과도히 아끼면 더욱 가난하게 된다(잠 11:24)는 하늘의 이치를 왜 모르는가! 기독교는 하나님의 이름 외에는 모든 것을 양보하고 희생해도 된다. 희생과 인격은 비례한다. 그런데 교회의 아름다운 희생은 줄고 부끄러운 고집의 키만 자라는 듯한 의구심이 든다. 본질과 비본질을 식별하게 만드는 신앙의 혹독한 겨울을 경험하지 않아서 생긴 문제일까?

솔로몬은 여인의 가슴을 "대추야자 송이"(אֶשְׁכּוֹל)로 묘사한다. 이 열매는 종려나무 꼭대기에 있다. 그것은 손만 뻗으면 닿는 위치에 있지 않고 사다리의 도움을 받아 조심조심 올라가야 경험하는 열매이다. 솔로몬은 주변의 여인들이 자기의 여인을 군부대의 무희처럼 쉽게 즐기고 가벼운 상대로 여기는 것이 불쾌하다. 그래서 항변한다. 즉 그녀의 가슴은 누구도 쉽게 다가가지 못하는 종려나무 꼭대기에 있기 때문에 오직 그 나무가 허락한 자만 다가갈 수 있는 대상이다. 오직 왕만 다가갈 수 있는 고매한 여인이다. 술람미 여인이 고매한 것처럼 주님의 여인도 고매하다. 그런데 안타까운 것은 세상의 다양한 사상과 탐욕이 그 교회를 희롱하고 있다. 세상에는 무수히 많은 사상들이 있다. 또한 그 세상은 탐심의 정글이다. 하나님은 허사를 추구하는 민족들의 사상을 우습게 여기시며 폐하신다. 그런데도 교회는 세속적인 사상이 대단한 것인 양 쌍수를 들고 환영한다. 결국 사상이 교회의 정체성도 좌우한다. 교회는 그런 사상에 의해 규정되고 그 사상의 도마에 올라 심판을 받고 사상을 무시하면 더 이상 교회가 되지 못하는 지경까지 사상에 휘둘리고 있다. 교회의 가슴은 진리 이외에는 누구도 다가가지 못하고 건드릴 수도 없는 고매한 것임에도 불구하고 벌거벗은 것처럼 세속에 노출되어 있다. 그런 교회의 가슴은 하나님께 결코 고고한 대추야자 송이가 아니라 불결한 누더기에 불과하다.

8내가 말하기를 "종려나무에 올라가서 그 가지들을 잡으리라" 하였는데
이제 그대의 가슴은 포도송이 같고 그대의 코에서 나는 향기는 사과 같고

솔로몬은 종려나무에 올라가서 그 가지들을 잡으려고 한다. 이것은 종려나무 같은 술람미 여인에게 올라가서 사랑을 나누는 장면이다. 솔로몬은 사랑을 몸으로 옮기기 전에 "말하였다"(אָמַרְתִּי). 여인의 인격적인 승인을 얻기 위함이다. 솔로몬은 존중과 배려의 달인이다. 합당한 몸의 사랑은 마음의 동의를 미리 득하여야 가능하다. 인격적인 소통이 생략된 몸의 비인격

적 대화는 어떠한 관계이든 결례이고 불법이고 폭력이다. 사실 지금은 여인이 자신의 권리를 내세울 수 없는 궁색한 상황이다. 그녀는 솔로몬을 거절하여 그를 바깥에서 밤새 이슬을 맞으며 보내게 만든 주범이기 때문이다. 왕의 넓은 아량으로 깨어진 사랑이 회복되긴 하였으나 관계의 주도권은 그의 손에 넘어간 상황이다. 솔로몬은 분위기상 관계의 갑이 되었지만 그런데도 그것을 활용하지 않고 여인의 의사를 최대한 존중한다. 그래서 그녀에게 올라가기 전에 먼저 인격적인 동의를 구하였다. 여기에는 교회를 대하는 주님의 태도가 잘 반영되어 있다.

솔로몬은 종려나무 꼭대기에 올라가서 대추야자 송이에 이르렀다. 그런데 나무에 올라가 가까이서 "이제"(נָא) 보니까 여인의 가슴은 다른 열매였다. 솔로몬은 그녀의 가슴이 포도송이(אֶשְׁכְּלוֹת הַגֶּפֶן) 같다고 묘사한다. 사물이 멀리서 볼 때와 가까이서 볼 때가 다르다는 것은 상식이다. 물론 여인의 가슴은 어떠한 거리에서 봐도 아름답고 향기롭다. 그런데 포도는 높은 곳에 있는 대추야자 열매와는 달리 손만 뻗으면 닿는 낮은 곳에 위치한다. 타인에 대해서는 쉽게 대하지 못하도록 높은 곳에 있지만 유일하게 접근이 허락된 솔로몬의 손에는 언제든지 닿을 수 있도록 자신을 낮추는 여인의 겸손한 모습을 보여준다. 교회도 세상과 섞이는 사랑의 변질을 경계하고 오직 주님이 원하시면 언제든지 다가오실 수 있도록 가장 아름다운 마음을 열고 맞이하는 겸손함을 유지해야 한다. 우리는 영원한 진리에 감격하지 않고 말초적인 신경을 자극하는 사상에 모든 것을 내어주는 교회의 경박한 체질을 속히 개선해야 한다. 칼빈이 말한 것처럼, 아무리 아름답고 그럴듯한 철학이나 수사학도 성경에 비하면 기껏해야 연기에 불과하다. 가장 겸손한 태도로 진리를 영접하자.

솔로몬은 여인의 코에서 나는 향기를 사과(תַּפּוּחַ)로 표현한다. "사과"라는 말은 "불다 혹은 숨쉬다"는 동사(נָפַח)에서 왔다. 코에서 나오는 숨의 향기는 키스를 하거나 고대 시대에 흔했던 코 맞춤을 할 때에 확인된다. 솔로몬은 지금 여인과 코를 맞대고 있는 상황이다. 그에게는 여인의 코를 출입하는 숨도 향기롭다. 여인과 관계된 것이라면 공기 알갱이 하나도 달콤하다. 여인에 대한 솔로몬의 사랑은 참으로 섬세하다. 그런데 교회를 향한 주님의 사랑은 솔로몬의 사랑과는 비교할 수 없을 정도로 더 섬세하다. 이에 대한 시인의 고백이다. "주께서 내가 앉고 일어섬을 아시고 멀리서도 나의 생각을 밝히 아시오며 나의 모든 길과 내가 눕는 것을 살펴 보셨기에 나의 모든 행위를 익히 아시오니 여호와여 내 혀의 말을 알지 못하시는 것이 하나도 없나이다"(시 139:2-4). 이토록 섬세한 주님의 사랑을 우리는 인정하지 않은 채 살아간다. 그분의 사랑을 알지도 않고 느끼거나 누리지도 못한 채 살아가는 교회는 참으로 안타깝다. 독생자의 생명도 아끼지 않고 베푸신 사랑의 무한한 깊이와 높이와 너비와 길이에 대해 교회는 참으로 무지하다. 너무 커서 측량할 수 없으니까 마치 없는 사랑인 것처럼 무시한다. 그분의 사랑은 아무리 크게 생각해도 언제나 상상 그 이상이다.

9그대의 구강은 나의 사랑하는 자를 위하여 균일하게 흐르고
잠자는 자들의 입으로 서서히 움직이는 최고급 포도주 같습니다

솔로몬은 여인의 몸에 올라가 가슴을 지나고 코를 지나고 입에 이르러 여인의 구강(חֵךְ)에 대해 노래한다. 이는 솔로몬의 달콤한 구강에 대한 여인의 노래(5:16)와 대비된다. 솔로몬은 앞에서 여인의 사랑을 포도주와 비교할 수 없을 정도로 훨씬 좋다고 하였고(4:10) 여기서는 그녀의 구강을 "최고급 포도주"(יַיִן הַטּוֹב)로 묘사한다. 그 포도주는 솔로몬이 사랑하는 자를 위하여 균일하게 흐르며 잠자는 자들의 입에서 서서히 움직인다. 이는 급하지 않고 서두르지 않는 키스의 부드러운 행위에 대한 설명이다. 성경에서 포도주의 의미는 무엇인가? 아픔과 슬픔은 잊게 하지만 기쁨은 증폭시켜

사람들로 하여금 취하게 만드는 음료이다. 그러나 그런 취기는 잠깐이다.

진정한 "최고급 포도주"는 무엇인가? 황홀한 취기에서 영원히 깨어나지 않는 음료를 의미한다. 그것은 예수라는 포도주다. 예수는 묵은 포도주가 아니라 새 포도주다. 낡은 부대에 넣지 않고 새 부대에 넣어야 하는, 다른 모든 포도주와 구별된 최고급 포도주다. 교회의 구강에는 예수라는 포도주가 가득해야 한다. 그에게 흠뻑 취하여야 한다. 솔로몬은 이 포도주의 구체적인 성격을 설명한다. 먼저 두 인물, "나의 사랑하는 자"와 "잠자는 자들"을 언급한다. 전자는 사랑이 가득한 여인을 가리키고 후자는 사랑에 취하지 않은 다른 사람들을 가리킨다. 포도주는 먼저 사랑하는 자에게로 흘러간다. 그런데 간헐적인 방식이 아니라 "균일하게"(לְמֵישָׁרִים) 흘러간다. 이 여인이 상징하는 교회의 구강에도 예수라는 포도주가 균일하게 들어가 참된 교회의 입술은 늘 진리로 촉촉하다. 그리고 포도주는 여인의 구강 안에 고여 있지 않고 "잠자는 자들의 입"(שִׂפְתֵי יְשֵׁנִים)으로 들어간다. 교회는 예수라는 최고급 포도주를 저장하는 저수지가 아니라 강처럼 세상에 잠자는 자들의 입 속으로 그 포도주를 내보내야 한다. 최고급 포도주의 맛으로 그들을 일깨워야 한다. 진리로 촉촉한 교회의 입술이 세상을 향해 벌어질 때마다 진리라는 포도주의 일정한 흐름과 잔잔한 이동이 일어난다. 그런데 교회가 예수라는 최고급 포도주에 취하지 않고 이 세상의 묵은 포도주에 취하면 진리가 아니라 거짓과 헛소리만 거칠고 급하게 쏟아낸다.

¹⁰(여) 나는 내 사랑의 것이고 님의 소원은 내 위에 있습니다

솔로몬의 독창에 이어 술람미 여인이 노래하는 대목이다. 그녀는 자신을 "내 사랑의 것"(לְדוֹדִי)이라고 고백한다. 그런데 6장 3절에서는 이 고백 다음에 있었던 "내 사랑은 나의 것"이라는 소절이 여기에는 없다. 솔로몬이 자신

의 소유라는 생각이 여인의 머리에서 사라졌다. 소유에 대한 의식의 실종은 사랑이 깊어질 때 나타나는 현상이다. 여인은 자신이 소유하는 것에는 관심이 없고 오직 자신이 사랑하는 이에게 소유되는 것만 중요한 사랑의 깊은 단계로 들어갔다. 주님과 교회의 사랑도 깊어지면 소유에 대한 의식의 변화가 일어난다. 미숙기의 교회는 주님께서 베푸신 은혜의 분량을 저울에 달아 보고 수효를 세어 보면서 사랑의 크기를 가늠한다. 그러나 성숙기의 교회는 자신이 주님께 속했다는 사실을 가장 중요하게 여기고 그 다음으로 주님께서 교회의 편이라는 사실을 의식한다. 나아가 교회가 원숙기에 이르면 주님께서 교회의 편을 들어주지 않아도 감사하고 많은 은총을 베푸시지 않아도 불평하지 않고 오직 주님의 소유라는 사실 때문에 만족한다. 이 사실 이외에는 모든 것이 부수적인 것이라는 사실을 깨닫기 때문이다. 나아가 교회는 주님의 소유이기 때문에 주님의 이름에 합당한 언어와 행실로 그분을 영화롭게 하고 세상에 그분을 보여주는 증인이다.

여인은 솔로몬의 소원이 자기 위에 있다고 노래한다. "소원"(תְּשׁוּקָה)이라는 말은 아가서 외에도 성경에서 두 번 사용되는 낱말이다. 창세기 3장 16절에서 하와의 "소원"이 아담에게 있다고 한 경우와 창세기 4장 7절에서 죄의 "소원"이 아담에게 있다고 한 경우이다. 이 두 곳에서 "소원"은 "지배하다 혹은 다스리다"(מָשַׁל)는 단어와 연관되어 있고 두 소원이 모두 죄의 결과라는 사실이 중요하다. 죄로 말미암아 남성과 여성 사이에는 지배의 헤게모니 쟁탈전이 생겼고 그 다툼은 종말까지 지속된다. 그리고 타락한 이후에 죄는 인간을 지배하려 하고 인간은 죄를 다스려야 하는 싸움도 시간의 역사가 종결될 때까지 이어진다. 남성과 여성의 대립, 인간과 죄의 대립은 타락이 낳은 자식이다.

인간은 남녀의 대립을 스스로 중단할 수 없으며 지금도 지구촌 곳곳은 성적인 대립의 슬픈 눈물로 축축하다. 죄에 대해서도 인간은 죄의 강력한 법 아래로 끌려간다. 그래서 경건한 사도 바울도 자신을 곤고한 자라고 탄

식할 정도였다(롬 7:24). 그런데 솔로몬의 소원이 여인 위에 있다는 말의 의미는 무엇인가? 소원에 대한 창세기의 부정적인 의미는 여기에서 긍정적인 의미로 전환된다. 여기에서 "소원"의 의미는 죄의 결과가 아니라 죄가 낳은 모든 대립의 회복을 의미한다. 70인경에서 창세기 4장 7절의 "소원"은 "돌아감"(ἀποστροφή)으로 번역된다. 이 단어는 창세기 16장 9절에서 하갈에게 주어진 명령 즉 사라에게 돌아가서 그 수하에서 순종해야 한다는 명령 안에서도 사용된다. 그러나 아가서의 "소원"은 70인경에서 "~향한 돌이킴"(ἐπιστροφή)으로 번역된다. 여인에 대한 솔로몬의 소원은 바로 사랑을 향한 회복이다. 솔로몬이 여인에게 바라는 것은 오직 사랑이다. 여인 편에서 보면, 그 사랑은 솔로몬에 대한 전적인 순종이다. 아가서 안에서는 소원과 지배, 사랑의 돌이킴과 복종이 이렇게 긍정적인 차원에서 연결되어 있다.

솔로몬의 소원이 여인 위에 있다는 말은 지배의 주도권 다툼에서 여성이 양보하고 남성이 이겼다는 의미와는 무관하다. 언뜻 보기에는 여인이 손해를 보는 불평등의 조짐이 자욱하다. 그러나 솔로몬은 왕이고 술람미 여인은 시골의 한 여성인 점을 주목해야 한다. 신분의 차이가 막대하다. 이런 격차는 창조자와 피조물의 관계를 설명하기 위한 은유의 한 수단이다. 즉 이 구절은 주님의 소원이 교회에 있다는 사실을 가리키는 상징이며, 나아가 주님이 교회를 다스리는 머리가 되시고 교회는 주님의 몸으로서 순종하게 되는 관계를 의미한다. 교회에게 바라시는 주님의 소원은 오직 사랑이다. 그래서 주님의 모든 소원이 담긴 율법은 하나님 사랑과 이웃 사랑으로 요약된다. 이 소원을 따라 순종하는 것이 바로 주님을 향한 교회의 사랑이다. 사랑과 순종, 소원과 지배의 질서가 이러할 때 주님과 교회의 관계는 가장 건강하다. 만약 교회가 주님의 머리가 되고 주님이 교회의 몸이 된다면 어떻게 되겠는가! 오늘날 기독교를 볼 때 이런 무질서가 질서인 것처럼 군림하고 있는 듯해 심히 불편하다. 교회가 주님을 따르지 않고 주님이 교회를 따라야만 하는 분위기가 만연되어 있다. 지금 세상은 교회의 언행을 보며 "예수는 그렇게 말씀하지 않았고 예수는 그렇게 행하지 않았다"며 오히려 교회의 탈예수화 현상을 지적하고 있다. 교회의 현실이 성경에서 동떨어져 있다고 꾸짖는다. "제발 성경 좀 읽으라"고 교회를 권면한다. 세 상의 눈에 오늘날의 교회는 예수를 따르지 않고 필요할 때마다 종 부리듯 이 예수를 소환한다. 성경도 무시한다. 그런 교회는 종교도 아니라고 세상 이 질책한다.

교회는 주님의 지배 아래 머물러야 한다. 교회에 대한 주님의 지배는 교 회가 주님의 소원을 자신의 소원으로 삼는다는 것을 의미한다. 이러한 소 원의 공유는 또한 모든 신적인 선물들에 대한 교회의 수용을 의미한다. 그 런 교회는 풍성하게 된다. 그래서 그리스도 안에서는 모든 지배력 투쟁이 중단된다. 그리스도 안에서는 남자와 여자가 서로를 지배하려 하지 않고 자신의 생명을 내어주는 사랑과 절대적인 순종을 자발적인 의지로 선택하 기 때문이다. 부부가 서로를 지배하기 위해 각을 세우며 다툰다면 그들은 그리스도 안에 거하지 않고 밖에 있음이 분명하다. 교회도 그러하다. 파벌 을 만들어서 분열하고 서로가 지배의 주도권을 취하기 위해 고성을 지르 고 비판의 삿대질을 하고 그것도 부족하여 세상 법정에 고소까지 한다면 그 교회는 그리스도 밖에 있는 육신적인 집단에 불과하다(고전 3:3). 진리 의 문제 외에 다른 이유로 교회에 파벌이 생기고 편이 갈라지면 그것은 종 교의 본질과 기능을 스스로 포기하는 자멸의 첩경이다. 부자와 빈자의 경 제적인 차이나, 흑인과 백인과 황인 같은 피부색의 차이나, 진보나 보수라 는 이념의 차이나 공산주의 혹은 민주주의 같은 사상의 차이에 근거하여 교회를 쪼갠다면 그것은 자신의 몸을 찢어서 갈등과 대립과 분열의 모든 담들을 허무신 주님의 사랑을 능욕하는 불경한 행실이다.

¹¹나오시오 내 사랑하는 님이여 우리 들판으로 나갑시다
촌락에서 밤을 보냅시다

솔로몬의 절대적인 사랑을 소유하고 그의 소원도 공유한 여인은 영혼이 너무도 풍성하다. 그래서 사랑하는 님에게 들판으로 나가자고 제안한다. 둘만의 공간인 궁전이 아니라 다양한 생명체가 공존하는 "들판"(שָׂדֶה)으로 가자고 제안한 이유는 자신이 가진 풍성함을 자연의 모든 만물과 나누기 위함이다. 그리고 "촌락"(כְּפָר)에서 밤을 보내자고 한다. "촌락"은 자연의 동식물이 아니라 사람들이 모여 사는 마을이다. 그곳에서 여인은 솔로몬과 함께 사랑의 밤을 보내려고 한다. 주님의 절대적인 사랑을 받고 주님의 소원을 자신의 소원으로 삼은 교회는 여인처럼 들판으로, 촌락으로 나아가야 한다. 주님의 풍성한 사랑을 만물과 나누고 만민과 나누어야 한다. 처음에 제자들은 이런 판단에 있어서 실패했다. 예수님이 산으로 올라가 영광의 모습으로 변하셨을 때 이것을 지켜본 제자들은 황홀했다. 그 중에서 베드로는 산 위에 초막 셋을 만들고 그곳에서 살자고 제안했다. 그 영광을 독점하고 싶었기 때문이다. 그러나 예수님의 뜻을 따라 마을로 내려가야 했다. 교회는 천상적인 사랑의 신비로운 황홀경에 빠져 예배당에 모여 뭉치기만 하지 않고 온 세상으로 흩어져야 한다. 이 사랑을 낮은 곳으로, 어두운 곳으로, 가난한 곳으로, 외로운 곳으로, 슬프고 고단한 곳으로 가져가 모든 사람들과 나누어야 한다. 사람만이 아니라 썩어짐에 종 노릇하며 신음과 탄식의 늪에 빠져 있는 자연의 모든 만물들에 대해서도 하늘의 은총을 나누어야 한다. 하나님의 사랑은 모든 민족에게 나누어야 할 공공재다. 기독교의 공공성은 이런 사랑의 개념에 근거한다. 하나님의 사랑과 소원은 누군가의 전유물이 아니라 다른 사람에게 전해지기 위한 과정의 일환으로 어떤 사람에게 잠시 맡겨진다. 그런데 소유만 하고 나누지 않는다면 사랑의 본성을 거스르는 불법이다. 그러므로 여인처럼 자연으로, 세상으로 나아가서 나눔의 사랑을 실천해야 한다.

12우리가 일찍 일어나 포도원으로 가서 포도나무 움이 돋았는지,
포도나무 꽃술은 퍼졌는지, 석류나무 꽃은 피었는지 보십시다
거기에서 내가 그대에게 나의 사랑을 드릴 것입니다

들판을 지나 촌락에 이르러 밤을 보낸 여인은 솔로몬과 함께 일찍 일어나 포도원에 간다. 여기에서 "포도원"(כְּרָמִים)은 단수가 아니라 복수이다. 그래서 나는 이 "포도원"이 여인을 가리키는 은유적인 표현이 아니라 세상을 가리키는 말이라고 생각한다. 여인과 솔로몬은 다수의 포도원을 방문한다. 그곳에서 포도나무 움, 포도나무 꽃술, 석류나무 꽃을 관찰한다. 그리고 그곳에서 여인은 왕에게 자신의 사랑을 드릴 것이라고 약속한다. 이 말은 솔로몬 외에 다른 어떤 이에게도 자신의 사랑을 주지 않겠다는 다짐이다. 사랑은 언제나 분할이 없는 전부이기 때문이다.

가만히 보면, 여러 포도원을 돌보는 것과 사랑을 드리는 것은 연관되어 있음을 확인한다. 여인이 솔로몬을 사랑하는 방식은 낭만적인 사랑도 있겠지만 여기에서 보면 여러 포도원의 상태를 살피며 최적의 상태를 유지하는 것인지도 모르겠다. 아가서의 이 대목은 주님과 교회의 사랑에 대한 노골적인 암시처럼 느껴진다. 교회가 주님께 사랑을 드리는 방법은 무엇인가? 주님의 계명을 지키는 것이며 그 계명은 주님께서 교회를 사랑하신 것처럼 교회가 이웃을 사랑하는 것이라고 요한은 기록한다(요 15:12). 이웃을 사랑하는 것과 주님을 사랑하는 것은 서로 연결되어 있다(마 22:39). 사랑은 사랑의 대상에 대한 직접적인 사랑만이 아니라 그 대상과 관계된 사람들과 사물들에 대한 간접적인 사랑도 요구한다. 하나님을 사랑하는 자는 그가 창조하신 모든 인간과 만물을 사랑해야 한다. 하나님 때문에 사랑해야 하고 하나님을 위하여 사랑해야 한다.

¹³합환채가 향기를 풍깁니다 새로운 것과 묵은 것, 온갖 극상품이 우리의
방문 곁에 있습니다 나의 사랑하는 자여 그대를 위하여 저장해 둔 것입니다

여인은 왕에게 사랑을 드리기 위해 향기를 풍기는 "합환채"(דוּדָי)를 준비
한다. 합환채의 어원은 "사랑"(דוֹד)이다. 그래서 고대근동 시대의 사람들은
합환채를 "사랑의 사과"라고 했고 아랍 사람들은 이것을 "사랑의 종"(abdal-
salîm)이라고 했다. 이는 합환채가 여인들의 수태력 증진에 도움을 준다고
생각했기 때문이다. 합환채의 열매와 뿌리는 한국의 인삼처럼 사람의 신체
를 닮아서 성적인 욕구를 자극한다. 그래서 라헬은 남편과의 하룻밤을 언
니 레아의 합환채와 거래까지 했다(창 30:15). 술람미 여인은 합환채 외에도
온갖 극상품은 옛 것이든 새 것이든 다 모아서 방문 곁에 두었다고 한다.
이것들은 모두 솔로몬과 나누는 사랑을 위해 준비된 것들이다. 사랑에 도
움이 되는 것이라면 하나도 빠뜨리지 않고 모조리 소환한 여인의 준비는
대단히 치밀하다.

　사랑은 준비해야 한다. 준비되지 않은 사랑의 관념은 기만이다. 교회도
주님을 위하여 구체적인 사랑의 합환채를 철저하게 준비해야 한다. 구약의
율법에서 주님을 사랑하는 방법을 찾는다면 613가지나 된다. 신약의 복음
서는 우리에게 마음과 뜻과 목숨과 힘과 성품을 사랑의 수단으로 언급한
다. 우리의 모든 생각과 행동, 모든 인간과 자연을 대하는 우리의 태도는
모두 사랑의 방식이다. 오래 참고, 온유하고, 시기하지 않고, 자랑하지 않
고, 교만하지 않고, 무례하지 않고, 자기의 유익을 추구하지 않고, 성내지
않고, 악한 것을 생각하지 않고, 불의를 기뻐하지 않고, 진리와 함께 기뻐
하고, 모든 것을 참고, 모든 것을 믿고, 모든 것을 바라고, 모든 것을 견디는
것도 사랑이기 때문이다(고전 13:4-7). 사랑이 아니면 생각하지 않고, 사랑이
아니면 말하지 않고, 사랑이 아니면 행하지 않고, 사랑이 아니면 가까이 하
지 않는 것이 사랑의 인생이다.

8장 온 세상은 사랑을 위해 존재한다

아 8:1-7

¹네가 내 어머니의 젖을 먹은 오라비 같았더라면 내가 밖에서 너를 만날 때에 입을 맞추어도 나를 업신여길 자가 없었을 것이라 ²내가 너를 이끌어 내 어머니 집에 들이고 네게서 교훈을 받았으리라 나는 향기로운 술 곧 석류즙으로 네게 마시게 하겠고 ³너는 왼팔로는 내 머리를 고이고 오른손으로는 나를 안았으리라 ⁴예루살렘 딸들아 내가 너희에게 부탁한다 내 사랑하는 자가 원하기 전에는 흔들지 말며 깨우지 말지니라 ⁵그의 사랑하는 자를 의지하고 거친 들에서 올라오는 여자가 누구인가 너로 말미암아 네 어머니가 고생한 곳 너를 낳은 자가 애쓴 그 곳 사과나무 아래에서 내가 너를 깨웠노라 ⁶너는 나를 도장 같이 마음에 품고 도장 같이 팔에 두라 사랑은 죽음 같이 강하고 질투는 스올 같이 잔인하며 불길 같이 일어나니 그 기세가 여호와의 불과 같으니라 ⁷많은 물도 이 사랑을 끄지 못하겠고 홍수라도 삼키지 못하나니 사람이 그의 온 가산을 다 주고 사랑과 바꾸려 할지라도 오히려 멸시를 받으리라

❖ ❖ ❖

¹(여) 누가 나에게 그대를 내 어머니의 가슴을 빠는 오빠처럼 주실까요? 내가 그대를 밖에서 보았다면 그대에게 입을 맞추어도 사람들은 나를 향하여 절대로 멸시하지 않을 것입니다 ²나는 그대를 이끌어 나를 가르친 내 어머니의 집으로 데려갈 것입니다 나는 그대에게 향기로운 포도주와 나의 석류즙을 드려 마시게 할 것입니다 ³그의 왼손은 나의 머리 아래에 있고, 그의 오른손은 나를 안을 것입니다 ⁴내가 너희로 하여금 맹세하게 한다 예루살렘 딸들아 사랑이 원하기 전에는 깨우거나 자극하지 마라 ⁵(합) 자신의 사랑하는 이에게 기대어 광야에서 올라오는 여인이 누구인가? (여) 내가 그대를 깨운 곳은 사과나무 밑입니다 그곳은 그대의 어머니가 그대를 잉태하고 그대를 낳은 자가 수고한 곳입니다 ⁶그대는 나를 인장처럼 그대의 가슴 위에, 인장처럼 그대의 팔 위에 두십시오 사랑은 죽음처럼 강하고 질투는 스올처럼 냉혹하며 그것의 화염은 불의 화염 같고, 여호와의 불과 같습니다 ⁷많은 물도 사랑을 꺼뜨릴 수는 없습니다 강들도 그것을 집어삼킬 수 없습니다 만일 사람이 사랑을 위하여 자기 가산의 전부를 준다면 사람들은 그를 멸시하고 또 멸시할 것입니다

16 사랑이 제일이다

여인은 솔로몬과 나눈 사랑을 통해 사랑 자체의 깊은 비밀에 도달한다. 사랑은 죽음처럼 강하기에 생명보다 소중하다. 사랑은 죽음 이후에도 존재하기 때문에 무덤에서 중단되는 이 땅에서의 삶보다 더 고귀하다. 천하의 모든 만물보다 더 귀한 생명, 그 생명보다 더 귀한 사랑은 과연 제일이다. 제일인 사랑 앞에서는 나의 생명과 죽음도, 만물과 역사도 다 수단으로 간주된다. 이는 사랑 자체이신 하나님 때문이다. 모든 것이 사랑이신 그분을 나타내는 계시의 수단이다.

1(여) 누가 나에게 그대를 내 어머니의 가슴을 빠는 오빠처럼 주실까요?
    내가 그대를 밖에서 보았다면 그대에게 입을 맞추어도
    사람들은 나를 향하여 절대로 멸시하지 않을 것입니다

이제 여인은 사랑 자체의 속성에 대해 노래한다. 특이한 질문으로 이 대목을 시작한다. 여인은 이 질문으로 솔로몬이 자신의 친오빠가 되었으면 좋겠다는 바람을 드러낸다. 물론 예나 지금이나 "오빠"(אָח)는 연인 사이에서 사용하는 애칭이다. 그러나 여기에서 여인은 실제적인 남매의 관계를 언급하고 있다. 이유는 밤에만, 집에서만 솔로몬과 사랑을 나누지 않고 낮에도, 밖에서도 여전히 동일한 사랑을 나누고 싶기 때문이고 그 사랑의 축소나 절제를 견뎌낼 수 없기 때문이다. 동일한 어머니의 젖을 빤 남매 사이에는 부끄러울 것도 없고, 언제 어디서나 각별한 애정을 표현해도 타인의 눈치를 볼 필요가 없기 때문이다. 자궁 동기라는 것은 서로에게 허울도 없고 제3자에게 거리낄 것도 없이 친밀함을 나누어도 되는 합법적인 관계이다. 고대에는 한 남자의 아내가 여럿이기 때문에 이복형제들이 많다. 그들 중에서도 어머니가 같은 남매의 관계는 가장 친밀하다. 이러한 오빠와 여동생의 관계라면, 여인은 솔로몬을 집 안에서가 아니라 밖에서 만나도 타인의 시선을 의식하지 않고 입을 맞출 것이라고 한다. 이는 누구도 남매의 입맞춤을 불결하게 보거나 멸시하지 않을 것이기 때문이다. 여인은 솔로몬의 입술과 자신의 입술이 붙은 채로 하루 종일 지내고 싶어한다. 이런 마음이 진정한 연인의 사랑이다.

여기에서 여인은 타인의 이목을 존중한다. 타인의 심기를 불편하게 하는 사랑의 행위를 광장이나 길거리와 같은 공개적인 장소에서 할 수 없다는, 해서는 안 된다는 아주 기본적인 상식에도 충실하다. 그래서 타인도 납득할 만한 관계 속에서의 행위를 상상한다. 사랑이라 할지라도 무제한의 자유가 아니라 다른 타인에게 불쾌함과 거북함을 유발하는 경계선을 넘지 않는 절제가 필요하다. 공적인 장소에서 극히 민망한 옷차림과 애정 행각으로 시민들의 눈살을 찌푸리게 만드는 문화적인 행사는 국가의 도덕적인 기강을 세우는 차원에서 제도권이 나서서 제재해야 한다. 그 행사의 어깨에 인권이나 평등이나 자유라는 가치의 옷을 걸치고 있더라도 국민의 정서를 해치는 저질스런 행위를 용납하는 것은 직무 태만이다. 배려와 포용에도 적정선이 있다.

여인은 솔로몬을 극도로 사랑하여 가상의 현실까지 동원하며 그 사랑의 뜨거운 체온을 표현한다. 사랑이 너무나도 크면 현실에는 다 담아질 수 없기에 상상의 그릇이 필요하다. 무한한 사랑은 무한한 설명의 도구를 요구한다. 상상력의 용도는 현실 설명력의 한계를 초월하는 무언가를 이해하기 위함이다. 솔로몬에 대한 여인의 사랑은 그 한계를 넘어섰다. 그래서 상상력의 도움을 요청한다. 여인과 솔로몬은 각자의 어머니가 다르지만 같은 어머니의 젖을 먹는 남매의 혈연적인 관계를 상상한다. 그런 관계의 상상은 둘의 사랑을 제한하는 답답한 현실을 벗어나게 하는, 그럼에도 불구하고 타인의 불쾌함을 유발하지 않는 가상의 해방구다. 다양한 이유 때문에 많은 사람들은 상상으로 삶에서의 외출을 시도한다. 사실 사랑을 노래하는 아가서는 논문이 아니라 문학이고, 과학이 아니라 음악이며, 해설이 아니라 감탄이다. 아가서는 이성의 논리적인 사유와 문법적인 설명의 손을 빌리지 않고 이성의 기능이 마비되는 지점에서 쏟아지는 감탄사의 도움을 받아 사랑을 표현한다. 누군가가 자신에게 솔로몬을 친오빠로 주면 좋겠다는 여인의 비현실적 상상은 과학적인 이야기가 아니라 문학적인 기술이다.

눈에 보이는 남녀의 사랑도 이토록 상상력이 필요할 정도로 아름답고 오묘한 데 보이지 않는 하나님과 교회 사이의 사랑은 얼마나 더 아름답고 오묘할까? 표현할 도구가 없을 정도이다. 세상에 존재하는 모든 수사학이 동원되고 모든 사전이 협력해도 부족하다. 창조자와 피조물, 구원자와 살인자, 진리와 거짓, 빛과 어둠, 선과 악, 거룩함과 죄 사이에서 발생하는 사랑을 설명할 문법이 과연 이 세상 어디에 있겠는가!

²나는 그대를 이끌어 나를 가르친 내 어머니의 집으로 데려갈 것입니다
나는 그대에게 향기로운 포도주와 나의 석류즙을 드려 마시게 할 것입니다

사랑은 적합한 관계만이 아니라 최고의 환경도 요구한다. 사랑을 위함이 아니면 좋은 환경이 필요하지 않다. 여인은 솔로몬과 사랑을 나누기 위한 최고의 장소로서 어머니의 집을 선택했다. "어머니의 집"(בֵּית אִמִּי)은 가장 평화롭고 가장 안전하고 가장 자유로운 환경의 대명사다. 여인은 솔로몬을 그곳으로 데려갈 것이라고 한다. 그곳에서 여인은 사랑하는 님에게 향기로운 포도주와 자신의 석류즙을 드려서 마시게 할 것이라고 한다. 이는 사랑의 행위에 대한 은유적인 표현이다. 어머니의 집에서 음료수를 주는 이유는 태어날 때부터 지금까지 자신의 성숙에 기여한 모든 것들과 성숙의 모든 내용까지 다 사랑하는 님에게 주고 싶기 때문이다. 이는 인생의 전부를 사랑의 도구로 삼으려는 여인의 뜨거운 마음을 잘 표현한다. 그녀의 인생 전체는 이 사랑을 위한 것이었다. 사실 인간은 태어날 때부터 죽을 때까지 사랑을 위해 존재한다. 우리가 그 과정에서 취득하고 숙성된 모든 좋은 포도주와 석류즙은 하나님과 이웃 사랑을 위한 수단이다. 이 세상의 모든 것들도 주께서 사랑을 위해 만드셨기 때문에 사랑을 위해 존재한다.

3그의 왼손은 나의 머리 아래에 있고, 그의 오른손은 나를 안을 것입니다

이 구절은 2장 6절의 반복이다. 솔로몬의 궁전에서 나누었던 사랑을 이제 여인의 어머니 집에서도 나누는 장면이다. 여인은 사랑하는 님에게 포도주와 석류즙을 주어 마시게 하고 그는 여인에게 사랑의 왼손과 오른손을 내밀어 그녀를 휘감는다. 이 세상에서 교회도 주님께 순종의 포도주와 석류즙을 드리면 주님께서 눈에 보이는 오른손과 보이지 않는 왼손으로 교회를 휘감는다. 왼손은 교회가 넘어질 때 머리가 상하지 않도록 받치고 오른손은 교회를 안고 마땅히 이르러야 할 목적지로 안전하게 인도하는 그러한 양손의 사랑을 주님은 베푸신다.

4내가 너희로 하여금 맹세하게 한다

예루살렘 딸들아 사랑이 원하기 전에는 깨우거나 자극하지 마라

이 구절도 2장 7절과 3장 5절의 반복이다. 다만 여기에는 "영양과 암사슴"에 대한 언급이 삭제되어 있다. 세번째 반복되는 이 구절의 의미는 이전 구절들의 해석을 참조하라.

5a(합) 자신의 사랑하는 이에게 기대어 광야에서 올라오는 여인이 누구인가?

이 구절은 여인들의 합창이며, 3장 6절에서 "연기의 기둥처럼 광야에서 오는" 솔로몬의 모습과 대비된다. 그런데 여기서는 여인이 광야에서 올라온다. 혼자가 아니라 솔로몬이 그녀와 동행한다. 그런데 여인은 사랑하는 솔로몬의 어깨에 기댄 채 올라온다. 광야는 고난의 상징인데, 여인의 표정에는 고난의 그림자도 없다. 오히려 행복과 기쁨이 가득하다. 이는 그녀가 솔로몬과 동행하고 사랑의 어깨에 기대고 있기 때문이다. 광야라도, 아니 광야보다 더 열악한 지옥이라 할지라도 사랑하는 님과 함께라면 천국이다. 이 세상이 광야와 같은 곳이고, 우리의 인생도 광야와 같지만 주님과 동행하며 그분을 의지하면 행복의 지수가 올라간다. 술람미 여인은 솔로몬을 문밖에 세워둔 채 궁전에서 사는 것보다 광야에서 솔로몬의 든든한 어깨에 기대어 살아가는 것이 더 행복하다. 궁전에서 자유로운 왕으로 살아가는 것보다 주님의 성전에서 얽매인 문지기로 살아가는 것이 더 행복했던 다윗처럼!

　미국으로 유학을 가서 10년 동안 살다가 돌아왔다. 돌아와야 했다. 돌아오기 전에 주저하는 아이들을 향해 미국에 사는 것과 한국에 사는 것 중 어느 것이 좋으냐고 질문했다. 아이들의 선택을 존중하기 위함이다. 아이들의

답변은 이러했다. 한국으로 들어가는 것보다 미국에서 사는 것이 좋다는 것, 하지만 미국에서 사는 것보다 아빠와 함께 사는 것이 더 좋다는 것이었다. 이 답변을 듣고 나는 감격을 삼키며 범람할 듯한 감정의 저수지를 겨우 다스렸다. 나는 과연 주님에 대해 아이들의 답변처럼 선택하고 살아가고 있는지가 의문이다. 어디에서 사느냐의 문제보다 누구와 사느냐가 더 중요한 사안이다. 하나님의 사람들은 좋은 곳에서 사는 것보다 주님과 함께 살아가는 것을 선호한다. 그런데 주님은 화려한 궁전이 아니라 척박한 광야에 거하신다. 주님이 찾아간 광야는 죄인들과 세리들과 창녀들이 거하는 곳이었다. 어쩌면 주님의 거주지는 굶주린 자, 목마른 자, 나그네 된 자, 헐벗은 자, 병든 자, 투옥된 자, 즉 지극히 작은 자들일지 모르겠다(마 25:44). 이는 다음의 말씀에서 분명히 확인된다. "이 지극히 작은 자 하나에게 하지 아니한 것이 곧 내게 하지 아니한 것이니라"(마 25:45). 교회는 "지극히 작은 자"라는 광야를 주님 때문에 즐거운 마음으로 선택해야 한다.

　　　　5b(여) 내가 그대를 깨운 곳은 사과나무 밑입니다
　　　그곳은 그대의 어머니가 그대를 잉태하고 그대를 낳은 자가 수고한 곳입니다

여인은 사랑하는 님을 사과나무 밑에서 깨웠다고 한다. "사과나무 밑"이라는 표현에는 다소 관능적인 뉘앙스가 스며들어 있다(2:3, 2:5, 7:8 참조). 그곳은 두 사람이 육체의 달콤한 사랑을 나누는 장소를 의미한다. 그런데 여기에서 여인은 그 사랑과 솔로몬의 출산을 연결한다. "사과나무 밑"은 솔로몬의 어머니가 그를 잉태하고 해산의 고통을 치룬 곳이라고 한다. 이 대목에서 내 머리에는 교회를 향한 주님의 사랑이 잉태된 장소가 떠오른다. 마리아가 예수를 출산한 나사렛, 선한 것이 나오지 못한다는 그 촌구석은 피조물이 하나님의 인체를 처음으로 맞이한 장소였다. 진실로 주님은 출생한

장소만 광야를 방불하지 않고 그의 삶도, 그가 만나는 사람들의 인생도, 모두 기구한 광야를 방불했다. 그런데 그곳에서 아버지 하나님의 품 속에 거하던 사랑이 태어났다.

"사과나무"(תַּפּוּחַ), 그 관능적인 나무는 또한 에덴동산 중앙에 있던 선악과에 대한 인류의 아픈 추억도 떠올리게 한다. 창조주 하나님이 첫 사람을 잉태하신 곳, 흙으로 빚어서 그 코에 생기를 불어 넣으신 은총의 땅 한 가운데에 선악과가 있다. 아담과 하와는 그 선악과 밑에서 하나님의 말씀을 거역하는 죄, 신의 절대적인 권위에 도전하는 죄, 진리를 거짓으로 바꾸고 거짓을 진리로 둔갑시킨 죄를 저질렀다. 그런데 죄로 얼룩진 광야가 된 바로 그곳에서 하나님의 사랑은 이미 씨앗이 심어졌다. 인간의 죄악이 그 사랑의 발아를 촉진한 셈이었다. 술람미 여인이 솔로몬의 사랑을 일깨운 사과나무 밑에는 죽음과 생명, 슬픔과 기쁨, 저주와 축복이 버무려져 있다. 다른 남자의 아내 밧세바를 빼앗은 다윗의 첫 번째 아들은 죽고 두 번째 아들로 솔로몬이 태어났기 때문이다.

이처럼 사과나무 밑은 인류의 역사를 관통하는 사연이 얽힌 특별한 공간이다. 그곳에서 여인이 솔로몬을 깨웠다는 것은 교회가 온 인류를 관통하는 죄와 용서, 죽음과 생명, 저주와 복의 이야기를 이해하고 회개하며 주님의 사랑을 일깨우는 것을 의미한다.

⁶그대는 나를 인장처럼 그대의 가슴 위에, 인장처럼 그대의 팔 위에 두십시오
사랑은 죽음처럼 강하고 질투는 스올처럼 냉혹하며
그것의 화염은 불의 화염 같고, 여호와의 불과 같습니다

여인은 사랑하는 님에게 부탁한다. 자신을 솔로몬의 가슴과 팔 위에 인장처럼 두라는 부탁이다. 고대근동 시대에 인장은 두 종류, 즉 하나는 목에,

다른 하나는 팔에 매달았다. 목에 단 인장은 가슴에 위치한다. "가슴"(לֵב)은 솔로몬의 중심이고, "인장"(חוֹתָם)은 그의 정체성을 나타낸다. 여인은 솔로몬의 중심에 있는 지극히 소중한 존재가 되기를 소원한다. 솔로몬의 심장에서 진정한 사랑의 표상이고 싶어한다. "팔"(זְרוֹעַ)은 심장의 외적인 활동을 의미한다. 여인은 솔로몬의 심장이 뛰는 모든 활동에 함께하고 싶어한다. 생명과 인생에 있어서 솔로몬과 하나가 되고 싶은 여인의 절절한 사랑이 여기에서 느껴진다. 내가 진실로 사랑하는 대상은 내 존재의 중심에 들어오고 내가 누구임을 보여주는 설명이다. 사랑하는 자는 사랑 받는 자가 있어서 살아있고, 사랑 받는 자에 의해서만 알려진다. 그래서 사랑을 받는 자는 사랑하는 이의 심장이며 증인이다.

주님의 사랑을 받는 교회는 주님의 심장 위에 있는 인장이다. 주님은 교회 때문에 살아가실 정도로 교회를 자신의 심장처럼 사랑하고 아끼신다. 주님과 교회는 생명의 파트너다. 그래서 주님은 교회를 자신의 생명처럼 지키신다. 음부와 죽음의 권세가 다가오지 못하고 만지지도 못하도록 막으신다. 주님은 이렇게 교회를 통해 사랑이라는 자신의 정체성을 드러낸다. 동시에 교회는 주님의 심장이기 때문에 주님의 사랑을 퍼 올려서 온 세상에 공급하는 펌프의 기능을 감당해야 한다. 사랑의 펌프질이 멈추면 주님의 심장도 멈춘다는 각오로 한 순간도 쉬지 않고 범사에 항상 사랑해야 한다. 그리고 교회는 팔 위에 있는 주님의 인장이다. 교회와 주님은 사역의 파트너다. 주님은 사랑하는 교회에 자신의 역동적인 정체성을 맡기셨다. 그래서 주님의 사랑을 받는 교회는 주님의 정체성을 보여주는 증인이다. 교회는 주님의 증인이기 때문에 주님이 생각하는 것처럼 생각하고 주님이 말하는 것처럼 말하고 주님이 행하는 것처럼 행동해야 한다. 주님을 보여주지 않는 교회의 생각과 말과 행동은 필히 주님의 정체성을 왜곡하게 된다.

여인은 사랑과 질투의 속성을 설명한다. 먼저 사랑은 "죽음처럼"(כְּמָוֶת)강하다고 한다. 죽음은 생명의 상실, 삶의 중단을 의미한다. 그렇다면 사랑은 생명의 상실처럼 강력하다. 이처럼 생명을 상실하는 것과 사랑이 비등하기 때문에 사랑은 생명 자체보다 크고 소중하다. 사랑을 위한 일이라면 생명을 상실해도 되기 때문이다. 십자가는 세상을 향한 하나님의 사랑이다. 십자가는 죽음의 장소 즉 예수가 자신의 생명을 스스로 버린 현장이다. 그렇다면 하나님의 사랑은 예수의 생명보다 크다. 아들의 생명조차 아끼지 않고 우리에게 내어주신 사랑이기 때문이다. 자신을 제자들의 친구로 규정하며 하신 주님의 말씀이다. "사람이 친구를 위하여 자기 목숨을 버리면 이보다 더 큰 사랑이 없나니"(요 15:13). 여기에서 주님은 자신의 목숨을 사랑의 수단으로 소개하고 있다. 누구든지 진정한 사랑을 하려거든 주님처럼 자기 목숨을 수단으로 삼아 버리는 것도 각오해야 한다.

인간의 역사에는 목숨보다 큰 사랑이 그것의 종적조차 희미하다. 지금도 사정은 동일하다. 대부분의 사람들은 자신의 목숨을 위하여 친구를 이용한다. 친구를 위하여 자기의 목숨을 버리는 사랑은 기껏해야 희미한 의식의 박물관에 생명을 다 긁어낸 박제처럼 존재한다. 오늘날의 사랑은 너무도 허약하다. 죽음의 뿌연 그림자만 봐도 기겁을 하며 도망간다. 죽음은 사랑의 진짜 무게를 다는 저울이다. 그런데도 우리는 "사랑"이란 말을 너무도 가볍게 사용한다. 그러나 그 낱말을 내뱉을 수 있는 유일한 입술은 죽음이다. 다른 입술에서 나온 "사랑"은 아직 검증되지 않은 낱말에 불과하다. 십자가는 주님의 진실한 사랑을 말한 죽음의 입술이다.

여인에 의하면, "질투"(קִנְאָה)는 스올처럼 냉혹하다. 스올은 죽음 너머의 세상이다. 항구적인 냉기가 스올의 체온이다. 이런 스올처럼 질투는 온기가 전혀 없는 흉기이며, 무한대의 식욕을 가졌기 때문에 모든 생명과 가치와 의미를 통째로 삼키되 다시 돌이킬 수 없는 영혼의 무덤이다. 나아가 질투는 뼈까지도 부패하게 한다(잠 14:30). 이토록 무서운 질투에 대한 지혜자의 설명이다. "분은 잔인하고 노는 창수 같거니와 투기 앞에야 누가 서겠는가"(잠 27:4). 질투는 너무도 강하기 때문에 모든 것을 태우는 불의 화염

(רִשְׁפֵּי אֵשׁ)이며 심지어 "여호와의 불"(שַׁלְהֶבֶתְיָה)이라고 한다. 어떤 사람들은 "여호와의 불"에서 단어의 마지막 부분인 "야"(יָה)를 "여호와"(יְהוָה)의 축약어로 보지 않고 성경의 다른 용례에 근거하여 "야"를 "강력한 혹은 엄청난" 등의 강화를 위한 접미사로 이해하여 이 구절을 "강력한 불꽃"으로 번역한다.

이처럼 질투는 종말에 이루어질 심판을 떠올리게 하는 "불의 화염"에 비유되고, 이 세상에서 여호와의 불을 설명하는 도구로 쓰일 만큼 끔찍하다. 질투는 사랑하는 두 당사자 사이에 제 3자가 개입할 때에 발생하는 분노의 감정이다. 질투는 그 개입으로 인해 마음의 방향이 그 3자에게 쏠려서 꺾어진 사랑의 엇각이다. 여인은 자신과 솔로몬 사이에 다른 누구도 개입되지 않기를 소원한다. 솔로몬의 마음이나 자신의 마음을 빼앗는 어떠한 것도 없는 사랑의 상태를 유지하고 싶어한다.

하나님은 자기 백성을 너무도 사랑한다. 이해하기 어려운 사랑이다. 대부분의 사람들은 준만큼 받고 받은만큼 주는 거래나 보답의 개념으로 사랑을 이해한다. 우리도 그런 개념의 사랑에 익숙하다. 그래서 사랑은 합당한 조건이나 자격을 갖추어야 받는 것이라고 생각한다. 이는 사람들이 자신의 어떤 필요를 채워주면 사랑의 감정이 촉발되기 때문이다. 인간의 사랑은 이렇게 조건적인 사랑이다. 그런데 하나님은 부족함이 전혀 없으시고 채워야 할 필요가 없으신 분이신데 왜 아무런 도움도 되지 못하는, 오히려 섞이면 자신의 명예도 실추되게 할 우리 같은 죄인을, 배신자를, 반역자를 사랑하는 것인가? 이는 자아를 중심으로 손익을 따지고 그것에 근거하여 사랑의 유무를 결정하는 부패한 이성을 따라서는 도무지 이해할 수 없는 사랑이다. 그런데 대가나 조건이나 보상이나 필요나 결핍과 무관한 하나님의 이 사랑이 진짜 사랑이다. 그 사랑의 진실은 이성도 초월하고 상상도 초월한다. 이 사랑 때문에 인류의 역사에 등장한 다른 모든 사랑들은 진정한 사랑이 아니라는 사실이 드러난다.

하나님의 백성이 다른 어떠한 것에도 근거하지 않은 그분의 무한한 사랑을 거부하고 다른 신을 섬기면 하나님의 무한한 질투가 촉발된다. 스올의 차가운 냉기로도 표현할 수 없는 하나님의 질투가 촉발되면 세상에서 가장 무서운 결과가 초래된다. 그런 결과가 발생되지 않도록 하나님은 자기 백성에게 다른 신을 섬기지 말라는 계명을 모든 계명의 1번지로 정하셨다. 다른 계명들은 이 계명의 부록이요 각주에 불과하다. 다른 신에게는 곁도 내어주지 말라고 엄금한다. 그래서 우리는 주님의 무한한 사랑에 감격하는 동시에 주님의 무한한 질투도 늘 의식해야 한다.

사랑의 크기와 질투의 크기는 비례한다. 질투가 스올처럼 냉혹한 이유는 사랑이 죽음처럼 강하기 때문이다. 주님의 사랑은 무한하기 때문에 질투의 크기도 무한하다. 그러나 이런 하늘의 질투가 무서워서 다른 신을 섬기지 않는 것은 소극적인 사랑이다. 보다 적극적인 사랑의 주인공은 하나님의 사랑을 나보다 더 많이 차지하는 다른 누군가가 없도록 그분께만 최고의 사랑을 시도하는 인생이다. 친구를 위하여 자기 생명을 버리는 사랑이 가장 크다는 주님의 말씀을 따라 우리의 친구이신 주님을 위하여 목숨과 마음과 뜻과 힘을 다하여 사랑하면 스올처럼 냉혹한 질투의 유발도 방지된다. 하나님을 향한 최고의 사랑을 시도하는 우리의 경쟁은 아주 선한 싸움이다. 내가 사랑하는 사람이 다른 사람을 더 사랑해도 죽음처럼 괴로운 일인데, 가장 사랑하는 하나님이 다른 사람을 나보다 더 사랑할 때 유발되는 질투는 죽음보다 끔찍하지 않겠는가! 우리에게 하나님에 대한 질투의 끝은 과연 지옥인가? 나보다 더 하나님을 사랑하는 사람이 있다면, 주님께서 나보다 더 사랑하는 사람이 있다면, 그 사실 앞에서 그냥 쓰러져야 한다. 견딜 수 없을 정도로 괴로워야 한다. 우리는 질투 때문에 지옥의 문턱을 넘나드는 것처럼 숨이 끊어질 정도의 사랑에 이르러야 한다.

7많은 물도 사랑을 꺼뜨릴 수는 없습니다 강들도 그것을 집어삼킬 수 없습니다
만일 사람이 사랑을 위하여 자기 가산의 전부를 준다면
사람들은 그를 멸시하고 또 멸시할 것입니다

여호와의 불처럼 뜨거운 "사랑"(אַהֲבָה)은 많은 환란의 물로도 꺼뜨릴 수 없고 흐르는 세월의 강물로도 삼켜지지 않는다고 여인은 노래한다. 무엇에 의해서도 진화(鎭火)되지 않고 익사하지 않는 사랑의 불은 영원토록 타오른다. 이는 노아의 시대에 온 인류의 머리 위로 쏟아진 홍수 속에서도 꺼지지 않고 남겨진 사랑의 불씨 즉 노아의 가족들을 남겨 두신 사실을 통해서도 확인된다. 노아를 통하여 사랑의 언약은 갱신되고 그 언약은 계속 유지되어 지금까지 이르렀다. 사랑은 인류를 삼킨 홍수에 의해서도 꺼지지 않고 타오르는 불이기에, 바울은 환난이나 곤고나 박해나 기근이나 적신이나 위험이나 칼과 같은 외적인 환경만이 아니라 미래의 일이나 사망이나 천사들도 우리를 주님의 사랑에서 끊어내지 못한다고 단언한다(롬 8:35-39). "사랑은 언제까지나 떨어지지 아니하되 예언도 폐하고 방언도 그치고 지식도 폐하리라"(고전 13:8). 사랑은 항상 존재하며 영원하다. 믿음과 소망도 사랑과 더불어 항상 있을 것이지만 사랑은 그 중에서도 제일이다.

사랑은 생명을 상실해도 될 만큼 고귀하다. 사랑이 제일이기 때문에 이세상에는 사랑의 대체물이 없다. 그러므로 사랑을 취하기 위해 생명보다 못한 자신의 재산 전부를 건넨다고 한들 어찌 아까울 수 있겠는가? 아긴다면 오히려 사람들이 그에게 "멸시에 멸시를 더할"(בּוֹז יָבוּזוּ) 것이라고 한다. 사랑을 다른 무엇과 바꿀 수 있다는 거래의 발상 자체가 사랑에 대한 능욕이다. "교환"이나 "보답"이나 "거래"는 사랑의 거룩한 속성을 조롱하는 말들이기 때문이다. 사랑은 다른 무엇에 의해서도 얻을 수 없기 때문에 다른 무엇에 의해서도 빼앗기지 않는 사랑 자체이신 신의 은총이다. 우리에게 있는 모든 것들은 이 사랑을 위해 존재한다. 마음도, 목숨도, 뜻도, 힘도, 성품도

사랑의 수단이다. 사랑은 생명의 질서이고 인생의 규칙이다. 인간은 이 질서에 순응해야 한다. 사랑은 온 인류와 자연과 역사의 질서를 설명한 율법의 결론이다. 예수는 율법의 완성이며, 그래서 예수는 우리를 향한 아버지 하나님의 사랑을 확증하신 사랑의 주역이다.

우리는 어떠한가? 인생의 목적은 무엇인가? 편하게 살고 오래 사는 게 아니던가! 대학에 가고 자격증을 따고 취업을 하고 결혼을 하고 자식을 낳고 손주를 보고 검은 머리털이 하나도 남지 않은 백발로 무덤에 들어가는 것이 생의 목적이다. 그러나 성경은 우리에게 인생의 목적이 사랑하는 것이라고 가르친다. 생명도 사랑의 수단이고 죽음도 사랑의 수단이다. 사나 죽으나 우리가 사랑을 위해 존재한다. 사랑 자체이신 하나님을 위해 존재한다. 우리의 삶은 다윗의 고백으로 주를 찬양해야 한다. "주의 인자(헤세드, חֶסֶד)가 생명보다 나으므로 내 입술이 주를 찬양할 것이라"(시 63:3). 나의 삶 속에서는 주님의 무조건적 "사랑"이 생명보다 낫다는 것이 과연 찬양의 이유인가? 내 인생에 있어서도 사랑은 과연 제일인가? 생명보다 귀한 주님의 사랑 때문에 호흡이 있는 모든 자는 호흡이 끝날 때까지 주를 찬양함이 마땅하다. 우리의 인생은 바로 그런 찬양의 입술이다.

⁸우리에게 있는 작은 누이는 아직도 유방이 없구나 그가 청혼을 받는 날에는 우리가 그를 위하여 무엇을 할까 ⁹그가 성벽이라면 우리는 은 망대를 그 위에 세울 것이요 그가 문이라면 우리는 백향목 판자로 두르리라 ¹⁰나는 성벽이요 내 유방은 망대 같으니 그러므로 나는 그가 보기에 화평을 얻은 자 같구나 ¹¹솔로몬이 바알하몬에 포도원이 있어 지키는 자들에게 맡겨 두고 그들로 각기 그 열매로 말미암아 은 천을 바치게 하였구나 ¹²솔로몬 너는 천을 얻겠고 열매를 지키는 자도 이백을 얻으려니와 내게 속한 내 포도원은 내 앞에 있구나 ¹³너 동산에 거주하는 자야 친구들이 네 소리에 귀를 기울이니 내가 듣게 하려무나 ¹⁴내 사랑하는 자야 너는 빨리 달리라 향기로운 산 위에 있는 노루와도 같고 어린 사슴과도 같아라

❖ ❖ ❖

⁸(오) 우리에게 어린 누이가 있습니다 그러나 그녀에게 가슴이 없습니다 그녀에게 혼담이 오가는 날에는 우리 누이를 위하여 우리가 무엇을 하면 좋을까요? ⁹그녀가 만약 벽이라면 우리가 그 위에 은으로 흉벽을 세울 것이고 그녀가 만약 문이라면 우리가 백향목 판자로 그것을 둘러쌀 것입니다 ¹⁰(여) 나는 벽이며 나의 가슴은 망대와 같습니다 나는 그때 그분의 눈에 평화를 선사한 여인처럼 됐습니다 ¹¹바알-하몬에는 솔로몬의 포도원이 있습니다 그는 그 포도원을 관리하는 자들에게 주었으며 그 열매로 말미암아 그들 각자로 하여금 은 천을 가져오게 했습니다 ¹²나에게 속한 내 포도원은 내 앞에 있습니다 그 천은 솔로몬 당신을 위한 것이고 이백은 저 열매를 관리하는 자들을 위한 것입니다 ¹³(남) 동산에 거하는 여인이여, 친구들이 그대의 목소리에 귀를 기울이고 있지만 그대는 나에게 [그 목소리를] 들려 주십시오 ¹⁴(여) 서둘러 오십시오 나의 사랑이여 향품나무 언덕 위에 있는 노루나 어린 사슴처럼 말입니다

17   최고의 사랑

앞에서 우리는 사랑이 다른 어떠한 것보다 우선적인 제일이며 목숨보다 소중한 것임을 확인했다. 그토록 중요한 사랑 중에서도 최고의 사랑은 무엇인가? 처음 사랑을 유지하는 사랑이다. 모든 사람들과 더불어 화목하는 사랑이다. 어떠한 매개물과 방해물과 불순물도 없는 영혼과 영혼의 직접적인 사랑이다. 그것은 완성될 때까지 인내하며 기다리는 사랑이다. 술람미 여인은 아가서의 끝에서 솔로몬을 향해 최고의 사랑을 고백하고 있다.

> 8(오) 우리에게 어린 누이가 있습니다 그러나 그녀에게 가슴이 없습니다
> 그녀에게 혼담이 오가는 날에는 우리 누이를 위하여
> 우리가 무엇을 하면 좋을까요?

오빠들의 노래가 등장한다. 1장 6절에서 오빠들은 여인에게 화를 내면서 과도한 노동을 요구한 인물들로 묘사된다. 이로 인하여 여인은 뜨거운 햇

볕에 피부가 새카맣게 탔으며 자신의 포도원은 제대로 관리할 수조차 없을 정도로 힘들었다. 그러나 8장 8절의 오빠들은 여동생에 대한 애정이 각별하다. 이는 여동생에 대한 오빠들의 분노와 노동 요구에는 정당한 이유가 있었을지 모른다는 추정을 가능하게 한다. 아가서 안에서 여인의 아버지에 대한 이야기는 없다. 아들들과 딸에게 포도원이 유산처럼 주어진 것을 보면 일찍 사망했을 가능성이 높다. 아버지가 없는 집안에서 오빠는 가장의 막중한 역할을 감당해야 한다. 혹시나 든든한 오빠들이 있다는 이유로 자칫 나태하고 망가질 수 있는 여동생의 인생을 성실하고 강하게 만들기 위해 다소 혹독한 훈련을 시켰을 가능성도 있다. 여동생의 결혼에 대해서도 부성적 책임감이 오빠들의 노래에서 느껴진다.

오빠들의 눈에 여인은 아직도 "어린"(קְטַנָּה) 꼬맹이다. 가슴은 절벽이다. 오빠들은 누이의 가슴이 작다고 표현하지 않고 "없다"(אֵין)고 표현한다. 이는 여인이 정신적인 면에서나 신체적인 면에서 충분히 성숙하지 않았음을 강조한다. 예나 지금이나 부모에게 자식은 백발이 되어도 첫걸음을 뗀 어린아이 같다. 오빠들이 보기에는 여인이 비록 혼사가 오갈 나이가 되었지만 결혼 적령기의 흡족한 상태에 이르지는 못한 어린애와 같다. 아름다운 여인의 모습을 갖추지 못한 누이에게 아무도 청혼하지 않을 것만 같아 오빠들의 마음은 불안하다. 그런데도 혹시 그녀에게 혼담이 오간다면 그녀를 위하여 무엇을 하면 좋을지, 오빠들은 미리 고민한다. 오빠들도 충분한 어른이 아니어서 자기 앞가림이 빠듯할 텐데 부모의 심정으로 여동생의 혼사를 고민하고 있다는 것은 각별한 애정의 증거임에 분명하다.

⁹그녀가 만약 벽이라면 우리가 그 위에 은으로 흉벽을 세울 것이고
그녀가 만약 문이라면 우리가 백향목 판자로 그것을 둘러쌀 것입니다

오빠들은 두 가지의 경우를 나누어서 대비한다. 첫째, 만약 누이가 벽이라면 그 위에 은으로 흉벽을 세울 것이라고 한다. 둘째, 만약 누이가 문이라면 백향목 판자로 그 문을 둘러쌀 것이라고 한다. 여기에서 "벽"(חוֹמָה)이라는 것은 누구도 여인에게 쉽게 출입할 수 없다는 이미지를 제공하기 때문에 가슴이 없다는 의미보다 지조 혹은 절개를 의미한다. 만약 누이가 방탕하게 살지 않고 절개를 지켰다면 오빠들은 그녀의 절개를 더욱 아름답게 장식하기 위해 은으로 흉벽을 쌓을 것이라고 한다. 흉벽의 일반적인 재료는 흙이나 벽돌이다. "은"(כֶּסֶף) 흉벽은 단순히 적의 접근을 차단하기 위함이 아니라 여인의 절개를 더욱 순수하고 고귀하게 드러내는 장신구의 기능을 수행한다. 높은 절개는 아름다운 결혼의 첩경이기 때문이다. "문"(דֶּלֶת)이라는 것은 누구나 쉽게 출입할 수 있는 개방성을 의미한다. 두드리면 열리는 "문"의 가벼운 개방성은 성적인 방탕을 암시한다. 만약 누이가 문이라면 오빠들은 "백향목 판자"로 그 문을 둘러싸서 다른 남자들이 쉽게 접근하지 못하도록 막고 어린 누이의 방탕한 외출도 저지할 것이라고 한다. "백향목"을 뜻하는 "에레즈"(אֶרֶז)는 "견고하게 하다 혹은 강하게 하다"를 뜻하는 "아라즈"(אָרַז)라는 동사에서 왔다. 오빠들은 절개를 유지하고 강화하는 일이 여동생을 위한 혼사의 가장 중요한 준비라고 생각한다.

절개는 여인에게 결혼의 제1 덕목이며, 한 사람을 향한 나의 전부를 다른 어떠한 자에게도 빼앗기지 않는 마음의 순수한 상태를 의미한다. 신앙에 있어서도 이런 의미의 절개는 대단히 중요하다. 하나님은 우리에게 다른 어떠한 것도 숭배의 대상으로 삼지 말라는 영적 절개를 요구한다. 죄로부터 지극히 사소한 불순물도 우리에게 침투하지 못하도록 죄에 대하여는 견고한 벽이어야 하고 주님에 대해서는 항상 출입하실 수 있도록 열린 문이어야 한다.

8절과 9절에서 오빠들의 노래는 여인이 솔로몬을 만나기 이전의 상황을 회고한다. 이 설명에 따르면, 인격적인 미성숙과 신체적인 미발달이 여인의 특징이다. 그런데 오빠들이 보기에 남자를 만날 준비가 전혀 되어있지 않은 이 여인의 감추고 싶은 이야기가 아가서의 끝자락에 등장하는 이유는 무엇인가? 겸손을 위함이다. 여인의 이러한 과거를 보면, 그녀가 솔로몬을 자신의 남자로 맞이하고, 왕을 신랑으로 맞아 왕비가 되고, 죽음처럼 강한 사랑의 절정을 깨달은 것은 그녀의 자질이나 재능이나 조건이 맺은 열매가 아님을 확인한다. 그것은 솔로몬의 전적인 은택에 의한 결과였다. 자격도 없는 여인이 왕의 선택을 받는 감격의 크기는 어떠할까? 겸손한 마음으로 첫사랑의 기막힌 느낌을 매 순간 기억하는 것은 최고의 사랑을 향유하는 비결이다. 자격도 없는 우리가 창조자의 선택을 받은 감격은 여인의 그것과는 비교할 수 없을 정도로 막대하다. 주님은 그런 "처음 사랑"(τὴν ἀγάπην πρώτην)을 떠난 교회를 향하여 회개할 것을 촉구하고 "처음 행동"(τὰ πρῶτα ἔργα)을 다시 취하라고 가르친다(계2:4-5). 그러므로 교회는 비천한 죄인이며 사악한 원수였던 우리를 자신의 생명으로 구원하신 주님의 사랑에 처음으로 빠진 그 감격을 늘 기억하고 그것이 산출한 첫 반응이 계속 유지되는 사랑을 실천해야 한다.

교회가 사랑의 올챙이 시절을 망각하면 자신이 잘나서 주님의 신부가 된 것처럼 착각하게 된다. 그런 자만과 착각은 주님을 모르는 자들을 향한 무례와 교만으로 이어진다. 그들은 못나서 하나님을 만나지 못했다고 단정한다. 그렇게 교회는 무례한 기독교, 교만한 기독교, 이기적인 기독교, 완고한 기독교가 된다. 이런 교회를 개혁하는 유일한 묘약은 겸손과 처음 사랑의 회복이다. 예전에 우리는 하나님의 거룩한 시선을 끌고 그분의 사랑을 차지할 지극히 작은 가슴조차 없는 미물에 불과했다. 사랑은 고사하고 오히려 이 세상의 거짓되고 불의하고 이기적인 풍조에 휩쓸려 죄를 공기처럼 마시며 욕심이 시키는 대로 살던 "본질상 진노의 자녀"였다(엡 2:3). 주님의 신부가 된 것은 주님의 전적인 은혜의 결과였다. 이것을 인정하고 기억해야 한다. 그래야 세상의 어떠한 망나니도 품고 존중하게 된다. 나에게 주

먹을 지르는 원수도 사랑의 대상으로 분류하게 된다.

10(여) 나는 벽이며 나의 가슴은 망대와 같습니다
나는 그때 그분의 눈에 평화를 선사한 여인처럼 됐습니다

이 구절은 오빠들의 평가에 대한 여인의 반응이다. 그녀는 자신을 "문"이
아니라 "벽"이라고 한다. 이는 다른 남성에게 쉽게 마음을 빼앗기고 타인의
성적인 출입을 마구 허용하는 방탕한 여자가 아니라는 주장이다. 그리고
여인은 자신의 가슴을 "망대"라고 주장한다. 솔로몬은 여인의 신체 중에서
코와 목을 "망대"와 같다고 표현했다(4:4, 7:4). 솔로몬의 이러한 표현을 여
인은 자신의 가슴에 적용한다. 가슴이 망대와 같다는 말은 비록 가슴의 물
리적인 높이나 크기를 말하고자 함은 아니지만 가슴이 없다는 오빠들의 주
장을 꺾기에는 충분히 강한 반론이다. 아군의 상태를 살피고 적군의 동태
를 주시하는 이중적인 기능을 가진 "망대"는 결혼의 시기가 무르익은 가슴
을 의미하는 동시에 다른 남자들이 쉽게 접근해서 오를 수 없는 여인의 고
고한 절개도 암시한다.

여인은 사랑하는 님에게 "평화"(שָׁלוֹם)를 주었다고 노래한다. 오빠들이
발견하지 못한 여인의 이러한 진면목을 알아본 솔로몬은 그 여인을 보면
서 "평화"에 휩싸였다. 이는 그가 "평화"라는 의미를 이름으로 지닌 자신에
게 가장 잘 어울리는 평화의 여인을 발견했기 때문이다. 평화는 무엇인가?
두려움과 불안의 없음이다. 연인 사이에서 발생하는 불안과 두려움의 원인
은 무엇인가? 변심이다. 인간의 마음은 갈대와 같아서 미풍만 불어도 이리
저리 흔들린다. 사랑의 감정은 흔들리는 갈대보다 더 불안하다. 그런데 사
랑하는 사람이 어떠한 바람이 불어도 흔들리지 않는 벽이라면, 주변에서
아무리 유혹해도 결코 무너지지 않는 망대라면, 변심에 대한 걱정은 완전

히 사라지고 관계의 평화가 찾아온다. 솔로몬이 여인의 모습에서 발견한 것은 바로 변심이 없는 평화였다. 심한 변덕의 소유자 곁에는 친구들이 없다. 감정의 기복이 심한 사람은 언제 돌변하여 터질지 모르는 시한폭탄 같기 때문이다. 그런 사람과는 부딪쳐서 서로에게 상처를 주는 것보다 그리움이 촉발될 정도의 적정한 거리를 유지하는 것이 상책이다. 그런데 술람미 여인은 고른 평화의 향기를 발산하는 여인이다.

사실 견고한 벽과 높은 망대는 단절의 느낌을 주는데 솔로몬은 그런 여인을 보면서 어떻게 평화를 얻었을까? 평화는 타인과의 가장 조화로운 공존이다. 배려와 양보와 용서와 인내와 포용과 기다림과 존중이 골고루 버무려진 미덕의 가장 고상한 반죽이다. 이런 평화는 서로에게 증오심과 적개심과 시기심과 탐심과 경쟁심이 없을 때나 또는 있을 가능성이 희박할 때에 확보된다. 술람미 여인은 오빠들이 보기에 비록 성적인 매력을 가지지는 않았지만, 절개의 매력을 가졌으며 그것 때문에 솔로몬 왕에게 평화를 주었고 여인의 향기로운 매력까지 발산했다.

교회도 온 세상에 평화의 매력을 발산해야 한다. 주님께서 이 땅에 오신 이유도 "땅에서는 하나님이 기뻐하신 사람들 중에 평화"를 주시기 위함이다(눅 2:14). 두려움과 근심과 불안이 없는 평화는 그리스도 예수를 통해 교회에 맡겨진, 온 세상에 주어져야 할 하나님의 선물이다. 교회는 건물이나 헌금이나 교세라는 외모의 가시적인 매력으로 세상의 시선을 구걸하지 말고 죄로 말미암은 이 세상의 모든 무질서와 혼돈을 극복하고 만물을 제자리로 돌리는 샬롬의 상태를 온 세상에 제공해야 하는 주님의 여인이다. 본문에서 사랑의 처음 상황을 확인한 결과, 술람미 여인과 솔로몬의 첫 만남이 가진 가장 중요한 의미는 평화였다. 이러한 과거의 회상은 여인이 일평생 보존해야 할 관계의 가치가 바로 평화임을 가르친다. 예수께서 육신으로 이 세상에 출입하실 때 천사들이 부여한 최초의 의미도 평화였다. 교회는 종말이 올 때까지 이 세상에 대하여 샬롬의 공동체로 존재해야 한다. 남자와 여자의 평화, 자신과 타인의 평화, 자국과 타국의 평화, 하늘과 땅의 평화, 하나님과 죄인의 평화, 나와 원수의 평화는 교회의 본질적인 정체성을 보여주는 관계의 등본이다.

11바알-하몬에는 솔로몬의 포도원이 있습니다
그는 그 포도원을 관리하는 자들에게 주었으며
그 열매로 말미암아 그들 각자로 하여금 은 천을 가져오게 했습니다

여인은 솔로몬의 포도원을 주목한다. 그것의 위치는 바알-하몬이다. "바알-하몬"의 정확한 지리적 위치를 규명하는 것은 가능하지 않다. 어떤 학자들은 외경들 중의 하나인 유딧서 8장 3절에 언급된 도단에 인접한 "발라몬"(Βαλαμών)을 "바알-하몬"의 헬라어식 표기로 간주하고 도단 근처일 것이라고 추정한다. 그러나 "바알-하몬"(בַּעַל הָמוֹן)은 지리적인 의미보다 은유적인 의미가 더 중요하다. 그 의미는 "무리들의 주인"이다. 이러한 의미를 존중할 때, "바알-하몬"에 있는 포도원을 솔로몬의 포도원 즉 솔로몬이 아내로 맞이한 많은 여인들로 이해하는 것이 가능하다. 그런데 이 포도원은 그것을 관리하는 자들에게 주어졌다. 그 포도원의 열매로 말미암아 그들은 주인에게 은 천을 헌납해야 했다. 여기에는 사랑의 향기가 아니라 거래의 악취가 진동한다. 우리는 앞에서 사랑은 흥정이나 보답이나 보상이 아니라고 했다. 그런데 솔로몬과 다른 여인들의 결혼은 진정한 사랑의 결과물이 아니라 정치적인 거래 혹은 경제적인 흥정의 수단이다. 이는 결혼의 관계를 의미하는 포도원의 관리자가 따로 있다는 사실과, 결혼에서 초래되는 이익의 배당금을 나누는 모습에서 분명히 확인된다. 솔로몬과 다른 여인들의 결혼은 마치 주님과 교회의 변질된 관계를 고발하는 듯하다. 이 고발은 주님과 교회의 사랑을 돌아보게 한다. 과연 주님과 우리의 관계는

사랑인가 아니면 거래인가? 그 관계가 풍기는 것은 진정한 사랑의 향기인가? 아니면 신앙을 볼모로 승진이나 합격이나 건강이나 결혼이나 성공을 밝히는 거래의 냄새인가? 술람미 여인은 솔로몬의 다른 여인들을 보면서 거래가 사랑을 대체한 관계의 끔찍한 몰락을 목격했고, 그런 변질된 사랑과의 차별화를 시도한다.

> 12나에게 속한 내 포도원은 내 앞에 있습니다 그 천은 솔로몬
> 당신을 위한 것이고 이백은 저 열매를 관리하는 자들을 위한 것입니다

여인은 자신에게 속한 자신의 포도원이 자신에게 있다고 선언한다. 여인에게 "내 포도원"은 자신을 뜻하기도 하고 솔로몬을 뜻하기도 한다. 각자는 사랑 안에서 서로에게 속한 서로의 포도원이 된다. 여인은 솔로몬에게 천을 주고 포도원을 관리하는 자에게는 이백을 주면서 거래의 혐의를 털어낸다. 이제 솔로몬과 여인 사이에는 어떠한 방해물도 없다. 사랑의 포도원은 솔로몬과 여인이 관리자의 개입 없이 직접 관리한다. 지불해야 하는 채무도, 받아내야 하는 채권도 없이 둘은 순수한 사랑에 의해서만 연결되어 있다. 여인의 이런 직접적인 사랑은 8장 7절에서 언급된 것처럼 돈으로 사거나 팔거나 바꾸려고 하기 때문에 당하는 멸시의 대상과는 다르다는 일종의 항변이다. 사실 사랑에는 다른 관리자가 필요하지 않고 다른 사람들의 개입을 불허한다. 어떠한 매개물도 없는 너와 나의 직접적인 하나됨이 바로 진정한 사랑이기 때문이다.

　서로가 서로에게 "나에게 속한 내 포도원"(כַּרְמִי שֶׁלִּי)이 되어 어떠한 방해도 없이 바로 "내 앞에" 있는 관계가 진실한 사랑이다. 주님과 교회의 사랑이 그러하다. 이 사랑은 어떤 조건이나 물질만이 아니라 부모나 자식도, 왕이나 교황도, 목사나 교사도 끼어들 수 없는 영혼과 영혼의 직접적인 결

합이다. "아버지나 어머니를 나보다 더 사랑하는 자는 내게 합당하지 아니하고 아들이나 딸을 나보다 더 사랑하는 자도 내게 합당하지 아니하며"(마 10:37). 사랑의 우선순위 문제는 진실한 사랑의 여부를 가늠하는 저울이다. 기독교적 사랑의 순위는 하나님을 먼저 사랑하고, 그 다음에 타인을 사랑하고, 그 다음에 나 자신을 사랑하는 수순이다. 그래서 나는 **JOY**(Jesus first, Others second, and Yourself third)를 좋아한다. 최고의 사랑은 주님과 교회의 사랑이며 다른 어떤 조건이나 거래나 매개물에 의존하지 않는 두 당사자의 직접적인 연합이다. 이는 주님이 교회 안에 거하시고 교회가 주님 안에 거하는 사랑이다. 둘 사이에는 막힌 담벼락과 매개물이 없다. 성공이나 소원의 성취에 근거하여 사랑의 여부를 결정하고 수위를 조절하는 것은 어린아이 같은 사랑이다. 사랑은 생물처럼 성숙하고 또 성숙하여 최고의 단계까지 이르러야 한다.

때론 성숙의 발목을 잡는 것이 기도의 응답이다. 우리는 주님의 사랑을 기도의 응답에서 확인하고 싶어한다. 사랑의 초자연적 물증을 요구한다. 우리를 향한 주님의 사랑은 전적으로 진실하고 순수하다. 그러나 주님을 향한 우리의 사랑은 늘 주님 자신 이외의 다른 무언가와 결부되어 있다. 이런 조건부 사랑의 한계를 넘어서야 한다. 기도를 해도 응답이 주어지지 않는 경우를 우리는 경험한다. 그런 경험을 한 사람들의 대부분은 '하나님이 나를 사랑하지 않는다'고 오해한다. 그러나 그 경험은 최고의 사랑을 향한 주님의 은밀한 초청이다. 아프지만, 이해가 안 되지만, 수용하기 싫지만, 그런 기호의 경계선 너머로 믿음의 발걸음을 내디뎌야 한다. 그러면 사랑은 죽음처럼 강해진다. 생명 상실의 위협이 다가와도 흔들리지 않는 사랑의 소유자가 된다. 다니엘과 세 친구들은 풀무의 맹렬한 불길과 굶주린 사자의 이빨이 생명을 위협했을 때 기도했다. 그러나 그 위협에서 건지시는 하나님의 즉각적인 응답이 없다고 할지라도 그분을 향한 신뢰를 접지 않겠다고 다짐했다. 십자가의 처형이 코앞으로 다가왔을 때에 예수는 기도했다. 죽음의 잔이 지나가면 좋겠지만 자신의 뜻이 아니라 아버지의 뜻대로 되기를 소원했다. 우리도 이런 사랑에 이르러야 한다.

13(남) 동산에 거하는 여인이여, 친구들이 그대의 목소리에
귀를 기울이고 있지만 그대는 나에게 [그 목소리를] 들려 주십시오

친구들은 여인의 "목소리"(קוֹל)를 듣기 위해 귀를 기울이고 있다. 특정되지 않은 이 "친구들"은 이 문장의 주어인 솔로몬의 친구들일 가능성이 높다. 친구들이 여인에게 귀를 기울이는 것은 그녀에 대한 존중의 표현이다. 사실 아가서 전체에서 등장하는 예루살렘 여인들, 파수꾼들, 목동들, 오빠들은 여인의 가치를 제대로 가늠하지 못하여 대체로 무시했다. 그러나 이제 여인은 시골의 무가치한 여자가 아니라 왕의 친구들이 주목하는 존귀한 사람이다.

나의 목소리에 귀를 기울이는 사람은 누구인가? 새로운 피조물이 되기 이전의 우리를 아는 사람들의 평가는 대체로 야박하다. 선지자라 할지라도 어린 시절을 아는 자기 고향과 친척과 집에서는 존경을 받기가 어렵다는 주님의 말씀을 보면, 지인들의 야속한 평가는 일반적인 현상이다. 그런 평가를 받더라도 상처를 받거나 위축되지 말라. 주님의 친구들은 천하보다 귀한 우리의 가치를 인정하기 때문이다. 그런데 그렇게 우리를 인정하는 이유는 무엇인가?

친구들이 술람미 여인을 주목한 이유는 솔로몬 때문이다. 그와의 순수한 사랑이 낳은 파생적인 결과가 친구들의 존중이다. 만약 순수한 사랑이 아니라 돈 때문에 여인이 결혼한 것이라면, 솔로몬 이외의 다른 것을 목적으로 삼았다면, 그녀는 칭찬이 아니라 비난을 받았을 것이 분명하다. 주님을 향한 교회의 사랑도 그러하다. 교회가 순수한 사랑이 아니라 다른 목적을 이루기 위한 도구로서 신앙이나 사랑을 내세우면 세상 사람들은 교회

를 비난한다. 그러나 신에 대한 순수하고 진실한 교회의 사랑은 세상의 칭찬과 존경을 유발한다. 바울은 "성령 안에 있는 의와 평강과 희락"으로 주님을 섬기고 사랑하면 주님도 기쁘시게 하고 사람들의 칭찬도 받게 될 것이라고 가르친다(롬 14:17-18). 이는 다른 이유가 아니라 주님을 사랑하고 이로 인하여 그분을 닮아가기 때문에 받는 주목이다. 그래서 우리는 사람들의 칭찬과 존중에 매달리지 말고 주님의 사랑을 고수해야 한다.

솔로몬은 여인에게 그녀의 목소리를 자신에게 들려 달라(הַשְׁמִיעִינִי)고 부탁한다. 여인의 목소리는 솔로몬을 위해 존재한다. 나의 목소리는 누구의 귀를 위함인가? 우리의 목소리는 호흡이 있는 자마다 찬양을 드려야 마땅한 주님의 귀를 위해 존재한다. 특히 교회는 주님을 찬양하기 위해 지어졌기 때문이다(사 43:21). 사랑하는 자의 소리가 귀로 미끄러져 들어오는 것은 참으로 감미로운 사랑이다. 목소리는 귀로 들어가 마음을 건드린다. 존재의 깊은 곳까지 사랑을 배달하고 그 사랑은 그곳에서 조용히 폭발한다. 우리의 목소리가 주님의 귀에 달콤한 멜로디가 될 때 다른 모든 사람들도 우리를 칭찬하게 된다. 귀는 '보이는 말'이라고 하는 글자가 사용되기 이전에 지어졌다. 귀는 보이지 않는 마음이 출입하는 소통의 대문이다. 그래서 귀를 단속해야 한다. 귀로 들어온 타인의 이야기는 "뱃속 깊은 곳"으로 들어간다(잠 18:8). 우리의 분별과 판단을 좌우하는 믿음은 들음에서 난다(롬 10:17). 이토록 중요한 듣기와 말하기를 우리는 늘 관리해야 한다. 최고의 사랑과 최악의 폭력이 모두 귀에서 발생하기 때문이다.

14(여) 서둘러 오십시오 나의 사랑이여
향품나무 언덕 위에 있는 노루나 어린 사슴처럼 말입니다

이제 여인의 마지막 반응이다. 여인은 솔로몬을 자기의 사랑으로 고백하며

빨리 와 달라고 부탁한다. 천천히 느릿느릿 오는 것이 아니라 "향품나무 언덕 위에 있는 노루나 어린 사슴처럼" 경쾌한 걸음으로 "서둘러 와 주시라"(בְּרַח)고 부탁한다. 이는 그가 오면 자신의 목소리를 그에게 들려주겠다는 애절한 마음의 표현이다. 속히 오라는 것은 의식의 허리띠를 푼 느긋한 기다림이 아니라 사랑의 농도가 짙은 기다림을 의미한다. 지금 솔로몬과 여인은 떨어져 있는 상황이다. 그런데 여인은 솔로몬을 찾아가지 않고 기다린다. 기다림은 주도권의 포기를 의미한다. 여인이 주도권을 잡고 사랑하는 님을 찾기 위하여 스스로 밤길을 헤매다가 파수꾼에 의해 농락을 당한 과거의 뼈아픈 상황과는 대비된다. 이제 만남의 때는 여인이 아니라 솔로몬이 주관하고 결정한다.

이 구절은 우리로 하여금 종말의 상황을 떠올리게 한다. 교회의 목소리는 주님을 위해 존재한다. 그 목소리를 주님께 들려 드리기 위해 그분의 재림을 교회는 기다린다. 교회가 종말의 시기를 결정하지 못하고 기다리는 것은 때와 기한을 정하는 권한이 오직 하나님께 있기 때문이다(행 1:7). "내가 진실로 속히 오리라"(계 22:20)는 주님의 약속을 의식하며 기다리는 것은 주님을 향한 교회의 애틋한 사랑이다. 사랑 때문에 기다린다. 보상을 얻기 위함이나 타인에게 심판이 내려지길 원하기 때문이 아니라 주님께 영원한 찬양을 드리려는 사랑 때문에 교회는 기다린다. 교회는 그런 기다림의 공동체다. 기다림은 교회의 설렘을 유지하는 소망의 맥박이다.

기다림은 달리 할 일이 없어서 관망하는 태도를 취하는 것이 아니다. 그냥 세월이 흐르는 것은 물리적인 시간의 기계적인 이동이다. 그러나 "속히 와 달라"는 간절한 기다림은 대단히 적극적인 사랑의 훈련이다. 기다림 속에서 사랑과 의미와 생각과 인격은 넓어지고 강해지고 깊어지고 길어지고 높아지고 아름답게 빚어지고 숙성된다. 기다림은 오랜 시간의 무의미한 소비와 무관하다. 기다림이 없는 사랑은 시간이 흐르면서 서서히 희석되고 쇠락하고 급기야 소멸된다. 그러나 기다림은 시간의 모든 단위에 사랑의 농도를 높이며 만남의 의미를 비축하는 사랑의 작업이다. 관계의 온도와 밀도와 무게의 누적이다. 기다린 사랑은 영혼의 깊은 심연으로 스며들기 때문이다. 기다리는 중에 타인의 존재가 내 안에 새겨진다. 기다리고 있으면 만나지 못한 애달픔에 화학적인 변화가 일어난다. 보지도 만지지도 안지도 못하는 아픔과 갈증이 사랑의 에너지로 농축된다. 기도가 응답되지 않아서 기다리면, 사랑하는 이가 오지 않아서 기다리면, 성숙의 때가 이르지 않아서 기다리면, 주님과 우리 사이에 관계의 변화가 일어난다. 기다림은 시간의 낭비가 아니라 그 자체로 최고의 사랑이다. 기다림은 주님께서 다시 오실 때까지 우리에게 최고의 사랑을 주시는 최고의 방법이다.

여인은 지금 솔로몬과 함께 있지 않지만 행복하다. 떨어진 상황 속에서도 기다림 때문에 최고의 사랑을 향유하고 있다. 마음은 어떠한 흔들림도 없는 평화가 유지되고 있다. 아무리 눈앞에 사랑하는 님이 보이지 않더라도 아무런 자격도 없는 자신에게 다가와 사랑의 대상으로 선택된 처음 사랑의 감격이 사랑의 분주한 맥박을 재촉한다. 그래서 여인은 지금 황홀하다. 이는 교회의 상황과 동일하다. 교회는 겸손한 마음으로 주님의 무조건적 사랑의 은택을 늘 기억하며 이 세상에서 평화를 공급하며 주님의 주권적인 재림의 때가 오기까지 설레는 마음으로 기다려야 한다. "증언하신 이가 이르시되 내가 진실로 속히 오리라 하시거늘 아멘 오소서 주 예수여"(계 22:20). 종말을 기다리는 우리의 마음은 공포와 떨림이 아니라 사랑과 설렘이다.

끝으로 나누고 싶은 사랑의 본질은 여인이 기다리는 대상과 관계되어 있다. 여인은 최고의 포도원을 기다리지 않고, 최고로 안락한 침대를 기다리지 않고, 최고로 높은 왕비의 지위를 기다리지 않고, 최고로 높은 인지도를 가지고 대중의 칭찬과 박수를 기다리지 않고 솔로몬 자신을 기다린다. 모든 사람이 사랑하고 기대하며 기다리는 것이 바로 천국이다. 그래서 천국의 개념은 너무도 다양하다. 어떤 사람은 돈방석을, 어떤 사람은 막대한 권력을, 어떤 사람은 조각 미모를, 어떤 사람은 쾌락을 천국으로 간주한다.

그러나 여인에게 천국은 솔로몬 자신이다. 교회에게 천국은 무엇인가? 건물인가? 장소인가? 재물인가? 부흥인가? 예수님은 천국을 포도원이 아니라 그 포도원의 주인과 같다고 가르친다(마 20:1). 교회에게 천국은 만물과 역사의 주인이신 하나님 자신이다. 교회는 주님이 아닌 다른 무언가가 속히 오기를 기다리는 것이 아니라 주님 자신이 속히 오기를 기다려야 한다. 주님 외에 다른 무언가를 기다리고 있다면 그것은 사랑의 본질과 무관하다. 그런 기다림은 사랑이 아니라 욕망이다. 재물을 사랑할 것인지 하나님을 사랑할 것인지 교회는 결정해야 한다. 아가서는 다른 모든 것들이 헛됨을 깨닫고 오직 솔로몬만 있으면 족하다는 사랑의 비밀을 깨달은 여인의 고백으로 종결된다. 이는 하늘이든 땅이든 언제든지 교회가 사랑하고 사모해야 할 자는 하나님 밖에 없음을 가르친다. 아가서가 솔로몬과 술람미 여인 사이의 일편단심 사랑 이야기인 것처럼, 성경 전체와 인류의 역사 전체는 하나님과 교회의 일편단심 사랑 이야기다.

부록: 아가서 사역 | 한병수

말씀에
반하다
02

1장

1   솔로몬의 노래들 중의 노래로다

2   (여) 그가 내게 입의 맞춤으로 키스해 주시기를! 이는 그대의 사랑함이 포도주 이상이기 때문이오

3   그대의 기름 내음이 향기롭고 그대 이름은 쏟아진 향기름 같아서 처녀들이 그대를 연모하는 것은 당연하오

4   왕이 나를 그의 침실로 데리고 가시니 나를 인도해 주시오 (합) 우리가 그대를 뒤따라 가리이다 우리가 그대로 인하여 기뻐하고 즐거워할 것이오 우리가 그대의 사랑함을 포도주 이상으로 기억하고 있소 정직한 자들이 그대를 사랑하오

5   (여) 예루살렘 딸들아 나는 검으나 우아하다 게달의 장막 같으나 솔로몬의 휘장인 것처럼

6   너희들은 내가 검다는 이유로 나를 흘겨보지 말라 태양이 나를 응시했기 때문이요 내 어머니의 아들들이 나에게 성화를 부리며 자기 포도원을 관리하게 만들었기 때문이라 나 자신의 포도원은 내가 지키지도 못했구나 셀라

7   (여) 내 영혼이 사랑하는 그대여, 그대가 [양떼를] 먹이는 곳은 어디이며 정오에 쉬게 하는 곳은 어디인지 나에게 말하시오 그대 친구들의 양 무리로 인하여 어찌 내가 베일에 가려진 자처럼 있으리오?

8   (남) 여인들 중에서도 아름다운 여인이여, 그대가 스스로 알지 못한다면 내 양 무리의 동선을 따라 가시오 목자들의 거처들 주변에서 그대의 어린 암염소를 먹이시오

9   내 사랑하는 반려자여 그대는 바로의 병거를 끄는 나의 암말과 비등하오

10 그대의 두 볼은 귀걸이로, 그대의 뒷목은 구슬 목걸이로 아름답소

11 우리가 그대를 위해 은을 박은 두 금 귀걸이를 만들려고 하오

12 (여) 왕이 침상에 있는 동안 나의 그윽한 나드가 향기를 뿜을 것이로다

13 내 사랑하는 자는 나에게 나의 두 가슴 사이에서 밤을 지새운 몰약 향낭이요

14 내 사랑하는 자는 내게 엔게디 포도원의 고벨화 송이로다

15 (남) 오 그대는 아름답소 나의 사랑하는 반려자여 오 그대는 아름답소 그대의 눈은 비둘기들 같소

16   (여) 내 사랑하는 님이여 그대는 준수하고 유쾌하오 우리의 침대는 신록으로 물들었고

17   우리 집의 들보는 삼나무, 서까래는 잣나무요

2장

1   (남) 나는 샤론의 장미, 골짜기들의 백합화요

2   딸들 가운데에 내 사랑하는 여인은 가시나무 가운데에 백합화 같습니다

3   (여) 아들들 가운데에 내 사랑하는 님은 숲의 나무들 가운데에 사과나무 같습니다 나는 그의 그늘 아래에 있기를 기뻐하여 앉았으며 그의 열매는 내 입에 달콤하오

4   (여) 그가 나를 포도주 집으로 이끕니다 내 위에 있는 그의 깃발은 사랑이오

5   내가 사랑으로 허약하니 여러분은 건포도로 나를 북돋우고 사과로 나를 회복시켜 주십시오

6   그의 왼손은 내 머리 아래에 있고 그의 오른손은 나를 감습니다

7   (남) 예루살렘 딸들아 내가 들판의 영양과 암사슴을 두고 너희에게 당부한다 그녀가 원할 때까지는 내 사랑을 깨우거나 일으키지 말지니라

8   (여) 내 사랑하는 님의 소리구나 보아라! 그가 산들을 뛰어넘고 언덕들을 가로질러 이곳으로 온다

9   내 사랑하는 님은 노루들 혹은 어린 사슴들과 같다 보아라! 그가 이곳 우리의 벽 뒤에 서서 창들을 통해 엿보며 창살 틈으로 훔쳐본다

10   나의 사랑하는 님이 반응하며 나에게 말합니다 (남) "일어나오 나의 사랑하는 자, 나의 어여쁜 그대여 나오시오

11   보시오 겨울도 지나가고 비도 떠나가고 없소

12   지면에는 꽃들이 피어나고 노래의 때가 이르렀소 비둘기의 소리가 우리 땅에서 들립니다

13   무화과 나무들은 풋열매를 맺었으며 포도 나무들의 꽃봉은 향기를 건넵니다 일어나오 나오시오 나의 사랑하는 자, 나의 어여쁜 그대여 나오시오

14 바위 틈새의 낭떠러지 은밀한 곳에 있는 나의 비둘기여 그대의 얼굴을 나에게 보이시오 그대의 소리를 들려 주시오 그대의 소리는 감미롭고 그대의 얼굴은 아름답소

15 너희는 우리를 위하여 여우들 곧 포도원을 허는 작은 여우들을 붙잡아라 우리의 포도원에 꽃이 피었도다"

16 (여) 내 사랑하는 님은 나의 것이고 나는 백합화들 가운데서 목양하는 님의 것입니다

17 내 사랑하는 님이여 날이 흩어지고 그림자가 달아나기 전에 돌아 오시오 베테르의 산들에 있는 노루와 어린 사슴처럼 되어 주시오

3장

1 (여) 밤마다 내가 나의 침상에서 나의 영혼이 사랑하는 님을 찾았도다 내가 찾았으나 만나지 못했구나

2 이제 나는 일어나 성읍을 두루 다니며 길에서나 광장에서 내 영혼이 사랑하는 님을 찾으리라 내가 찾았으나 만나지 못했구나

3 성읍을 순찰하며 경비하는 자들이 나를 발견했을 때 "내 영혼이 사랑하는 자를 그대들이 보시었소?" 하였도다

4 그들이 지나가자 곧장 내가 나의 영혼이 사랑하는 님을 만났으며 그를 붙잡고 내 어머니의 집으로, 그리고 나를 잉태한 이의 침실로 데리고 가기까지 그를 놓아주지 않았도다

5 (남) 예루살렘 딸들아 내가 들판의 노루와 암사슴을 두고 너희에게 당부한다 그녀가 원할 때까지는 깨우지 말고 일으키지 말지니라

6 (여) 연기의 기둥처럼 광야에서 오는 이것은 무엇인가? 몰약과 유향과 상인의 온갖 향품으로 향기가 진동하는 [이것은 무엇인가?]

7 보라 솔로몬의 가마로다, 60명의 용사들 곧 이스라엘 최고의 용사들이 호위하는!

8 모두는 칼이 쥐어졌고 전쟁에 능숙한 자들이라 각 사람은 밤들의 위협에 대비하여 허벅지 위에 칼을 가졌구나

9   가마는 솔로몬 왕이 레바논 나무로 만든 것이로다

10   그 기둥은 은으로, 바닥은 금으로, 좌석은 자주색 깔개로 되었구나 그 내부는 사랑으로 엮었구나

11   예루살렘 딸들아 나오라 보아라 시온의 딸들이여 그의 어머니가 그의 혼인날에, 그의 마음이 기쁜 그 날에 왕관을 씌운 솔로몬 왕이로다

4장

1   (남) 오 그대는 아름답소 나의 반려자여 오 그대는 아름답소 베일에 비친 그대의 눈은 비둘기 같고 그대의 머리털은 길르앗 산에서 내려오는 암염소 무리 같습니다

2   그대의 이는 물웅덩이에서 올라온 털 깎인 암양 같습니다 그 모두는 쌍들로 있으며 빠진 것이 하나도 없습니다

3   그대의 입술은 홍색 실 같으며 그대의 입은 아름답소 베일에 비친 그대의 뺨은 벌어진 석류 같습니다

4   그대의 목은 마름돌로 축조된 다윗의 망대 즉 천 개의 작은 방패들, 용사의 모든 방어물이 달린 망대 같습니다

5   그대의 두 유방은 백합화 사이에서 풀을 뜯는 두 마리의 어린 사슴들, 쌍둥이 암노루들 같습니다

6   날이 숨을 거두고 그림자가 달아나기 전에 나는 몰약의 산과 유향의 언덕으로 갈 것입니다

7   그대의 전부가 아름답소 나의 여인이여 그대에게 어떠한 흠도 없습니다

8   (남) 레바논에서 나와 함께, 나의 신부여, 레바논에서 나와 함께 가십시다 아마나의 정상에서, 스닐과 헤르몬의 정상에서, 사자들의 서식지와 표범들의 산에서 보십시오

9   그대는 나의 마음을 빼앗아 갔습니다 나의 누이, 나의 신부여, 그대의 눈빛 하나로, 그대의 목에 목걸이의 구슬 하나로 내 마음을 훔쳐 갔습니다

10   그대의 사랑은 너무도 아름답소, 나의 누이, 나의 신부여, 그대의 사랑은 포도주

보다 훨씬 좋습니다 그리고 그대 기름의 향기는 모든 향품보다 [낫습니다]

11 그대의 두 입술은 꿀 방울을 흘립니다 나의 신부여 그대의 혀 밑에는 꿀과 젖이 있습니다 그대 의복의 향기는 레바논의 향기 같습니다

12 그대는 잠근 동산이오 나의 누이 나의 신부여 그대는 덮인 물웅덩이, 봉해진 샘입니다

13 그대가 산출한 것들은 숲입니다 [그곳에는] 고귀한 열매들을 가진 석류나무, 나도향을 가진 고벨화

14 나도와 번홍화, 모든 향기를 가진 창포와 계피, 모든 귀한 향품을 가진 몰약과 침향이 있습니다

15 그대는 동산의 샘이며 신선한 물의 우물이며 레바논에서부터 흐르는 시내와 같습니다

16 (어) 북풍이여 깨어나라 남풍이여 들어오리 나의 동산에 불어서 향기가 흘러가게 하라 나의 사랑하는 자가 그의 동산에 들어와서 그 탐스러운 열매를 섭취하게 하라

5장

1 (남) 나는 내 동산에 들어가오 내 누이, 내 신부여 나는 나의 몰약과 나의 향품을 모읍니다 나의 꿀송이와 꿀을 먹고 나의 포도주와 나의 젖을 마십니다, 벗들이여 먹으시오, 사랑하는 이들이여 마시고 취하시오

2 (여) 나는 잠자리에 들었으나 나의 마음은 깨어 있는데 내 사랑의 소리가 [문을] 두드리며 [말합니다] (남) "나에게 열어 주오 나의 누이, 나의 여인, 나의 비둘기, 나의 완전한 자여, 내 머리는 이슬이 가득하고, 나의 앞머리는 부서진 밤의 방울들이 [가득하오]"

3 (여) 내가 옷을 벗었으니 어찌 그것을 입겠으며 내가 두 발을 씻었으니 어찌 그것들을 더럽힐까!

4 나의 사랑하는 자가 손을 문틈으로 내미니 이로 인하여 나의 폐부가 아우성을 지릅니다

5 내가 일어나서 나의 사랑하는 이를 위하여 [문을] 열었는데 나의 두 손에서는 몰약이 떨어지고, 내 손가락의 몰약은 자물쇠의 손잡이에 흐릅니다

6 내가 나의 사랑하는 자를 위하여 열었으나 그는 이미 돌이켜 떠나가고 없습니다 그가 떠나자 나의 정신도 나갑니다 내가 그를 좇았으나 찾지를 못하였고 나는 그를 불렀으나 그는 나에게 응답하지 않습니다

7 파수하는 자들이 성 안을 순찰하는 중에 나를 만납니다 그들은 나를 때리고 상처를 입힙니다 나의 겉옷을 벗겨 갔습니다, 나에게서, 성벽을 파수하는 사람들이!

8 (여) 내가 그대들로 하여금 맹세하게 하니 예루살렘 딸들이여 만약 그대들이 내 사랑을 찾는다면 내가 사랑으로 인해 쇠약해져 있다는 것을 말해 주십시오

9 (합) 당신의 사랑이 사랑 중에서도 어떤 것이길래, 여인들 중에 가장 아름다운 자여, 당신의 사랑이 사랑 중에서도 어떤 것이길래 당신이 우리로 이렇게 맹세하게 만듭니까?

10 (여) 내 사랑은 눈부시고 붉어서 많은 사람들 중에 돋보이는 분입니다

11 그의 머리는 순금 중의 금이고 둥글게 말린 그의 머리털은 까마귀 같이 검습니다

12 그의 눈은 물의 경로에서 우유로 씻고 경계선에 앉은 비둘기들 같습니다

13 그의 뺨은 향품나무 화단 같고 향기들의 망대 같습니다 그의 입술은 몰약의 즙이 뚝뚝 떨어지는 백합화 같습니다

14 그의 손은 황옥이 가득한 황금 노리개 같습니다 그의 배는 상아 평판에 청옥을 입힌 듯합니다

15 그의 다리는 황금 받침 위에 세워진 대리석 기둥 같습니다 그의 용모는 엄선된 레바논산 백향목들 같습니다

16 그의 구강은 달콤함이 가득하니 그의 전부가 흠모할 만합니다 이런 분이 나의 사랑이며 이런 분이 나의 친구라오 예루살렘 딸들이여!

6장

1 (합) 그대의 사랑하는 자는 어디로 갔습니까? 여인들 중에 가장 아름다운 자여 그대의 사랑하는 자는 어디로 돌이킨 것입니까? 우리가 그대와 함께 그를 찾을

것입니다

2 (여) 나의 사랑은 그의 정원으로, 발삼나무 밭으로 내려 갔습니다 그 정원에서 [양들을] 먹이고 백합화를 꺾습니다

3 나는 내 사랑의 것이고 내 사랑은 나의 것입니다 그가 그 백합화들 가운데서 먹입니다

4 (남) 그대는 아름답소 나의 여인이여 디르사와 같이, 어여쁘오 예루살렘 같이, 늠름하오 깃발을 올린 군대처럼

5 그대의 두 눈을 돌이켜 주십시오 그것들이 나를 어지럽게 만듭니다 그대의 머리털은 길르앗 산에서 내려오는 염소들의 무리 같습니다

6 그대의 치아는 씻는 곳에서 올라오는 암양의 무리 같습니다 각각은 쌍으로 되었으며 그것들 안에서 빠진 것이 하나도 없습니다

7 베일의 뒤에 있는 그대의 뺨은 벌어진 석류 같습니다

8 (남) 육십의 왕비들, 팔십의 후궁들, 무수한 처녀들이 있다

9 [그러나] 그녀 하나만이 나의 비둘기, 나의 완전한 여인이다 그녀만이 그녀 어머니의 유일한 딸이며 그녀만이 그 낳은 자가 선택한 사람이다 딸들이 그녀를 보고 복되다고 한다 왕비들과 후궁들도 그녀를 칭찬하며 [말하기를]

10 (합) "새벽 별처럼 내려다 보고, 달처럼 아름답고, 태양처럼 순결하고, 깃발을 세운 군대처럼 위엄이 있는 이 사람은 누군가요?"

11 (여) 하천의 신선한 초목을 보기 위하여, 포도나무 순이 나왔는지, 석류나무 꽃은 피었는지 보려고 호두 동산으로 내려 갔습니다

12 나 자신도 알지 못하는 사이에 내 마음이 나를 귀한 백성의 수레들 가운데에 두었군요

13 (합) 돌아오라 돌아오라 술람미 여인이여 돌아오라 돌아오라 우리가 그대를 보도록! (남) 어찌하여 너희가 군부대의 무희처럼 술람미 여인을 보려는가

7장

1 (남) 신발을 신은 그대의 발은 어찌 그리 어여쁜지! 왕자의 딸이여 그대의 허벅

지 곡선은 명인의 손으로 빚은 고귀한 장신구 같습니다

2   그대의 배꼽은 혼합된 포도주가 끊이지 않을 둥근 그릇이며 그대의 배는 백합화가 두른 한 더미의 밀입니다

3   그대의 두 가슴은 새끼 사슴 두 마리이며 쌍둥이 암노루와 같습니다

4   그대의 목은 상아로 된 망대와 같고 그대의 눈은 밧드라빔 입구에 있는 헤스본 저수지와 같고 그대의 코는 다메섹의 지표면을 주시하는 레바논의 망대와 같습니다

5   그대의 상부에 있는 머리는 갈멜산 같고 그대의 흘러내린 머릿결은 자주색 천 같으며 왕은 머리 타래에 사로잡혀 있습니다

6   어찌 그리 눈부시고 어찌 그리 즐거운지, 희락에 깃든 사랑이여

7   지금 그대의 키는 종려나무 같고 그대의 가슴은 대추야자 송이 같습니다

8   내가 말하기를 "종려나무에 올라가서 그 가지들을 잡으리라" 하였는데 이제 그대의 가슴은 포도송이 같고 그대의 코에서 나는 향기는 사과 같고

9   그대의 구강은 나의 사랑하는 자를 위하여 균일하게 흐르고 잠자는 자들의 입으로 서서히 움직이는 최고급 포도주 같습니다

10   (여) 나는 내 사랑의 것이고 님의 소원은 내 위에 있습니다

11   나오시오 내 사랑하는 님이여 우리 들판으로 나갑시다 촌락에서 밤을 보냅시다

12   우리가 일찍 일어나 포도원으로 가서 포도나무 움이 돋았는지, 포도나무 꽃술은 퍼졌는지, 석류나무 꽃은 피었는지 보십시다 거기에서 내가 그대에게 나의 사랑을 드릴 것입니다

13   합환채가 향기를 풍깁니다 새로운 것과 묵은 것, 온갖 극상품이 우리의 방문 곁에 있습니다 나의 사랑하는 자여 그대를 위하여 저장해 둔 것입니다

8장

1   (여) 누가 나에게 그대를 내 어머니의 가슴을 빠는 오빠처럼 주실까요? 내가 그대를 밖에서 보았다면 그대에게 입을 맞추어도 사람들은 나를 향하여 절대로 멸시하지 않을 것입니다

2 나는 그대를 이끌어 나를 가르친 내 어머니의 집으로 데려갈 것입니다 나는 그대에게 향기로운 포도주와 나의 석류즙을 드려 마시게 할 것입니다

3 그의 왼손은 나의 머리 아래에 있고, 그의 오른손은 나를 안을 것입니다

4 내가 너희로 하여금 맹세하게 한다 예루살렘 딸들아 사랑이 원하기 전에는 깨우거나 자극하지 마라

5 (합) 자신의 사랑하는 이에게 기대어 광야에서 올라오는 여인이 누구인가? (여) 내가 그대를 깨운 곳은 사과나무 밑입니다 그곳은 그대의 어머니가 그대를 잉태하고 그대를 낳은 자가 수고한 곳입니다

6 그대는 나를 인장처럼 그대의 가슴 위에, 인장처럼 그대의 팔 위에 두십시오 사랑은 죽음처럼 강하고 질투는 스올처럼 냉혹하며 그것의 화염은 불의 화염 같고, 여호와의 불과 같습니다

7 많은 물도 사랑을 꺼뜨릴 수는 없습니다 강들도 그것을 집어삼킬 수 없습니다 만일 사람이 사랑을 위하여 자기 가산의 전부를 준다면 사람들은 그를 멸시하고 또 멸시할 것입니다

8 (오) 우리에게 어린 누이가 있습니다 그러나 그녀에게 가슴이 없습니다 그녀에게 혼담이 오가는 날에는 우리 누이를 위하여 우리가 무엇을 하면 좋을까요?

9 그녀가 만약 벽이라면 우리가 그 위에 은으로 흉벽을 세울 것이고 그녀가 만약 문이라면 우리가 백향목 판자로 그것을 둘러쌀 것입니다

10 (여) 나는 벽이며 나의 가슴은 망대와 같습니다 나는 그때 그분의 눈에 평화를 선사한 여인처럼 됐습니다

11 바알하몬에는 솔로몬의 포도원이 있습니다 그는 그 포도원을 관리하는 자들에게 주었으며 그 열매로 말미암아 그들 각자로 하여금 은 천을 가져오게 했습니다

12 나에게 속한 내 포도원은 내 앞에 있습니다 그 천은 솔로몬 당신을 위한 것이고 이백은 저 열매를 관리하는 자들을 위한 것입니다

13 (남) 동산에 거하는 여인이여, 친구들이 그대의 목소리에 귀를 기울이고 있지만 그대는 나에게 [그 목소리를] 들려 주십시오

14 (여) 서둘러 오십시오 나의 사랑이여 향품나무 언덕 위에 있는 노루나 어린 사슴처럼 말입니다